JN411802

예비유아교사를 위한

교육실습과 보육실습

박 혜 정 지음

ECH 에듀컨텐츠·휴피아
Educontents·Huepia

에듀컨텐츠·휴피아
ECH Educontents·Huepia

머 리 말

유아교사가 된다는 것은 유아의 삶과 성장을 함께 빚어 가는 전문직으로 발전해 가는 과정을 의미하며 유아가 놀이와 배움을 경험할 수 있는 환경을 조성하고 정서적 안정과 사회적 발달을 지원하여 유아가 세상과 관계를 맺도록 이끄는 중요한 존재로 성장해 간다는 것을 뜻한다. 유아교사는 단순한 지식전달자가 아니라 유아의 일상 속에서 배움이 자연스럽게 이루어질 수 있도록 환경을 설계하고, 유아의 감정과 생각을 존중하며, 삶의 첫 사회적 경험을 따뜻하게 이끌어 주는 전문직이다. 이러한 역할은 이론적 지식만으로 형성되기 어렵고 실제 현장에서의 경험과 성찰을 통해 비로소 완성되며 그 출발점이 바로 현장실습이다.

현장실습은 예비유아교사가 대학에서 배운 이론을 실제 교육 현장에 적용해 보고, 유아와 직접 상호작용하며, 교사의 역할을 몸으로 익히는 가장 핵심적인 학습 과정이다. 실습은 단순한 현장 체험이나 의무적 이수 과정이 아니라, 교사로서의 정체성을 형성하고 전문성을 구체화하는 필수적인 성장 단계이다. 이 과정에서 예비유아교사는 유아를 관찰하고 이해하는 안목을 기르며 놀이를 중심으로 한 교육의 의미를 느끼고 교사의 말과 행동이 유아의 경험과 발달에 어떠한 영향을 미치는지를 직접 확인하게 된다. 강의실에서 배운 발달 이론과 교육 원리는 실습 현장에서 비로소 살아 있는 지식이 되며, 예비교사는 이론과 실제를 연결하는 경험을 통해 교사로서 생각하고 판단하는 힘을 기르게 된다.

유아교육 현장은 예측하기 어려운 상황이 끊임없이 발생하는 역동적인 공간이다. 유아 개개인의 발달 특성과 요구는 서로 다르며 같은 활동이라도 유아의 반응은 매 순간 달라진다. 놀이 중 발생하는 갈등, 갑작스러운 정서 변화, 안전과 관련된 상황 등은 교사에게 즉각적인 판단과 유연한 대응을 요구한다. 이러한 현장에서 교사는 따뜻한 상호작용, 전문적인 관찰과 기록, 교육적 판단을 동시에 수행해야 한다. 이러한 역량은 강의실 학습만으로는 충분히 함양되기 어렵기에 교육실습과 보육실습은 복합적인 교사의 역할을 실제로 경험하고 자신의 역량을 성찰하며 전문직 교사로 도약하는 중요한 지점이 된다.

예비유아교사는 실습 경험을 통해 유아의 발달에 동행하는 존재로서의 교사상을 구체화하게 된다. 유아의 작은 변화에 기뻐하고, 갈등 상황에서 유아의 마음을 이해하려 애쓰며, 하루의 일과 속에서 유아의 삶을 책임지는 경험은 교사라는 직업의 본질을 깊이 성찰하게 한다. 예비교사는 유아의 말 한마디, 표정 하나, 행동의 변화 속에서 유아의 세계를 이해하려 노력하게 되며, 이 과정에서 유아와 함께 성장하는 사람으로서의 교사상을 형성하게 되며 이러한 경험은 교사로서의 태도와 가치관을 형성하는 중요한 토대가 된다. 예비유아교사는 자신이 지향하는 교사상의 방향을 분명히 하고, 유아교육이라는 전문 영역에 대한 가치관을 형성하게 된다. 실습은 예비교사에게 어떠한 교사가 될 것인가에 대한 질문을 하게 하며 이에 대한 성찰은 이후의 진로 선택과 교사로서의 삶에 중요한 기준이 된다.

실습 현장은 매 순간 새로운 선택을 요구하는 공간이기에, 예비유아교사는 현장 상황을 이해하고 스스로 판단할 수 있는 전문적 사고를 길러야 한다. 본 교재는 실습을 앞둔 예비유아교사에게는 준비의 방향을 제시하는 안내서가 되고 실습 중에는 현장에서의 판단과 실천을 지원하는 지침서로 활용되기를 바라며 실습생들이 실습 기간을 보다 성공적으로 활용하고 이를 바탕으로 유아교사로서의 진로를 주체적으로 설계할 수 있도록 돕는 데 중점을 둔다. 실습은 자신의 적성과 역량, 가치관을 점검할 수 있는 가장 현실적인 기회로 현장에서의 경험은 예비교사로 하여금 자신의 강점과 과제를 인식하게 하고 앞으로 어떤 방향으로 성장해야 하는지를 구체적으로 생각하게 만든다. 실습을 통해 형성된 이러한 자기 이해는 이후의 진로 선택과 전문성 개발에 중요한 밑거름이 된다.

실습 경험이 의미 있는 배움으로 이어지기 위해서는, 경험의 의미를 해석하고 이를 자신의 언어로 재구성하는 과정이 필요하다. 본 교재는 예비교사가 실습 현장에서 마주하는 다양한 상황을 교육적으로 해석하고 자신의 경험을 토대로 교사로 발전할 수 있도록 안내하고자 한다. 이를 통해 실습생이 현장에서 수동적으로 머무는 존재가 아니라, 배우고 성장하는 주체로 자리매김하기를 기대한다.

교육실습과 보육실습은 예비유아교사가 전문직 교사로 성장해 가는 여정의 시작이다. 이 교재가 실습생에게 길잡이이자 동반자로서 생소한 실습 현장에서 만나는 경험들을 의미 있는 배움으로 연결해 주는 역할을 하기를 바란다. 실습이 유아교육의 가치를 몸으로 이해하고, 자신만의 교사상을 형성해 가는 소중한 성장의 시간이 되기를 기대한다. 나아가 이 교재가 예비유아교사가 실습을 통해 전문성과 신념을 갖춘 유아교사로 한 걸음 더 나아가는 데 실질적인 도움이 되기를 소망한다.

2025년 12월

저자 **박 혜 정**

저 자 소 개

박 혜 정

중앙대학교 유아교육과 학사

중앙대학교 대학원 유아교육과 (문학석사)

University of Texas at Austin 대학원 유아교육전공 (철학박사)

대전과학기술대학교 유아교육과 교수

목 차

“

에듀컨텐츠·휴피아
ECH Educontents·Huepia

”

예비유아교사를 위한

교육실습과 보육실습

에듀컨텐츠·휴피아
CH Educontents·Huepia

에듀컨텐츠·휴피아
ECH Educontents·Huepia

Ⅰ. 실습의 이해

1. 실습의 정의 및 필요성
2. 실습의 목적 및 교육적 의의
3. 실습에 영향을 미치는 요인

1. 실습의 정의 및 필요성

1) 실습의 정의

유아교육 실습은 예비유아교사가 실제 유치원이나 어린이집 현장에서 일정 기간 동안 교사의 역할을 직접 수행하고 관찰하며, 그 경험을 통해 전문적인 교직 역량을 기르는 교육과정의 핵심 단계이다. 이는 단순한 현장 방문이나 체험 활동을 넘어 대학에서 배운 유아교육 이론을 실제 현장에 적용하고 검증해 보며 교사로서의 자질을 형성해 가는 실천적이고 경험적인 학습 과정이라 할 수 있다.

현장 중심의 실습은 예비유아교사가 유아와의 상호작용, 교수·학습 활동 운영, 생활지도, 안전·보건 관리, 학부모와의 소통, 동료교사와의 협력 등을 직접 경험할 수 있도록 설계되어 있다. 이러한 경험을 통해 예비교사는 유아의 발달 특성과 개별 차이를 실제 상황 속에서 이해하고, 교사가 수행하는 다양한 역할과 책무를 몸소 익히게 된다. 동시에 실습생은 자신의 행동과 수업을 성찰하고 지도교사로부터 피드백을 받으면서, 전문적 교사로 성장하기 위한 기초 역량과 태도를 형성해 간다.

예비유아교사는 실습 과정을 거치며 교직에 대한 가치관과 교사로서의 정체성을 확립해 나가게 된다. 실습생은 유아교육의 의미와 책임을 이해하고, 유아를 존중하며 신뢰로운 관계를 형성하는 전문직으로서의 자세를 배우게 된다. 이를 통해 교직이 갖는 보람과 어려움을 동시에 경험하며, 자신이 어떤 교사가 되고 싶은지에 대해 깊이 성찰하는 기회를 갖는다. 이와 같이 유아교육실습은 관찰, 참여, 수업, 성찰로 이어지는 학습 경험을 바탕으로 이루어진다. 유아교육실습은 단순한 현장 참여 활동이 아니라, 유아교육 전문인으로 성장하기 위한 핵심적이고 필수적인 교육과정으로 이해할 수 있다.

2) 실습의 필요성

유아교육은 발달이론, 교수학습이론, 놀이이론 등 다양한 학문적 지식을 토대로 이루어진다. 그러나 이러한 지식은 실제 유아를 대상으로 적용될 때 그 의미를 갖게 된다. 실습은 대학에서 배운 이론을 실제 교수활동과 생활지도에 적용해 봄으로써, 이론적 지식을 실제적 지식으로 전환하는 학습의 장이 된다. 실습을 통해 예비유아교사는 교사의 다양한 역할(교육자, 보호자, 상담자, 기록자, 협력자 등)을 직접 수행하게 된다. 이를 통해 유아교사가 단순히 수업만을 담당하는 존재가 아니라, 유아의 전인적 성장을 지원하는 전문가임을 이해하게 되며, 향후 직업적 정체성을 형성하는 데 중요한 기반이 마련된다.

실습 현장은 유아의 개별차, 발달 특성, 행동 양식 등을 자연스럽게 관찰할 수 있는 최적의 환경이다. 예비교사는 다양한 상황에서 유아의 행동을 분석하고 적절히 반응하는 과정을 통해 유아 이해 능력을 심화시키며, 이는 이후 교육 계획과 상호작용 방식에 중요한 영향을 미친다. 실습은 예비교사가 스스로의 교직 적성을 점검하고, 장기적 진로를 결정하는 중요한 기회가 된다. 실제 현장에서 겪는 성공 경험과 어려움은 자신의 강점과 보완점을 인식하게 하고, 교직에 대한 동기와 책임감을 강화시킨다.

2. 실습의 목적 및 교육적 의의

1) 실습의 목적

실습은 예비유아교사가 대학에서 배운 이론을 실제 교육현장에 적용해 보고, 교사의 역할을 직접 경험하며 전문성을 길러가는 핵심 교육과정이다. 실습은 단순히 교실을 참관하는 활동이 아니라, 유아·교사·환경이 상호작용하는 실제 상황 속에서 배우고 성찰하는 체계적인 학습 과정이라는 점에서 중요한 의미를 가진다.

유아교육 실습의 목적은 크게 교수 · 학습 역량의 형성, 유아 이해의 심화, 교직에 대한 전문적 태도 형성, 실천적 성찰 능력의 함양, 교사 정체성 확립으로 구체화할 수 있다. 유아교육 실습의목적은 예비유아교사가 교수 · 학습을 계획하고 실행하는 실제적인 능력을 기르는 것이다. 실습생은 누리과정과 교육이론을 실제 수업 설계에 적용해 보며, 학습목표 설정, 자료 준비, 활동 운영, 평가와 성찰에 이르는 교수과정 전반을 경험하게 된다. 실습은 교과서나 이론 수업만으로는 알기 어려운 유아 발달의 실제 모습과 개별차를 깊이 이해하도록 돕는다. 실습생은 놀이와 일상 속에서 드러나는 유아의 정서, 사고, 행동 특성을 관찰하며, 또래 관계와 상호작용의 의미를 실제 사례를 통해 학습한다. 이를 통해 예비교사는 유아를 지식의 수용자가 아닌 능동적 학습자이자 고유한 존재로 존중하는 전문적 관점을 형성하게 된다.

유아교육 실습은 예비유아교사가 교직의 윤리와 책임성을 이해하고 전문직으로서 태도를 형성하도록 돕는다. 실습생은 유아 안전과 인권 보호, 개인정보 보호, 협력적 관계 유지 등 교사로서 반드시 갖추어야 할 기본 태도를 실제 상황 속에서 익힌다. 또한 교직이 갖는 가치와 의미, 그리고 현장에서 느끼는 어려움과 보람을 함께 경험하며, 교직에 대한 성찰과 직업적 소명감을 형성하게 된다.

유아교육 실습의 또 하나의 중요한 목적은 자신의 행동과 수업을 성찰하고 개선하려는 태도를 기르는 데 있다. 실습생은 관찰 기록, 실습일지, 수업 평가 등을 통하여 자신의 교수행동을 되돌아보고, 지도교사의 피드백을 토대로 발전 방향을 모색한다. 이러한 경험은 예비교사를 반성적 실천가로 성장하도록 돕는다. 유아교육 실습은 예비유아교사가 어떤 교사가 될 것인가라는 질문에 스스로 답해 가는 과정이다. 유아와 함께 생활하며 수업을 운영하고, 동료 교사와 협력하는 경험을 통해 자신에게 적합한 교수 방식, 관계 맺기 방식, 교육철학을 탐색하게 된다. 이는 교사로서의 자아정체성 형성과 직결되며, 전문직 유아교사로 성장하기 위한 중요한 출발점이 된다.

2) 교육적 의의

유아교육 실습은 예비유아교사가 전문직 교사로 성장하기 위한 핵심적인 교육과정 요소로, 이론적 지식과 실제적 실천을 통합하는 교량적 기능을 수행한다. 특히 유아교육은 발달적으로 민감한 시기의 아동을 대상으로 하며, 교육현장에서의 상호작용성과 맥락성이 매우 중요하게 작용한다. 따라서 실습을 통해 축적되는 실천적 지식, 현장 기반 전문성, 반성적 사고는 교사 전문성 발달을 촉진하는 중요한 매개 요인으로 기능한다. 이러한 관점에서 유아교육 실습은 단순한 현장 체험을 넘어, 예비유아교사가 교직 정체성과 윤리성을 확립하고 교수·학습 실행 역량을 심화하는 중요한 교육의 장이라 할 수 있으며 실습의 교육적 의의를 구체적으로 살펴보고자 한다.

첫째, 이론과 실제의 통합을 통한 실천적 학습을 촉진한다. 대학 교육과정에서 습득한 발달이론, 교수·학습이론, 놀이이론, 상호작용 이론 등을 실제 교육 맥락으로 전이시켜 적용해 보는 과정이다. 예비유아교사는 계획, 실행, 평가, 성찰에 이르는 순환적 학습 과정을 반복적으로 경험함으로써, 추상적인 이론을 상황맥락적 지식으로 재구조화한다.

둘째, 교직 전문성과 직업정체성을 형성한다. 실습은 예비유아교사가 교육자, 보호자, 상담자, 평가자, 협력자 등 다양한 교직 역할을 실제로 수행하는 경험을 제공한다. 이를 통해 교직의 공공성, 책무성, 전문직 윤리의식이 내면화되며, 결과적으로 전문직 정체성이 형성된다. 더불어 실습 경험은 교직에 대한 동기와 몰입을 증진시키고, 향후 전문성 개발에 대한 자기주도성을 강화하는 기여한다.

셋째, 유아 이해 및 발달지원 역량을 강화한다. 유아교육 실습은 예비유아교사가 실제 유아와 상호작용함으로써 개별차와 발달수준을 이해하는 능력을 심화시키는 학습의 장이기도 하다. 유아의 행동을 발달적·환경적·상황적 맥락 속에서 해석하는 과정은 유아 이해 역량을 증진시키며, 이를 바탕으로 발달적 적합성에 근거한 교육적 지원을 가능하게 한다. 이러한 역량은 교사의 전문적 판단능력 향상과 밀접하게 관련된다.

넷째, 교수학습설계 및 실행 역량을 증진한다. 실습 과정에서 예비유아교사는 활동계획안 작성, 교수자료 준비, 수업 실행, 평가 및 자기성찰을 실제 맥락에서 수행하게 된다. 이러한 반복적 경험은 교수설계 능력, 수업 운영능력, 학습자 지원역량, 의사소통 능력을 종합적으로 발달시키며, 교수행동을 스스로 점검하고 수정하는 자기조절 능력을 강화한다. 따라서 유아교육 실습은 이론적 지식이 기능적 역량으로 전환되는 전이의 과정으로 이해될 수 있다.

다섯째, 교직윤리 및 전문적 책무성 내면화이다. 유아를 대상으로 하는 교육은 높은 윤리적 책임을 수반한다. 실습을 통해 예비유아교사는 유아권리 존중, 비밀보장, 안전관리, 공정성 유지 등 교직윤리를 실제 교육현장에서 적용하며, 윤리적 민감성과 책무성을 발달시키게 된다. 이러한 윤리적 성장은 전문직 교사로서의 기본 자질 형성과 직결된다.

여섯째, 협력적 실천역량 및 조직 적응력 강화이다. 유아교육기관은 전문적 학습공동체의 성격을 지닌 조직이라는 점에서, 실습은 협력적 실천역량을 강화하는 기회가 되기도 한다. 예비유아교사는 지도교사, 원장, 학부모, 동료 실습생과의 협력적 상호작용을 통해 협업 역량과 조직 적응력을 기르게 되며, 이는 실제 현장 교사로 이행하는 과정에서 요구되는 중요한 전문역량이다.

일곱째, 문제해결능력 및 상황판단력 함양이다. 교육현장은 예측 불가능성이 높은 동적 환경이기 때문에, 실습 과정에서 예비유아교사는 다양한 문제 상황에 직면하게 된다. 이를 분석하고 판단하며 대처하는 경험을 축적하는 과정은 문제해결능력과 상황판단력을 강화한다.

유아교육 실습은 예비유아교사가 전문직 교사로 성장하기 위해 반드시 경험해야 하는 필수적 학습 과정으로, 이론과 실제의 통합, 전문성 정체성 확립, 윤리의식과 실천역량 강화라는 다차원적 교육적 의의를 지닌다고 볼 수 있다.

3. 실습에 영향을 미치는 요인

유아교육 실습은 예비유아교사가 실제 교육현장에서 교사의 역할을 경험하고 전문성을 길러가는 중요한 교육과정이다. 그러나 실습 경험의 질은 모든 실습생에게 동일하게 제공되지 않으며, 여러 요인의 영향을 받아 매우 다르게 나타날 수 있다. 따라서 유아교육 실습에 영향을 미치는 요인을 이해하는 것은 실습의 효과를 높이고, 예비교사의 성장을 체계적으로 지원하기 의해 반드시 필요한 과정이다.

유아교육 실습에 영향을 미치는 요인은 크게 실습생 개인 요인, 지도교사 및 기관 요인, 유아 및 학부모 요인, 실습 제도 및 환경 요인으로 나누어 살펴볼 수 있다.

1) 실습생 개인 요인

실습생 개인의 특성과 준비 상태는 실습 경험의 질에 직접적인 영향을 미친다. 실습 전 교육 이수 정도, 유아 발달 및 교수이론에 대한 이해 수준, 수업 설계 및 상호작용 기술 등의 전문적 역량은 실습 수행 능력에 중요한 기초가 된다.

또한 책임감, 성실성, 자기주도성, 성찰적 태도와 같은 개인적·정서적 특성도 실습 적응에 중요한 역할을 한다. 대인관계 역량과 의사소통 능력, 유아와의 친밀감 형성 능력 역시 실습의 만족도와 성과에 영향을 미치는 요인이다. 이와 더불어 스트레스 대처 능력, 자존감, 교직에 대한 동기와 신념 등도 실습 경험을 긍정적·부정적으로 좌우할 수 있다.

2) 지도교사 및 기관 요인

실습이 이루어지는 유아교육기관과 지도교사의 태도와 역량 역시 실습 경험에 큰 영향을 미친다. 지도교사가 실습생을 존중하고 지도자로서의 역할을 성실히 수행할 경우, 실습생은 안정감을 느끼며 적극적으로 실습에 참여할 수 있다. 반대로 단순 업무 보조자로만 인식되거나, 체계적인 지도 없이 실습이 진행되는 경우 실습의 교육적 효과는 크게 감소할 수 있다.

실습 프로그램의 체계성, 실습 계획 및 피드백 제공 여부, 실습생을 위한 지침과 지원 시스템, 기관의 분위기와 협력적 문화 등도 중요한 요인이다. 유아교육기관이 실습생을 교육 공동체의 일원으로 수용하는 문화를 가지고 있을수록 실습 경험은 긍정적으로 형성된다.

3) 유아 및 학부모 요인

실습이 이루어지는 학급의 유아 특성 및 학부모의 태도도 실습에 영향을 미친다. 유아의 발달 수준, 기질, 의사소통 방식, 또래 관계 등은 실습생이 경험하게 되는 상호작용의 양상과 난이도를 달라지게 한다.

또한 학부모가 실습생을 신뢰하고 협력적으로 바라보는 경우, 실습생은 더욱 안정적으로 실습을 수행할 수 있다. 반면 실습생의 역할을 불투명하게 인식하거나 불신하는 경우, 실습생은 심리적 부담을 느낄 수 있다. 물론 학부모와의 직접적 소통은 지도교사가 담당하지만, 학부모의 태도와 기대 역시 실습 환경의 중요한 맥락 요인이 된다.

4) 실습 제도 및 환경 요인

대학과 실습기관을 포함한 제도적·환경적 요인도 실습의 질에 큰 영향을 미친다. 실습 기간과 시간, 실습 평가 기준과 절차, 사전교육의 충실도, 실습생·기관·대학 간 소통체계 등이 대표적인 예이다. 실습기관의 물리적 환경, 교구·자료의 구비 정도, 학급 규모, 교사 대 유아 비율 등도 실습 수행을 용이하게 하거나 어렵게 만드는 요인이 될 수 있다. 최근에는 감염병 상황, 안전 규정 강화, 디지털 환경 변화 등 사회·문화적 요인도 실습 경험에 영향을 미치고 있다.

II. 실습 과정

1. 실습의 단계
2. 실습 유형
3. 기본적인 실습 준비
4. 실습기관 사전 방문

1. 실습의 단계

1) 실습 절차

유아교육 실습은 예비유아교사가 전문직 교사로 성장하기 위한 핵심적인 교육과정 요소로, 이론적 지식과 실제적 실천을 통합하는 교량적 기능을 수행한다. 특히 유아교육은 유아의 발달 특성과 교수·학습 상호작용이 복합적으로 작용하는 실천 중심 영역이므로, 실제 교육현장에서의 경험 학습은 교사 전문성 발달의 필수적 요소로 간주된다.

이러한 실습은 가능하다면 사전실습, 본실습, 사후실습의 단계적 구조로 운영되는 것이 바람직하다. 사전실습은 실습에 대한 기초 준비와 현장 이해를 돕는 예비 단계이며, 본실습은 실질적인 교수·학습 활동이 이루어지는 중심 단계, 사후실습은 실습 경험을 성찰하고 재구조화하는 종결 단계이다. 이 세 단계는 상호독립적이라기보다 서로 연계되어 하나의 순환적 체계를 형성하며, 이를 통해 예비교사는 지속적인 전문성 발달과정을 경험하게 된다.

(1) 사전실습

사전실습은 본실습에 앞서 예비유아교사가 유아교육기관의 실제 운영 환경과 교직의 특성을 이해하도록 지원하는 준비적 성격의 실습 단계이다. 이 시기에는 관찰과 제한된 참여활동이 중심이 되며, 현장 적응과 실습 준비도 점검이 주요 목표로 설정되며 사전실습의 주요 목적은 다음과 같다.

첫째, 유아교육기관의 조직구조, 일과 운영, 교육환경 등을 이해한다.

둘째, 유아의 생활과 놀이, 교사의 상호작용 방식을 관찰하여 교육현장의 실제성을 체험한다.

셋째, 예비교사의 실습 태도·윤리·기초 역량을 점검하고, 본실습 수행을 위한 준비도를 강화한다.

넷째, 교직 적성과 동기를 확인하며, 실습 불안을 감소한다.

사전실습 활동에는 일반적으로 유아의 놀이 및 생활 전반에 대한 체계적 관찰

교사의 교수행동 및 상호작용 유형 분석, 교실 환경 구성, 일과 흐름, 안전관리 체계 이해, 보조활동 수행(정리·환경 지원 등), 실습 규정·윤리·역할에 대한 오리엔테이션 참여 등이 포함되며 사전실습 경험을 통해 현장에 대한 기초적 이해와 적응능력을 갖추도록 한다. 실습 이전 단계에서 본실습에서 요구되는 실천 역량 형성의 토대를 마련하며 현실적 기대와 학습 동기를 형성하게 함으로써, 실습 경험의 질을 향상시키는 중요한 역할을 수행한다.

2) 본실습(정규실습)

본실습은 일정 기간동안 예비유아교사가 유아교육기관에 상주하며 교사의 역할을 직접 수행하는 핵심 실습 단계이다. 이 단계에서 예비교사는 교수활동의 계획·실행·평가·성찰 과정을 통합적으로 경험하며, 실천적 전문성을 구체적으로 발달시킨다. 본실습은 교수·학습 활동의 설계 및 실행 역량 강화, 유아 이해 및 발달지원 능력 심화, 교직윤리 및 전문적 책무성 내면화, 협력적 실천역량 및 조직 적응력 향상을 위한 기초를 마련하는 과정으로 예비유아교사가 실제 교육현장에서 전문적 교사의 역할을 점진적으로 수행해 보는 실제적 학습 과정이다.

본실습에서의 주요 활동은 활동계획안 작성 및 교수자료 준비, 수업 실행 및 놀이 지도, 유아의 발달·행동 관찰기록 및 평가, 생활지도 및 안전·건강관리 지원, 학부모와의 의사소통 과정 참관·보조, 기관 내 회의·행사·협력 활동 참여, 교수행동에 대한 자기성찰 및 지도교사의 피드백 수용 등이며 이 과정에서 지도교사는 실습생의 멘토로서 예비교사의 성장을 지원하며, 교수실천에 대한 지도·평가 기능을 수행한다. 실습생은 실제 교육현장에서 발생하는 다양한 문제 상황을 해결하는 경험을 통해, 향후 교직생활에 효과적으로 적응할 수 있는 중요한 기반을 마련하게 된다.

본실습의 세부일정을 살펴보면 보육실습은 6주, 교육실습은 4주동안 일반적으로 아래와 같이 실습이 진행될 수 있으며 기관 상황에 따라 변화가 있을 수 있다.

〈표 2-1〉 본실습 일정표의 예시

<table>
<tr><td rowspan="5">보육실습</td><td>1주</td><td>관찰실습</td></tr>
<tr><td>2주</td><td>관찰실습</td></tr>
<tr><td>3~4주</td><td>부분수업</td></tr>
<tr><td>5주</td><td>연결수업</td></tr>
<tr><td>6주</td><td>종일수업</td></tr>
<tr><td rowspan="4">교육실습</td><td>1주</td><td>관찰실습</td></tr>
<tr><td>2주</td><td>부분수업</td></tr>
<tr><td>3주</td><td>연결수업</td></tr>
<tr><td>4주</td><td>종일수업</td></tr>
</table>

3) 사후실습

사후실습은 본실습 이후 실습 경험을 체계적으로 정리·분석하고, 이를 전문성 발달로 전환시키기 위한 성찰 중심의 종결 단계이다. 이 단계는 단순한 실습 평가를 넘어, 경험을 의미 있는 학습으로 조직화하는 과정이다. 사후실습은 실습 경험을 성찰적으로 재구조화하여 학습의 의미를 명료화하고, 개인의 강점과 성장 과제를 분석하며 전문성 개발 계획을 수립하도록 지원하는 동시에, 이론 교육과 실습 경험 간의 연계성을 강화하고 전문직 성찰 역량과 자기평가 능력을 향상시키는 것을 목적으로 한다.

사후실습에서는 실습일지·포트폴리오 정리, 교수활동 분석 및 보고서 작성, 지도교사의 평가 및 피드백 반영, 사례 공유 및 협력적 토의 활동 등의 활동이 포함될 수 있다. 예비유아교사는 자신의 교수실천을 비판적으로 분석하고, 향후 발전 방향을 구체화할 수 있으며 실습을 통해 얻은 경험을 지식화하고 체계화할 수 있다.

2. 실습 유형

유아교육 실습은 예비유아교사가 실제 현장에서 교사의 역할을 경험하며 전문성을 기르는 중요한 교육과정이다. 실습생은 유아와 상호작용하고, 교육과정을 운영하며, 생활과 안전을 책임지는 교사의 역할을 단계적으로 익히게 된다. 실습의 각 유형은 상호 독립적인 것이 아니라 서로 연결되고 확장되면서 예비교사가 교사로 성장하도록 돕는 통합적인 학습 과정으로 이루어진다.

1) 수업실습

수업실습은 예비유아교사가 실제 교육현장에서 유아를 대상으로 교수·학습 활동을 계획하고 실행하며, 그 결과를 평가하는 실천적 학습 과정이다. 단순한 수업 시연을 넘어서 유아의 발달 특성과 교육 맥락을 고려하여 교수활동을 설계·운영하는 전문적 실천 활동이다. 수업실습은 예비유아교사가 교사로서의 교수역량을 실제적으로 검증하고 심화하는 핵심 실습 요소로, 유아교육 실습에서 중요한 위치를 차지하며 수업실습의 목적은 다음과 같다.

첫째, 교수 · 학습 설계 능력 향상이다. 수업실습의 가장 중요한 목적은 예비유아교사가 교수 · 학습 활동을 스스로 설계하고 조직할 수 있는 능력을 기르는 것이다. 실습생은 누리과정의 철학과 목표를 이해하고 이를 실제 활동 계획에 반영하면서, 유아의 발달 수준과 흥미, 학습 환경을 함께 고려하여 수업을 구성하게 된다. 이러한 과정에서 실습생은 단순히 이론을 적용하는 수준을 넘어, 목표 설정-자료 준비-활동 구조 설계-평가 계획까지 포함하는 전반적인 교수 설계 경험을 얻게 된다. 결국 수업실습은 예비교사가 현장에서 바로 적용가능한 실천적 수업 설계 역량을 갖추도록 돕는 핵심 기회가 된다.

둘째, 상호작용 및 발문 역량 강화이다. 수업실습은 예비교사가 유아와의 상호작용을 실제로 경험하고, 이를 통해 적절한 의사소통 기술과 발문 역량을 기르는 과정이다. 실습생은 수업 중 유아의 반응을 민감하게 관찰하며, 닫힌 질문보다는 사고를 확장시키는 개방형 발문을 사용하고, 긍정적 피드백과 공감적 반응을 제공하는 방법을 학습한다. 또한 유아의 개별 차이를 존중하며, 유아 스스로 생각하고 표현하도록 지원하는 상호작용 기술을 익히게 된다. 이러한 경험을 통해 실습생은 말을 일방적으로 전달하는 사람이 아니라, 유아의 생각과 감정을 존중하며 함께 소통하는 교사로 성장하게 된다.

셋째, 유아의 참여와 학습 경험의 질 향상이다. 수업실습은 예비교사가 자신의 수업이 유아의 실제 참여와 학습 경험에 어떤 영향을 미치는지 이해하도록 돕는다. 실습생은 유아가 즐겁고 의미 있게 참여할 수 있도록 활동을 구성하고, 놀이와 경험 중심의 학습이 되도록 수업을 운영한다. 또한 유아가 스스로 탐색하고 선택하며 협력하는 기회를 제공함으로써, 자연스럽게 참여도가 높아지고 학습 경험의 질이 향상되는 과정을 관찰하게 된다. 이를 통해 실습생은 수업의 중심이 '교사'가 아니라 유아임을 깨닫고, 유아 주도적 학습을 지원하는 교육관을 형성하게 된다.

넷째, 교사로서의 전문적 정체성을 형성한다. 수업실습은 예비유아교사가 나는 어떤 교사가 되고 싶은가를 고민하며 교사로서의 전문적 정체성을 형성하는 과정이기도 하다. 실습생은 수업을 계획하고 실행하며, 유아와 상호작용하고 지도교사로부터 피드백을 받는 경험을 통해 자신의 강점과 보완점을 발견하게 된다. 이러한 성찰은 예비교사로 하여금 교직의 의미와 책임을 깊이 이해하도록 돕고, 유아를 존중하며 성장 중심의 교육을 실천하는 전문직으로 성장하도록 이끈다. 결국 수업실습은 지식 전달자가 아닌 유아의 성장을 지원하는 전문 교사로서의 정체성을 확립하는 중요한 출발점이 된다.

(1) 관찰 실습

관찰 실습은 유치원 교육실습의 출발점이 되는 과정이다. 실습 초기에는 구리하게 활동에 참여하기보다 유아·교사·환경·일과 운영을 이해하는 단계가 먼저 이루어진다. 실습생은 유아가 놀이와 활동 속에서 어떻게 움직이고 표현하며 또래와 상호작용하는지를 관찰하고, 교사가 유아와 어떤 방식으로 상호작용하며 활동을 지원하는지를 주의 깊게 살펴본다. 관찰 실습의 핵심은 판단보다 사실 기록에 초점을 두는 것이다. 특정 행동을 해석하거나 평가하려 하기보다 유아가 보인 행동과 상황을 구체적으로 기록하는 것이 중요하다. 관찰을 통해 실습생은 유아의 발달 특성 이해, 교사의 역할과 개입 방식 파악, 교실 환경 구성의 의미 이해, 일과 운영의 구조와 흐름 파악이라는 기초적 이해를 얻게 된다. 관찰 실습은 이후 이루어질 참여·수업·생활지도 실습의 기초 자료이자 출발점이라는 점에서 매우 중요한 의미를 지닌다.

(2) 참여실습

실습생이 점차 교사의 업무에 참여하고 보조하는 참여실습 단계에서 실습생은 교사의 업무를 단순히 지켜보는 입장이 아닌 함께 참여하며 교실 운영을 지원하는 역할을 수행하게 된다. 구체적인 활동으로 등원 맞이 및 유아와 인사하기, 자유놀이에 함께 참여하며 상호작용하기, 교구·자료 준비 및 정리 정돈, 전환활동 보조, 급식·간식 지도 보조, 귀가지도 보조 등이 있다. 참여실습은 단순한 도움이 아니라,교사의 업무가 다양한 요소로 이루어져 있음을 몸소 경험하는 과정이다. 실습생은 이 시기를 통해 유아와의 신뢰관계 형성, 교실 운영 리듬과 흐름 파악, 협력적 태도 형성, 책임감 있는 참여 태도 학습 등을 자연스럽게 경험하게 되며 교사로서의 역할을 점진적으로 익히는 시기이다.

(3) 수업지도 실습

수업지도 실습은 유아교육 실습의 핵심 단계로, 실습생이 직접 교수·학습 활동을 계획하고 운영하는 경험을 의미한다. 실습생은 누리과정을 바탕으로 활동 주제를 선정하고, 유아의 발달수준과 흥미를 반영하여 학습목표를 설정한다. 이후 필요한 자료를 준비하고 발문을 구성하여 실제 수업을 진행하게 된다. 수업 실습은 동화 · 동시 활동, 미술 · 음악 활동, 수·과학 탐구 활동, 신체 활동, 프로젝트 활동뿐만 아니라 자유놀이 속에서 놀이를 확장하는 활동까지 포함된다. 수업이 끝난 후에는 유아의 반응과 학습 과정을 분석하고, 스스로의 수업을 돌아보며 개선점을 찾는 시간이 뒤따른다. 수업지도 실습을 통해 실습생은 교수·학습 설계 능력, 상호작용 및 발문 기술, 유아 중심 수업 운영 태도, 활동 평가능력 등을 기르게 된다. 수업지도 실습은 교사가 되는 경험의 핵심으로 실습생이 나는 어떤 방식으로 아이들과 만나고 싶은가를 깊이 고민하게 하는 중요한 기회가 되며 일반적으로 부분수업, 연결(연계)수업, 종일수업으로 단계적으로 실행된다.

부분수업은 수업지도실습의 초기 단계에서 이루어지는 유형으로, 예비유아교사가 하루 일과 중 일부 활동이나 수업의 한 부분을 담당하여 지도하는 수업 형태를 의미한다. 이 단계에서 실습생은 제한된 시간과 범위 내에서 교수활동을 수행하며, 지도교사의 직접적인 지도와 지원을 받는다. 부분수업은 예비교사가 실제 수업 환경에 적응하도록 도우며, 교수활동에 대한 심리적 부담을 완화하고 자신감을 형성하도록 하며, 이론적으로 학습한 교수·학습 방법을 제한된 맥락에서 적용해 보도록 한다. 주로 소집단 활동 또는 특정 영역 활동 중심 운영, 활동계획안의 부분적 적용, 지도교사의 밀착 지도 및 즉각적 피드백 제공, 수업 실행 경험 축적에 초점을 가진다. 예비유아교사가 교수자로서의 역할을 처음 경험하는 단계로, 교수 실행에 대한 기초 역량과 자신감을 형성하는 데 중요한 의의를 지니고 수업지도실습의 이후 단계로 이행하기 위한 준비적 기능을 수행한다.

연결수업은 부분수업 이후 단계에서 이루어지는 수업지도실습 유형으로, 실습생이 여러 활동을 연계하여 일정 시간 동안 수업을 지속적으로 운영하는 형태를 의미한다. 이는 단일 활동 중심의 수업에서 벗어나, 활동 간의 흐름과 연속성을 고려한 교수설계를 요구한다. 유아의 경험이 단절되지 않고 연속적으로 확장되도록 지원하고, 수업 전개 과정에서의 교수조직 능력을 강화하며, 하루일과의 흐름을 고려한 교수·학습 운영 역량을 함양한다. 연결수업은 두 개 이상 활동의 주제적·경험적 연계, 활동 간 전이 및 흐름 관리, 유아 반응에 따른 교수전략 조정, 수업 맥락을 고려한 즉각적 의사결정 등의 특징을 지닌다. 예비유아교사가 교수활동을 구조적으로 조직하고, 일과 흐름 속에서 수업을 운영하는 능력을 기르는 단계로 이를 통해 교수설계 능력과 상황판단력이 강화되며, 보다 복합적인 교수역량이 형성된다.

전일수업(올데이수업)은 수업지도실습의 최종 단계로, 예비유아교사가 하루 일과 전반을 책임지고 계획·운영하는 수업 형태를 의미한다. 이 단계에서 실습생은 지도교사의 감독하에 준교사 수준의 역할을 수행하며, 교육·생활지도·관리 전반을 경험하게 된다. 전일수업을 통해 실습생은 교사의 역할을 총체적으로 이해하며, 교수·학습 운영의 통합적 역량을 발달시키고, 교직 전문성과 책임성을 실제적으로 체득하도록 한다. 전일수업 활동으로 일일·주간 교육계획안에 기반한 수업 운영, 놀이지도와 생활지도 및 안전관리의 통합적 수행, 유아 개별차를 고려한 교수·학습 진행 등이 포함될 수 있다. 예비유아교사가 전문직 교사로서 요구되는 교수·생활지도·관리 역량을 통합적으로 발휘하는 결정적 단계로 통해 예비교사는 교직에 대한 현실적 이해를 심화하고, 향후 교직생활 적응을 위한 기반을 마련하게 된다.

부분수업, 연결수업, 전일수업은 각각 독립된 수업 형태라기보다 수업책임과 난이도가 점진적으로 확대되는 연속적인 수업지도실습 체계를 이룬다. 부분수업은 교수 실행의 기초를, 연결수업은 수업 조직과 흐름 관리를, 전일수업은 교사 역할의 통합적 수행을 담당한다. 이러한 단계적 수업지도실습 구조는 예비유아교사가 이론과 실제를 통합하여 전문직 교사로 성장하도록 지원하는 중요한 교육적 장치라 할 수 있다.

2) 실무실습

유아교육 실무실습이란 예비유아교사가 유치원이나 어린이집 등 유아교육기관에서 실제로 이루어지는 일상 운영과 생활지도를 중심으로 교사의 업무를 직접 수행·보조하며, 교사의 전문적 역할을 체험하는 실천 중심의 현장 학습 활동을 의미한다.

이는 수업 운영을 중심으로 한 수업지도실습과 달리, 유아의 일과 전반을 지원하고 관리하며, 교사의 실제적인 실무와 책임을 경험하는 데 초점을 둔다. 따라서 실무실습은 교사의 역할을 보다 현실적이고 입체적으로 이해하도록 돕는 중요한 실습 유형이라 할 수 있고 유아교육 실무실습은 다음과 같은 목적을 가진다.

첫째, 유아교육기관의 일과 운영 체계를 이해하도록 돕는다. 실습생은 등원에서 귀가까지 이어지는 하루일과가 어떻게 조직되고 운영되는지 실제 경험을 통해 학습한다.

둘째, 유아의 생활지도와 정서적 지원 능력을 기른다. 실습생은 유아의 생활습관을 지도하고, 또래 관계와 정서 조절을 돕는 실제 장면 속에서 교사의 역할을 체험한다.

셋째, 안전과 보건 관리의 중요성을 인식하도록 돕는다. 유아교육 현장에서 안전·위생·건강관리가 얼마나 중요한지 실무를 통해 배우게 된다.

넷째, 교사의 협력적 실무 역량을 기른다. 교직원과 함께 일하며 협력과 소통의 중요성을 경험하고, 조직의 일원으로서 책임과 역할을 이해하게 된다.

실무실습의 주요 내용으로 유아 생활지도 및 돌봄 업무, 안전 및 보건 위생관리, 교실 환경구성 및 관리 실무, 수업 운영 이전 단계에서 교수활동 지원 실무, 행정 및 운영 지원 실무, 학부모 소통 및 협력 실무 등이 해당된다. 실무실습은 수업지도실습과 상호보완적 관계를 이루며, 유아교육실습의 질을 결정하는 중요한 구성 요소이다. 예비유아교사는 실무실습을 통해 현장의 실제 요구를 이해하고 향후 교직생활에 필요한 현실적 역량과 전문성을 균형 있게 형성하게 되어 실습 과정에서 실무실습이 체계적이고 단계적으로 운영될 필요가 있다.

〈표 2-2〉 실무실습의 주요 내용

구 분	실무실습 내용	구체적 활동
기본생활 지도	유아의 일상생활 전반을 지원하는 실무	등·하원 지도, 급·간식 지도, 손 씻기·위생 지도, 휴식 및 낮잠 지도 보조
돌봄 및 정서 지원	유아의 정서적 안정과 적응을 돕는 역할	유아의 정서 상태 관찰, 불안·갈등 상황 중재 보조, 안정적 환경 제공
놀이 환경 관리	놀이와 학습을 위한 환경 조성 및 유지	놀이 영역 준비·정리, 교구 정돈, 환경 구성 보조
안전관리	유아의 신체적 안전 확보를 위한 실무	실내·외 활동 시 안전 관찰, 위험 요소 점검, 사고 예방 지도 보조
교사 업무 보조	교사의 일상적 실무 지원	출결 확인 보조, 자료 정리, 활동 준비 지원
행정 및 운영 지원	기관 운영과 관련된 실무 경험	행사 준비 보조, 기록물 정리, 환경 점검 지원
협력 및 의사소통	기관 구성원과의 협력 경험	지도교사·보조교사와 협력, 역할 분담 이해

3. 기본적인 실습 준비

1) 실습 전 지식과 이해를 위한 준비

유아교육 실습은 예비유아교사가 교직을 실제로 경험하고 전문성을 기르기 위한 중요한 교육과정이다. 실습이 의미 있게 이루어지기 위해서는 단순한 마음가짐 이상의 체계적인 사전 준비가 필요하다. 실습생이 충분히 준비되어 있을수록 현장 적응이 원활해지고, 유아와의 상호작용의 질도 높아질 수 있다. 따라서 유아교육 실습생은 지식·태도·기술·윤리의 측면에서 균형 있게 준비하는 것이 중요하다.

1) 유아교육 이론과 교육과정 이해

실습에 참여하기 전, 실습생은 유아 발달, 놀이, 교수·학습 방법, 행동지도, 평가 등에 관한 기초 이론을 충분히 이해하고 있어야 한다. 특히 누리과정의 목표와 내용, 교수 · 학습 방향을 숙지하는 것은 필수적이다. 이러한 지식은 실습 현장에서 유아를 올바르게 이해하고, 교육활동을 체계적으로 계획하고 실행하는 데 중요한 기초가 된다. 실습은 이론을 현장에서 살아 움직이는 실천적 지식으로 재구성해 가는 과정이다. 따라서 실습생은 단편적 개념보다, 이를 실제 상황과 연결하여 이해하는 것이 중요하다.

2) 실습기관의 운영 체계 파악

실습 전에는 기관의 일과 운영, 철학, 규정, 실습 지침 등을 미리 확인하는 것이 도움이 된다. 실습 일정, 복장, 근무시간, 기록 양식, 안전지침 등을 숙지하면 현장에서 불필요한 혼란을 줄일 수 있다. 이는 실습생이 기관의 일원으로서 책임 있는 태도를 보이는 중요한 준비 과정이며 지도교사와 기관에서도 실습생을 신뢰하게 하는 중요한 요소가 된다.

3) 실습 수행 능력을 위한 준비

유아교육 실습 수행 능력이란 예비유아교사가 실습 현장에서 요구되는 역할과 과제를 효과적으로 수행할 수 있는 지식, 기술, 태도, 그리고 자기조절 역량을 종합적으로 갖추는 것을 의미한다. 이는 단기간에 형성되기보다는 실습 이전 단계에서의 체계적인 준비를 통해 점진적으로 구축된다. 따라서 유아교육 실습의 성과를 높이기 위해서는 실습 전 수행 능력을 위한 다차원적 준비가 필수적이다.

(1) 수업 준비 역량

실습생은 수업실습을 위해 활동계획안 작성, 교육자료 제작, 발문 구성 등의 교수 설계 능력을 미리 연습해 두는 것이 바람직하다. 다양한 활동 예시를 정리해 두거나, 시뮬레이션 발표를 통해 실제 수업 상황을 점검해 보는 것도 효과적인 준비 방법이다.

(2) 의사소통과 상호작용 기술

유아교육 현장에서 가장 중요한 요소 중 하나는 유아와의 따뜻하고 안정적인 상호작용이다. 실습생은 유아를 존중하는 언어 사용, 경청 태도, 긍정적 피드백 제공 등 기본적인 상호작용 기술을 준비해야 한다. 또한 지도교사 및 동료와의 협력적 의사소통 능력 역시 중요한 준비 요소이다.

(3) 기록 작성 준비

실습일지, 관찰기록, 수업 평가 등 교육 기록 작성 연습도 필요하다. 기록은 단순한 과제가 아니라 성찰과 전문성 향상의 중요한 도구이므로, 정확하고 객관적인 표현을 사용하는 연습이 필요하다.

4) 태도와 인성을 위한 준비

예비유아교사가 전문직 교사로 성장하는 과정에서 지식과 기술뿐만 아니라 태도와 인성을 실제 교육현장에서 검증하고 형성하는 중요한 단계이다. 유아를 대상으로 하는 교육은 교사의 언행과 태도가 유아의 정서와 발달에 직접적인 영향을 미치기 때문에, 실습에 앞서 태도와 인성에 대한 충분한 준비가 요구된다. 이러한 준비는 실습 수행의 질을 높이고, 전문직 교사로서의 기본 자질을 확립하는 데 중요한 역할을 한다.

(1) 전문직으로서의 책임감

실습생은 자신을 학생이 아닌 예비전문가로 인식해야 한다. 시간 엄수, 정해진 규범 준수, 과제 성실 수행 등 기본적 근무 태도는 실습의 출발점이다.

(2) 적극적이고 열린 자세

실습은 완벽함을 보여주는 자리가 아니라 배우는 과정이다. 따라서 실습생은 실수와 부족함을 인정하고, 피드백을 학습의 기회로 받아들이는 성찰적 태도를 준비해야 한다. 실습생에게 모르는 점을 묻고 스스로 탐구하며 배우려는 적극성이 필요하다.

5) 정서적·신체적 준비

실습은 신체적·정서적으로 에너지가 많이 요구되는 과정이다. 충분한 수면과 건강 관리, 스트레스 조절 방법을 갖추는 것이 필요하다. 또한 전문직 역할에 대한 심리적 준비를 통해 유아와의 관계 형성을 안정적으로 수행할 수 있다.

6) 실습을 위한 기본 예절과 생활 규범 준비

실습생은 기본 규범을 실천할 준비가 필요하다. 단정한 복장과 위생 관리, 예의 바른 언어와 태도 유지, 기관의 규정과 문화 존중, 사적인 행동 및 휴대전화 사용 자제, 사소한 일도 책임 있게 수행하는 태도 등은 실습생이 기관의 한 구성원으로서 인정받기 위한 기븐 조건이다.

7) 교사 정체성 점검

교사 정체성은 교사가 스스로를 어떻게 인식하고, 교직의 의미와 가치를 어떻게 해석하며, 교육 실천 속에서 어떠한 역할을 수행하는가에 대한 총체적인 자기 인식 체계를 의미한다. 특히 유아교사의 교사 정체성은 유아를 전인적 존재로 이해하고, 돌봄과 교육을 통합적으로 실천해야 하는 유아교육의 특성 속에서 형성하고 발달한다. 이러한 점에서 유아교사의 교사 정체성 점검은 전문직 교사로서의 성장과 지속적인 전문성 발달을 위해 필수적인 과정이라 할 수 있다.

4. 실습기관 사전 방문

유아교육 실습에서 실습기관 사전방문은 예비유아교사가 실제 실습에 앞서 현장 환경을 이해하고, 실습 수행에 필요한 기초 정보를 확보하기 위한 중요한 준비 단계이다. 사전방문은 실습생이 실습기관의 특성과 운영 체계를 사전에 파악함으로써 실습 초기의 혼란과 긴장을 완화하고, 보다정적인 실습 수행을 가능하게 하는 교육적 기능을 지닌다. 실습기관에 전화를 드려 방문 일정을 확정한다.

1) 사전 방문 시 주의 사항

실습기관 사전방문은 실습 이전 단계에서 기관의 환경과 운영 특성을 파악하고, 실습 수행을 위한 기초 정보를 확보하는 중요한 준비 과정이다. 이 과정은 단순한 인사 방문이 아니라, 예비유아교사가 전문직 교사로서의 태도와 윤리를 점검하고, 실습에 대한 책임 있는 자세를 형성하는 교육적 의미를 지닌다. 실습기관 사전방문 시에는 방문 목적을 명확히 인식하고, 여러 측면에서 주의사항을 충분히 숙지한 상태로 임하는 것이 필요하다.

(1) 방문 전 준비 단계에서의 주의 사항

사전 방문 목적과 실습생의 역할을 명확하게 할 필요가 있다. 실습기관 사전방문은 실습 가능 여부 확인, 기관 환경 이해, 실습 운영 방식 파악 등을 목적으로 이루어진다. 실습생은 방문 목적을 명확히 인식하고, 자신이 방문객이자 예비전문가라는 이중적 위치에 있음을 이해해야 한다. 이를 통해 불필요한 언행이나 역할 혼란을 예방할 수 있다. 실습생은 기본적인 교사로서의 태도와 복장 준비에 유의해야 한다. 실습기관 방문 시에는 단정하고 깔끔한 복장을 갖추는 것이 기본적인 예의이며, 단정하지 않거나 노출이 있는 복장은 지양해야 한다. 이는 실습 이전부터 전문직 교사로서의 이미지를 형성하는 중요한 요소이다. 방문 일정과 약속 준수는 매우 중요하다. 사전방문은 기관의 일정에 맞추어 이루어지므로, 약속 시간을 철저히 지켜야 하며, 부득이한 사정으로 변경이 필요한 경우 사전에 충분히 연락하고 양해를 구해야 한다. 시간 준수는 실습생의 책임감과 신뢰성을 판단하는 기준이 될 수 있다.

(2) 방문 과정에서의 태도와 행동에 대한 주의 사항

실습생은 예의 바른 언행과 태도 유지하는 것이 요구된다. 실습기관 방문 시에는 인사, 말투, 표정 등 기본적인 예절을 갖추어야 하며, 지도교사와 원장, 기관 관계자를 존중하는 태도를 유지해야 한다. 이는 실습생의 인성과 전문직 태도를 직접적으로 드러내는 부분이다. 실습생은 관찰자의 위치를 유지하는 태도가 필요한데 사전방문은 실습 이전 단계이므로 유아 지도나 교육 활동에 직접 개입하기보다는 관찰 중심의 태도를 유지해야 한다. 허가 없이 유아에게 말을 걸거나 신체적 접촉을 시도하는 행동은 지양해야 한다.

실습생은 질문과 의사소통의 적절성에 유의해야 한다. 기관 운영, 실습 일정, 역할 등에 대한 질문은 필요하지만, 개인적이거나 평가적으로 해석될 수 있는 질문은 삼가야 한다. 질문은 사전에 정리하여 핵심적인 내용 위주로 간결하게 이루어지는 것이 바람직하다. 아울러 기관 규칙과 운영 방침 존중이 중요하다. 각 유아교육기관은 고유의 운영 철학과 규칙을 지니고 있으므로, 실습생은 이를 비교하거나 평가하기보다 존중하는 태도를 유지해야 한다. 기관의 운영 방식에 대해 부정적인 의견을 표현하는 것은 실습 수행에 부정적인 영향을 미칠 수 있다.

(3) 유아 및 보호자와 관련된 주의사항

실습생은 유아의 권리와 안전 존중을 최우선으로 고려해야 한다. 사전방문 시에도 유아는 보호받아야 할 교육의 주체이므로, 유아의 이름, 행동, 특성 등을 외부에 언급하거나 기록하는 행위는 제한되어야 한다. 사진 촬영이나 영상 촬영은 기관의 허가 없이는 절대 이루어져서는 안 된다. 또한 보호자와의 직접적 접촉 자제가 필요하다. 사전방문은 실습생과 기관 간의 절차이므로, 보호자와의 개별적인 대화나 설명은 지도교사의 안내 없이 이루어져서는 안되며 이는 오해와 불필요한 갈등을 예방하기 위해 필수적이다.

(4) 정보 수집 및 기록과 관련된 주의 사항

사전방문을 통해 얻은 정보는 실습 준비와 학습을 위한 목적으로만 활용되어야 하며 개인적 용도나 외부 공유는 엄격히 제한된다. 기록과 메모는 신중하게 작성되어야 하며 메모는 기관 운영과 실습 준비에 필요한 범위 내에서 이루어져야 한다. 유아의 개인 정보나 민감한 내용은 기록하지 않아야 하는 데 이는 교직윤리와 개인정보 보호 원칙에 해당하는 중요한 사항이다.

(5) 방문 후 정리 단계에서의 주의 사항

사전 방문 후에는 경험에 대한 성찰과 정리가 필요하다. 방문 이후에 기관의 특성과 실습 환경을 정리하고, 실습 수행을 위해 준비해야 할 사항을 점검하는 성찰 과정이 이루어져야 한다. 이는 실습 경험을 체계적으로 준비하는 데 중요한 단계이다. 아울러 기관에 대한 존중과 책임 있는 태도 유지가 요구된다. 사전방문 이후에도 기관과 지도교사에 대한 존중의 태도를 유지하고, 실습 관련 사항을 성실히 준비해야 한다. 이는 이후 실습 진행의 원활성과 신뢰 형성에 중요한 영향을 미친다.

(6) 상황극(역할극) 연습을 통한 사전 방문 준비

유치원 사전 방문을 앞두고 역할극을 통해 상황을 미리 연습해 보는 것은 예비유아교사에게 매우 중요한 준비 과정이다. 사전 방문은 실습생이 유치원과 처음으로 공식적인 관계를 맺는 자리이며, 이 때의 태도와 말투, 인상은 이후 실습 전반에 영향을 미친다. 그러나 많은 실습생은 "어떻게 인사해야 할지", "무엇을 말해야 할지", "실수하면 어쩌지"라는 불안으로 인해 긴장한 상태로 방문에 임하게 된다. 역할극은 이러한 불안을 완화하고, 실제 상황에서 보다 안정적으로 행동할 수 있도록 돕는 효과적인 학습 방법이다.

역할극을 통해 실습생은 유치원 도착부터 인사, 자기소개, 실습 일정 확인, 감사 인사에 이르기까지의 전 과정을 미리 경험해 볼 수 있다. 이는 머릿속으로만 준비하는 것보다 훨씬 현실감 있는 연습이 되며, 상황에 맞는 언어 표현과 태도를 자연스럽게 익히게 한다. 특히 공손한 말투, 바른 자세, 적절한 시선 처리와 같은 비언어적 요소까지 함께 연습할 수 있어, 실제 방문 시 보다 전문적인 모습으로 임할 수 있게 된다. 역할극은 실습생이 학생이 아닌 배우는 교사의 위치에서 자신을 인식하도록 돕는다. 원장이나 지도교사 앞에서 자신을 어떻게 소개하고, 어떤 태도로 배우겠다는 의지를 표현해야 하는지를 연습하면서, 예비교사로서의 정체성과 책임감을 형성하게 된다. 이는 단순한 말 연습을 넘어, 교사로서의 첫 걸음을 준비하는 과정이라 할 수 있다.

더 나아가 역할극은 예상하지 못한 상황에 대한 대응력을 기르는 데에도 도움이 된다. 예를 들어, 일정이 변경되는 경우, 추가 질문을 받는 경우, 즉석에서 요청을 받는 상황 등을 가상으로 경험해 보면서, 당황하지 않고 침착하게 대응하는 연습을 할 수 있다. 이러한 경험은 실제 현장에서의 긴장감을 줄이고, 의사소통에 대한 자신감을 높여 준다.

유치원 사전 방문을 준비하며 역할극을 해보는 것은 단순한 형식적 연습이 아니라, 실습생이 전문적인 태도와 언어를 갖춘 예비교사로 성장하기 위한 교육적 준비 과정이다. 역할극을 통해 실습생은 첫 만남을 보다 안정적이고 의미 있게 시작할 수 있으며, 이는 이후 교육실습 전반을 긍정적으로 이끌어 가는 중요한 토대가 된다.

〈표 2-3〉 실습기관 방문 상황극 예시

장면 1. 유치원 도착 및 인사

실습생: 안녕하세요. 저는 ○○대학교 유아교육과에 재학 중인 △△△입니다. 이번 학기에 귀 원에서 교육실습을 하게 되어, 사전 방문을 왔습니다.

원장/담당교사: 네. 반갑습니다. 들어오세요.

실습생: 시간 내 주셔서 감사합니다. 실습 전에 미리 인사드리고, 기관에 대해 안내를 받고 싶어 방문하게 되었습니다.

장면 2. 실습 일정 및 기본 사항 확인

원장/담당교사: 실습은 언제부터 시작인가요?

실습생: 네, ○월 ○일부터 ○월 ○일까지 총 ○주간 진행될 예정입니다. 대학에서 안내받은 일정입니다.

원장/담당교사: 좋습니다. 실습 첫날에는 오전 ○시까지 오시면 되고, 복장은 단정한 복장을 부탁드립니다.

실습생: 네, 알겠습니다. 실습 시간과 복장, 출퇴근 관련 사항도 잘 지키겠습니다.

장면 3. 실습 태도와 역할에 대한 대화

실습생: 실습 기간 동안 제가 주로 어떤 역할을 하게 되는지 미리 알고 싶습니다.

원장/담당교사: 처음에는 관찰이 중심이 될 거고, 점차 유아와 상호작용하고 보조 역할을 하게 됩니다. 후반에는 간단한 활동도 시도해 볼 수 있어요.

실습생:

네, 지도해 주시는 내용에 따라 성실히 배우겠습니다. 부족한 점이 많겠지만, 많이 지도해 주시면 감사하겠습니다.

원장/담당교사: 모르는 것이 있으면 혼자 고민하지 말고, 언제든 질문하세요.

실습생: 네, 그렇게 하겠습니다.

장면 4. 감사 인사 및 마무리

실습생: 바쁘신데도 이렇게 안내해 주셔서 정말 감사합니다. 실습 기간 동안 성실한 태도로 임하겠습니다.

원장/담당교사: 네, 실습 기간 동안 함께 잘 지내봅시다.

실습생: 감사합니다. 실습 첫날 뵙겠습니다. 좋은 하루 보내세요.

III. 실습생의 이해

1. 실습생의 기본 역할
2. 하루 일과에 따른 실습생의 역할
3. 실습생의 태도
4. 실습생이 지켜야 하는 주의 사항
5. 실습생의 스트레스
6. 실습생 발달단계

1. 실습생의 기본 역할

유아교육 실습생은 단순히 현장을 참관하는 학생이 아니라, 예비 유아교사로서 교육공동체의 일원으로 참여하는 학습자이다. 따라서 실습생은 실습 기간 동안 유아와 상호작용하고, 교육과정의 일부를 수행하며, 생활과 안전을 지원하는 등 다양한 역할을 담당하게 된다. 실습생의 역할을 명확히 이해하는 것은 실습의 방향을 분명하게 하고, 전문적 성장의 기초를 마련하는 중요한 출발점이 된다.

1) 학습자로서의 역할

유아교육 실습생은 무엇보다 현장에서 배우는 학습자이다. 실습생은 대학에서 배운 이론을 실제 상황과 연결하여 이해하고, 교사의 교육행동과 전문성을 관찰하며 배우는 자세를 유지해야 한다. 모르는 점이나 어려움이 있을 때에는 스스로 탐색하고, 지도교사에게 질문하며 학습적으로 접근하는 태도가 필요하다.

즉, 실습생은 단순 수행자가 아니라 현장을 통해 학습하고 성장하는 주체적 학습자로서의 역할을 수행하게 된다.

2) 보조교사로서의 역할

실습생은 실습 기간 동안 지도교사의 지도와 감독 하에 보조 교사로서의 역할을 수행한다. 이는 교사의 업무를 지원하며 교육활동이 원활하게 이루어지도록 돕는 역할을 의미한다.

구체적으로 실습생은 놀이 및 활동 지원, 생활지도 보조, 교실 환경 정리, 교수자료 준비 등 다양한 실무적 활동에 참여한다. 이러한 역할 수행을 통해 실습생은 교사의 업무가 수업에만 국한되지 않고, 생활지도·안전관리·환경 구성 등 다양한 영역을 포함하는 복합적 전문직임을 이해하게 된다. 보조 교사로서의 역할은 실습생이 교직의 실제를 현실적으로 인식하고, 이후 주도적인 교수활동으로 나아가기 위한 기초 단계로 기능한다.

3) 수업실행자로서의 역할

유아교육 실습생은 실습 과정에서 점진적으로 수업실행자로서의 역할을 수행하게 된다. 이는 부분수업, 연결수업, 전일수업 등의 형태로 나타나며, 실습생은 실제 유아를 대상으로 교수·학습 활동을 계획하고 실행하는 경험을 하게 된다. 이 과정에서 실습생은 활동계획안 작성, 교수자료 준비, 수업 운영, 등을 수행한다. 이러한 교수 실행 경험은 실습생의 교수설계 능력, 수업 운영능력, 의사소통 능력, 상황판단력을 종합적으로 발달시키는 데 기여한다. 또한 실습생은 수업 실행 이후 평가와 성찰을 통해 자신의 교수행동을 점검하며, 전문성 향상을 위한 개선 방향을 모색하게 된다.

4) 유아와의 상호작용자로서의 역할

실습생은 유아의 발달을 이해하고, 존중과 공감을 바탕으로 따뜻하고 안정적인 상호작용자의 역할을 수행해야 한다. 유아의 말을 경청하고, 감정을 수용하며, 비교·비난·낙인 없이 긍정적인 언어를 사용하는 것이 중요하다.

또래 간 갈등 상황에서는 통제자가 아니라 유아 스스로 문제를 허결할 수 있도록 돕는 중재자의 역할을 해야 한다.

5) 협력적 동료로서의 역할

실습생은 지도교사뿐 아니라 원장, 교직원, 조리원, 치료사 등 기관을 구성하는 다양한 전문인들과 협력하는 동료의 역할을 수행한다. 기관의 규정과 질서를 존중하고, 기본 예절을 지키며, 팀워크 속에서 자신의 역할을 수행해야 한다.

이는 교직이 개인적 노동이 아니라 협력적 전문직임을 이해하도록 돕는다.

6) 윤리적 실천가로서의 역할

실습생은 실습 기간 동안 전문직 윤리 기준을 준수하는 책임 있는 실천가로서 행동해야 한다. 유아의 인권과 사생활 보호, 사진·영상 촬영 및 SNS 게시 금지, 개인정보 및 기관 정브 비밀 유지, 학부모와의 직접 상담 지양, 차별·폭력·비하 언어 금지 등의 윤리적 역할 수행은 실습성이 전문직으로 성장하기 위한 기본적 자질 형성에 영향을 미친다.

7) 책임 있는 기관 구성원으로서의 역할

실습생은 실습 기간 동안 유아교육기관의 한 구성원으로서 행동해야 한다. 지각·무단결석·임의 이탈을 하지 않고, 맡은 역할을 성실히 수행하며, 기관의 규정과 운영 체계를 존중하는 책임감을 가져야 한다. 이러한 태도는 실습평가 뿐 아니라 전문교사로 성장하는 기본 자질과도 직결된다.

8) 성찰적 실천가로서의 역할

실습생은 단순히 활동을 수행하는 데서 그치지 않고, 자신의 행동과 수업, 유아와의 상호작용을 되돌아보며 발전 방향을 모색하는 성찰적 실천가의 역할을 수행해야 한다. 일지 작성, 관찰 기록, 피드백 반영 등을 통해 지속적으로 스스로를 점검하고 개선하려는 태도가 요구된다.

2. 하루 일과에 따른 실습생의 역할

유아교육 실습생은 실습 기간 동안 유아교육기관의 하루 일과 전반에 참여하며, 시간대별로 요구되는 다양한 역할을 수행하게 된다. 하루 일과에 따른 실습생의 역할은 단순한 보조 활동을 넘어, 교사의 실제 업무와 책임을 단계적으로 경험하도록 설계되어 있으며, 이를 통해 실습생은 유아교육의 운영 구조와 교사의 전문적 역할을 종합적으로 이해하게 된다.

1) 등원시간 동안 실습생의 역할

등원 시간은 유아와 보호자가 하루 일과를 시작하는 중요한 시점으로, 실습생은 지도교사의 지도 아래 유아 맞이와 기본적인 생활 지도를 지원한다. 이 시간 동안 실습생은 유아의 정서 상태와 건강 상태를 관찰하고, 유아가 안정적으로 하루 일과에 적응할 수 있도록 정서적 지지를 제공한다. 더불어 보호자와의 간단한 인사 및 소통 과정을 참관함으로써 교사의 대외적 역할과 의사소통의 중요성을 이해하게 된다.

2) 자유놀이 및 활동 준비 동안 실습생의 역할

자유놀이 시간에는 실습생이 놀이 환경을 준비하고 유아의 놀이 활동을 지원하는 역할을 수행한다. 실습생은 놀이 영역 구성과 교구 정리를 보조하며, 유아의 놀이 선택과 상호작용을 관찰한다. 이 과정에서 실습생은 유아의 흥미와 개별차를 이해하고, 놀이를 통한 학습의 의미를 직접적으로 체득하게 된다.

3) 집단활동 및 수업 시간 동안 실습생의 역할

집단활동이나 수업 시간에는 실습생이 교수활동을 보조하거나 부분적으로 실행하는 역할을 맡게 된다. 활동계획안에 따라 교구를 준비하고, 유아의 참여를 지원하며, 필요에 따라 소집단 지도에 참여한다. 실습 단계에 따라 부분수업, 연결수업, 전일수업을 수행하기도 하며, 이를 통해 실습생은 교수설계 능력과 수업 운영능력을 점진적으로 발달시킨다.

4) 급·간식 및 기본생활 지도 시간 동안 실습생의 역할

급식 및 간식 시간은 유아의 기본생활습관 형성과 밀접하게 관련된 시간으로, 실습생은 식사 준비와 정리, 위생 지도, 질서 유지 등을 지원한다. 이 과정에서 실습생은 유아의 자율성과 안전을 고려한 생활지도 방법을 학습하며, 교사의 돌봄 역할이 교육과 분리되지 않는다는 점을 이해하게 된다.

5) 실외활동 및 신체활동 시간 동안 실습생의 역할

실외놀이 및 신체활동 시간에는 유아의 안전 확보가 가장 중요한 역할로 요구된다. 실습생은 놀이기구 점검과 유아 관찰을 통해 안전사고를 예방하고, 유아가 자유롭고 적극적으르 활동할 수 있도록 지원한다. 이를 통해 실습생은 유아교육에서 안전관리의 중요성과 교사의 책임성을 실제적으로 인식하게 된다.

6) 휴식 및 정리 시간 동안 실습생의 역할

휴식 시간에는 유아가 신체적·정서적으로 안정될 수 있도록 환경을 조성하고, 일과 후 정리 활동을 지원한다. 실습생은 교실 정리와 교구 정돈에 참여하며, 하루 일과의 마무리 과정이 교육적 의미를 지닌다는 점을 이해하게 된다.

7) 하원 지도 및 마무리 시간 동안 실습생의 역할

하원 시간에는 유아를 보호자에게 안전하게 인계하는 과정이 이루어지며, 실습생은 지도교사의 지도 아래 하원 지도를 보조한다. 이 과정에서 실습생은 유아의 하루 생활을 정리하고, 보호자와의 소통 과정을 관찰하며 교사의 책임 있는 역할을 인식하게 된다.

8) 일과 정리 및 성찰의 역할

하루 일과가 종료된 후 실습생은 실습일지 작성과 성찰 활동을 통해 하루 동안의 경험을 정리한다. 이 과정은 실습생이 자신의 역할 수행을 점검하고 다음 날의 실습을 준비하는 중요한 과정으로 기능한다.

3. 실습생의 태도

유아교육 실습생은 단순한 참관자가 아니라, 유아교육기관의 교육공동체 안에서 교사 역할을 학습하는 예비전문가이다. 실습생이 실습기간 동안 어떤 태도를 보이는가는 교육활동의 질뿐 아니라 유아, 교직원, 학부모에게 미치는 영향까지 고려해야 하는 중요한 요소이다. 올바른 실습 태도는 실습생이 교직의 가치를 이해하고 전문직으로 성장하기 위한 기초를 형성하는 출발점이 된다.

실습생은 스스로를 학생이 아닌 예비교사로 인식하고, 책임감 있는 자세로 실습에 참여해야 한다. 출·퇴근 시간 준수, 성실한 기록 작성, 지시사항 이행 등 기본적인 근무 윤리를 지키는 것은 가장 기본적인 태도이다. 또한 주어진 역할을 소극적으로 기다리기보다, 배움의 자세로 적극적으로 참여하려는 태도가 필요하다. 이러한 태도는 단순한 성실성을 넘어, 교사라는 전문직에 대한 존중과 헌신의 표현이 된다.

유아교육 실습생에게 가장 중요한 기본 태도는 유아를 인격적으로 존중하는 자세로 실습생은 유아를 고유한 생각과 감정을 지닌 존재로 이해해야 한다. 모든 유아에게 차별 없이 공정하게 대하며, 유아의 행동을 함부로 판단하거나 비교하는 태도를 피해야 한다. 유아의 말에 귀 기울이고, 감정을 공감하며 실수나 시행착오를 성장의 일부로 받아들이는 수용적 태도가 요구되며 실습생이 보여주는 언어와 표정, 작은 행동 하나가 유아의 자존감과 정서에 직접적인 영향을 미친다는 점을 항상 기억해야 한다.

실습생은 유아와의 관계 형성에서 따뜻하고 안정적인 정서적 지지자가 되어야 한다. 화를 내거나 감정을 즉각적으로 표출하기보다, 차분하고 일관된 태도로 유아를 대해야 하는데 특히 비난·명령·지시 중심의 언어보다는 칭찬·격려·개방형 질문을 활용하여 유아의 표현과 사고를 촉진하는 의사소통 태도가 중요하다. 또래 간 갈등 상황에서도 서둘러 개입하여 통제하기보다는, 유아가 스스로 문제를 해결할 수 있도록 돕는 중재자적 태도를 유지해야 한다.

실습생은 유아뿐 아니라 교직원과의 관계에서도 존중과 협력의 태도를 실천해야 한다. 지도교사의 지도를 신뢰하고, 모르는 점은 질문하며 배우려는 자세를 유지한다. 기관의 운영 방식이나 교사의 교육 방법에 대해 비판적 판단을 하기보다, 그 의미와 맥락을 이해하려는 태도가 필요하다. 실습생은 조직의 일원으로서 예의와 기본 규범을 지키며, 교직원 간 신뢰와 협력이 중요한 가치임을 몸소 경험하고 학습해야 한다.

유아교육 현장에서 가장 중요한 원칙은 유아의 안전과 생명 보호이다. 실습생은 항상 유아의 안전을 최우선으로 고려하고, 위험 요소를 발견하면 즉시 담당교사에게 보고하는 책임 있는 태도를 가져야 한다. 독단적인 판단이나 과도한 개입은 삼가고, 정해진 안전 지침과 보고 체계를 준수해야 한다.

실습은 완벽한 수행을 보여주는 자리가 아니라, 배우고 성장하는 과정이므로 실습생은 자신의 행동과 수업, 상호작용을 돌아보고 개선하려는 성찰적 태도를 갖추어야 한다. 지도교사의 피드백을 겸허히 수용하고, 이를 바탕으로 발전 방향을 모색하는 자세는 전문적 교사로 성장하는 중요한 기반이 된다.

유아교육 실습생의 태도는 단순한 예절이나 규범을 넘어서, 유아를 존중하고 안전을 책임지며, 배움과 성찰을 지속하는 교사로 성장하기 위한 기본 조건이라고 할 수 있다. 실습생이 이러한 태도를 성실히 실천할 때, 실습 경험은 단순한 현장 체험을 넘어 전문직으로서의 정체성을 형성하는 의미 있는 교육적 과정이 될 것이다.

4. 실습생이 지켜야 하는 주의 사항

유아교육 실습은 예비유아교사가 실제 교육현장에서 교사의 역할을 경험하며 전문성을 길러가는 필수 과정이다. 실습생은 단순한 참관자가 아니라 교육공동체의 한 구성원으로서 유아, 교직원, 학부모와 직접 관계를 형성하게 된다. 따라서 실습 기간 동안 보여지는 태도, 언어, 행동, 책임감은 실습평가뿐 아니라 앞으로의 교직 전문성 형성에도 큰 영향을 미친다.

1) 기본 태도와 언어사용에 대한 주의 사항

실습생은 교사와 동일한 전문직 윤리를 바탕으로 행동해야 한다. 가장 기본적인 요소는 정중하고 안정된 태도이다. 교직원뿐 아니라 유아에게도 예의 바른 말투와 존중의 표현을 사용해야 하며, 반말이나 친근하지만 서로의 역할 경계를 흐리는 표현이나 비하적 언어는 사용하지 않는다. 유아를 지칭할 때도 '야, 애'보다는 '유아, 어린이'라는 용어를 사용하는 것이 바람직하다. 실습생의 표정과 말투는 유아 정서에 직접적인 영향을 미친다. 짜증, 지적, 단정적 표현은 유아에게 불안과 위축감을 줄 수 있다. 실습생은 유아의 행동을 즉각 판단하기보다 이해하고 공감하려는 태도를 유지해야 하며 같은 지시적 표현보다 개방형 표현을 사용해야 한다.

2) 출결 및 근무 태도에 관한 주의 사항

유치원은 엄격한 일과 운영체계를 갖고 있으므로 실습생은 성실성과 책임성을 갖추어야 한다. 출근은 최소 10분 전에 도착하여 준비 상태를 갖추고, 지각·무단결석·조퇴는 절대 금한다. 부득이 지각이나 결석 시 반드시 실습기관과 대학에 연락을 취한다. 질병이나 장례 등으로 인한 결석의 경우 병원 진단서와 사망진단서를 기관과 대학에 제출한다. 결석으로 인해 실습 기간이 연장될 수 있으며 이 경우 대학에서는 실습기간 변경 및 보험처리의 절차를 거쳐야 한다. 지각 및 결석은 실습 평가에 부정적인 영향을 미치며 특히 무단결석은 실습 불인정으로 처리될 수 있다. 행사나 야외활동이 있는 날은 연장 근무가 발생할 수 있음을 인지한다.

3) 생활 습관에 관한 주의 사항

개인 휴대전화 사용은 학습·응급상황 등 기관이 허용한 경우가 아니면 삼가야 하며, 특히 유아 앞에서 사용하는 것은 교육적이지 않다. 또한 실습생은 지시를 기다리는 수동적 태도보다 협력적인 참여 태도를 보여야 한다. 교실 정리, 환경 구성, 준비물 준비 등 작은 일에도 적극적으로 참여하며, 모호한 상황에서는 독단적 결정보다 도와드릴 일이 있는지, 그대로 진행해도 되는지 등의 확인을 우선해야 한다.

4) 유아와의 상호작용 시 주의 사항

유아와의 상호작용은 실습생 평가의 핵심 요소이다. 실습생은 유아의 눈높이를 이해하고 존중하는 대화를 사용해야 한다. 신체적 접촉은 꼭 필요한 경우에만 조심스럽게 이루어져야 하며, 유아를 강하게 잡아당기거나 끌어당기는 행동은 금지해야 하며 특정 유아에게만 관심을 집중하거나, 유아를 비교·서열화하는 발언도 금물이다. 유아의 행동을 놀리거나 흉내내는 행동, 가정환경이나 개인적 사정에 대해 묻는 행동 역시 부적절하다. 실습생은 유아의 인권과 사생활을 보호하는 전문적 윤리를 갖추고 있어야 하며, 모든 유아를 평등하게 대할 책임이 있다.

5) 안전 및 사고 예방에 대한 주의 사항

유치원 현장에서 가장 중요한 원칙은 유아의 안전이다. 실습생은 항상 유아의 위치와 행동을 주의 깊게 관찰해야 하며, 실내·계단·운동장·놀이시설 등에서 유아를 혼자 두지 않아야 한다. 특히 출입문, 울타리, 계단 주변은 사고 위험이 크므로 세심한 주의가 필요하다. 급식 및 간식 지도 시에는 알레르기 여부를 반드시 확인하고, 뜨거운 음식이나 질식 위험이 있는 음식은 더욱 조심해야 한다. 응급상황이 발생했을 경우 실습생이 독단적으로 판단하거나 과도하게 개입하기보다는 정해진 보고 체계를 따라 즉시 담임교사에게 알리는 것이 원칙이다. 안전 문제는 지체 없이 처리되어야 하며, 작은 이상 징후라도 주의 깊게 기록하고 보고해야 한다.

6) 촬영·SNS·개인정보 보호에 대한 주의 사항

최근 실습 중 발생하는 문제 중 가장 빈번한 사례가 사진·SNS·개인정보 유출과 관련된 것이다. 실습생은 개인 휴대전화로 유아의 사진·영상·음성을 촬영하는 행위를 절대 해서는 안 되며, 교실 내부나 유아가 등장하는 환경 사진 촬영 역시 금지된다. SNS(인스타그램, 블로그, 오픈채팅, 단체방 등)에 실습과 관련된 글이나 사진을 게시하는 것도 금지된다. 이는 개인정보보호법과 아동권리 보호 원칙을 위반할 수 있으며, 민형사상 문제로 이어질 위험이 있다. 유아의 이름, 특성, 가정 상황 등을 외부에서 언급하는 것도 모두 개인정보 유출 행위로 간주된다. 실제로 유아교육 기관의 사진을 SNS에 올린 것을 기관에서 발견하고 실습을 중단 요청한 경우가 있었다. 이 경우는 사전실습 기간에 일이 발생하여 급하게 실습 기관을 변경하여 실습을 진행할 수 있었지만 본 실습 시에 문제가 발생한다면 실습 진행이 어려운 심각한 상황까지 갈 수 있다는 점을 명심할 필요가 있다.

7) 학부모 및 교직원과의 관계에서 주의 사항

실습생은 학부모와 직접 상담하거나 발달 문제를 언급할 권한이 없다. 학부모가 질문을 하더라도 임의로 답변하기보다 담임교사에게 연결하는 것이 원칙이다. 또한 교직원 간 갈등, 내부 운영 문제 등에 대해 비판적 언급을 하거나 외부에 유출하는 일도 삼가야 한다. 모든 교직원에게 정중한 태도로 대하고, 소문·뒷담화·불필요한 사적 대화는 피하는 것이 안전하다. 간혹 교사에게는 공손한 태도로 대하면서 다른 업무를 담당하는 직원에게는 함부로 대하여 물의를 일으키는 경우도 발생한다. 실습생은 기관의 문화를 존중하고 협력적인 관계를 유지해야 한다.

8) 수업 및 활동 참여 시 주의 사항

실습생은 수업과 활동에 적극적으로 참여하되, 활동 내용과 방식은 반드시 지도교사와 사전 협의를 거쳐야 한다. 본인의 판단으로 수업을 변경하거나 활동을 추가하는 것은 바람직하지 않다. 교구나 환경 구성 역시 허락 없이 변경하지 않는다.

놀이 개입 시에는 지시·통제식 언어보다는 유아의 자율성을 지지하는 방식으로 접근해야 하며, 유아가 스스로 탐색하고 선택할 수 있는 분위기를 조성해야 한다.

9) 실습일지 및 기록 작성 시 주의 사항

실습일지와 관찰기록은 실습 평가의 핵심 자료이므로 정확하고 성실하게 작성해야 한다. 기록은 사실에 근거해야 하며, 개인적 해석이나 평가적 표현은 지양한다. 유아의 행동을 구체적으로 서술해야 하며 유아의 이름은 실명 대신 머리글자(이니셜) 또는 번호로 표기하며, 지도교사의 서명 누락이 없도록 매일 확인해야 한다.

10) 복장과 위생 및 전문적 이미지 유지

실습생은 단정하고 안전한 복장을 착용해야 하며, 활동하기 어려운 신발· 및 의상·노출이 심한 의상·과도한 액세서리·강한 향수 등은 피해야 한다. 손톱은 짧게 유지하고 머리는 묶어 유아 안전을 우선해야 한다. 위생 수칙을 지키며 손 씻기, 필요시 마스크 착용 등 기본 보건지침을 따르는 것도 중요하다.

〈표 3-1〉 실습생 용모 및 자세 체크리스트

영 역	점검내용	매우 적절	적절	부적절
전반적 인상	단정하고 깔끔한 인상을 준다.			
복장 적합성	활동에 적합한 복장을 착용하였다.			
앞치마	앞치마를 착용하였다.			
신발	미끄럽지 않고 활동에 적합한 신발을 착용하였다.			
액세서리	유아 안전에 위험이 되는 장신구를 착용하지 않았다.			
머리 정돈	머리가 얼굴을 가리지 않도록 정돈되어 있다.			
위생 상태	손과 손톱이 청결하다.			
화장/향수	과하지 않은 자연스러운 화장을 하였고 향수를 사용하지 않았다.			
이름표	이름표를 올바르게 착용하였다.			
자세와 태도	바른 자세와 교사다운 태도를 유지하였다.			

5. 실습생의 스트레스

유아교육 실습은 예비유아교사가 전문직 교사로 성장하기 위한 필수적인 교육과정으로, 실제 교육

현장에서 교사의 역할을 직접 수행하며 다양한 경험을 축적하는 과정이다. 그러나 실습은 새로운 환경에 대한 적응, 역할 수행에 대한 부담, 평가 상황에 대한 긴장 등을 동반하기 때문에 실습생에게 상당한 수준의 스트레스를 유발할 수 있다. 특히 유아교육 실습은 유아의 안전과 발달을 책임지는 맥락에서 이루어지므로, 실습생은 정서적·심리적 부담을 동시에 경험하게 된다. 이러한 점에서 유아교육 실습생의 스트레스를 이해하고 관리하는 것은 실습의 질과 예비교사의 전문성 발달을 위해 중요한 과제로 인식된다.

유아교육 실습생의 스트레스란 실습 과정에서 실습생이 지각하는 심리적 긴장, 부담감, 불안, 피로 등의 정서적·신체적 반응을 의미한다. 이는 실습 환경에서 요구되는 역할 수행과 개인의 역량 간의 불균형에서 발생하며, 실습생의 인지적 평가와 대처 방식에 따라 그 정도와 양상이 달라진다. 실습생의 스트레스는 일시적인 적응 반응일 수 있으나, 적절히 관리되지 않을 경우 학습 효과 저하와 부정적 정서 경험으로 이어질 수 있다.

1) 실습생 스트레스의 원인

실습은 예비유아교사가 전문직 교사로 성장하기 위한 필수적인 과정이지만, 실제 교육현장에서 다양한 역할과 책임을 수행해야 하는 특성으로 인해 실습생에게 상당한 스트레스를 유발할 수 있다. 실습 과정에서 경험하는 스트레스는 단순한 개인적 어려움이 아니라, 실습 환경과 역할 요구, 평가 상황 등 여러 요인이 복합적으로 작용한 결과이다. 따라서 실습생 스트레스의 주요 원인을 이해하는 것은 실습 경험의 질을 높이고, 예비교사의 전문성 발달을 지원하기 위한 중요한 출발점이 된다. 실습 스트레스의 주요 원인은 다음과 같다.

첫째, 역할 및 수행에 대한 부담이다. 실습생은 학생과 교사라는 이중적 위치에 놓이며, 보조 교사·교수 실행자·생활지도자 등 다양한 역할을 동시에 수행해야 한다. 이러한 역할 기대의 중첩은 실습생에게 심리적 부담을 유발한다.

둘째, 새로운 환경에 대한 적응이다. 실습기관의 조직문화, 일과 운영 방식, 교사 간 관계, 유아의 특성 등은 대학 환경과 크게 다르다. 실습 초기에는 이러한 환경 변화에 적응하는 과정에서 스트레스가 증가한다.

셋째, 유아 지도 및 상호작용의 어려움이다. 유아의 개별차, 문제 행동, 정서적 반응에 적절히 대응해야 하는 상황은 실습생에게 높은 수준의 긴장과 불안을 초래할 수 있다.

넷째, 수업 실행에 대한 부담이다. 실습에서 수업 실행은 예비유아교사가 교사로서의 교수역량을 실제로 발휘해야 하는 핵심 경험으로, 동시에 실습생에게 상당한 심리적 부담을 유발하는 요인이 되기도 한다. 수업 실행에 대한 스트레스는 단순한 긴장감 차원을 넘어, 실습생의 정서 상태와 학습 경험 전반에 영향을 미치는 중요한 요소로 작용한다.

다섯째, 평가와 피드백에 대한 부담이다. 지도교사와 대학의 평가, 실습일지 작성, 수업 공개 등은 실습생에게 평가 상황으로 인식되며, 수행 불안과 긴장을 증폭시키는 요인이 된다.

여섯째, 신체적 피로와 시간적 압박이다. 장시간의 실습, 이른 출근과 늦은 귀가, 과제 수행의 병행은 신체적 피로를 누적시키며 스트레스를 가중시킨다.

일곱째, 정서적 소진이다. 정서적 소진은 유아교육 실습생이 실습 과정에서 지속적인 정서적 요구와 심리적 부담에 노출되면서 경험하는 정서적 피로감, 무기력감, 동기 저하 상태를 의미한다. 이는 단기간의 긴장이나 일시적인 스트레스와 달리, 반복적이고 누적적인 경험을 통해 점진적으로 나타나는 스트레스 반응이라는 점에서 주목할 필요가 있다.

2) 스트레스 원인에 따른 대처

실습 관련한 스트레스는 실습생의 개인적 역량 부족에서 비롯된다기보다 실습이라는 교육적 상황 자체가 지니는 구조적 특성과 요구 수준에서 자연스럽게 발생하는 적응 반응으로 이해될 필요가 있다. 실습 초기에는 실습기관의 조직문화와 일과 운영 방식에 익숙해지지 못한 상태에서 여러 역할을 동시에 수행해야 하므로 긴장과 불안을 경험하게 되며, 수업 실행이나 유아 지도 과정에서 자신의 수행에 대한 평가를 의식하면서 스트레스가 더욱 증폭되기도 한다.

중요한 것은 실습 과정에서 경험하는 스트레스를 회피하거나 부정적으로만 인식하기보다, 스트레스의 원인을 정확히 이해하고 이에 적절히 대처하는 태도를 기르는 것이다. 스트레스 요인을 명확히 인식하고, 이를 학습과 성장의 과정으로 재해석할 때 실습 경험은 보다 의미 있는 교육적 경험으로 전환될 수 있다. 이러한 관점에서 유아교육 실습에서의 스트레스 관리는 실습생 개인의 문제를 넘어, 전문직 교사로서의 준비 과정에서 필연적으로 요구되는 학습 과제라 할 수 있다.

따라서 유아교육 실습은 단순히 교수기술을 연습하는 과정이 아니라, 스트레스 상황에 대한 인식과 대처 능력을 함께 함양하는 과정으로 이해되어야 하며, 이는 예비유아교사가 향후 교직생활에 안정적으로 적응하는 데 중요한 기반이 된다.

〈표 3-2〉 스트레스 원인과 관리

스트레스 원인	스트레스 특성	스트레스 관리
역할 수행 부담	학생과 예비교사라는 이중적 역할로 인한 심리적 압박	역할 기대를 명확히 인식하고, 단계적 역할 수행을 통해 부담을 완화하며 지도교사의 안내를 적극적으로 활용
새로운 환경 적응	기관 문화 및 일과 운영 방식에 대한 생소함과 불안	관찰 중심의 초기 적응을 통해 환경 이해를 점진적으로 확장
유아 지도 어려움	개인차·문제 행동 대응에 대한 불안	유아 행동을 발달적·상황적 맥락에서 해석하고 지도교사 사례를 참고
수업 실행 부담	수업 공개·교수활동 수행에 대한 긴장	부분수업→연결수업→전일수업의 단계적 접근으로 경험을 축적
평가 및 피드백 부담	지도교사·대학 평가에 대한 수행 불안	평가를 성장 중심으로 인식하고 피드백을 성찰 자료로 활용
신체적 피로	장시간 실습과 과제 병행	규칙적 수면·휴식과 일정 관리를 통해 신체 부담을 조절
정서적 소진	지속적 긴장과 감정 노동	실습일지·성찰 기록으로 감정을 정리하고 필요 시 상담을 활용

3) 실습생 스트레스 관리 방안

실습 과정은 실습생에게 상당한 수준의 스트레스를 유발할 수 있다. 이러한 스트레스는 일시적인 적응 반응일 수 있으나 적절히 관리되지 않을 경우 실습 만족도 저하, 학습 효과 감소, 교직에 대한 부정적 인식으로 이어질 가능성이 있다. 유아교육 실습생의 스트레스를 예방하고 완화하기 위한 체계적인 관리 방안을 마련하는 것은 실습의 질을 제고하고 예비교사의 전문성 발달을 지원하는 데 중요한 과제가 된다.

(1) 개인차원

유아교육 실습생의 스트레스 관리는 개인의 인식과 태도, 그리고 자기조절 능력에 크게 좌우된다. 실습 과정에서 경험하는 다양한 요구와 긴장은 실습 환경의 특성에서 비롯되는 것이지만, 이를 어떻게 인식하고 해석하며 대응하는가는 개인에 따라 상이하게 나타난다. 이러한 점에서 개인적 차원의 스트레스 관리는 실습 환경에서 발생하는 다양한 요구에 능동적으로 대응하고, 정서적 안정과 학습 효과를 유지하기 위한 기초적 조건이라 할 수 있다

(2) 관계 및 환경 차원

실습 기관에서의 관계 및 환경 차원에서의 스트레스 관리 방안은 다음과 같다.

첫째, 지도교사와의 원활한 의사소통이다. 지도교사와의 관계는 실습생의 스트레스 수준에 큰 영향을 미친다. 실습생은 자신의 역할과 과제에 대해 명확히 이해하고, 어려움이 있을 경우 지도교사에게 적극적으로 질문하고 도움을 요청하는 태도가 필요하다. 개방적이고 상호 존중적인 의사소통은 실습생의 불안을 완화하고 안정적인 실습 환경을 조성한다.

둘째, 동료 실습생들의 사회적 지지이다. 동료 실습생과의 경험 공유는 스트레스 해소에 중요한 사회적 지지 자원이 된다. 실습 중 겪는 어려움을 공유하고 서로 격려하는 과정은 정서적 안정감을 높이고, 고립감을 감소시키는 데 기여한다. 이러한 상호 지지는 실습생의 적응을 촉진하는 긍정적 요인으로 작용한다.

셋째, 유아 및 교육환경에 대한 유연한 인식이다. 유아의 행동과 교육 상황을 통제의 대상이 아닌 이해의 대상으로 인식하는 태도는 스트레스를 줄이는 데 도움이 된다. 실습생은 유아의 행동을 발달적·상황적 맥락에서 해석함으로써, 자신의 수행에 대한 부담을 완화할 수 있다. 또한 교육현장의 특성을 현실적으로 이해하는 유연한 태도는 적응 스트레스를 감소시킨다.

(3) 제도적·교육적 지원 차원

실습과 관련한 제도적·교육적 지원 차원에서의 관리 방안은 다음과 같다.

첫째, 체계적인 사전 오리엔테이션 제공이다. 대학과 실습기관은 실습 시작 전 실습 목적, 역할, 평가 기준, 유의사항 등에 대한 명확한 안내를 제공해야 한다. 이는 실습생의 불확실성을 감소시키고, 실습에 대한 예측 가능성을 높여 스트레스를 예방하는 효과를 가진다.

둘째, 성장 중심의 지도 및 평가이다. 실습 평가는 성취 중심이 아닌 성장 중심으로 이루어져야 하며, 지도교사의 피드백은 비판보다는 지원과 격려의 관점에서 제공될 필요가 있다. 긍정적 피드백과 구체적인 개선 제안은 실습생의 심리적 안정과 전문성 발달을 동시에 촉진한다.

셋째, 실습 지원 체계 및 상담 제공이다. 대학 차원에서는 실습생을 위한 상담 및 지원 체계를 마련하여, 실습 과정에서 발생하는 정서적 어려움을 적절히 지원해야 한다. 이는 실습생의 스트레스를 조기에 완화하고, 실습 중도 포기나 부정적 경험을 예방하는 데 기여한다.

넷째, 실습 운영의 현실적 조정이다. 실습 기간과 과제량, 평가 방식 등에 대한 합리적 조정은 실습생의 과도한 부담을 줄이는 데 도움이 된다. 실습생의 학습과 건강을 고려한 운영은 실습의 질을 높이는 중요한 조건이 된다.

6. 실습생 발달단계

실습생이 경험하는 발달 과정을 Piland와 Anglin(1993)은 단계별로 구분하여 설명하였다. 이들은 예비교사가 교육실습을 통해 학생의 위치에서 점차 전문직 교사로 성장해 가는 과정을 발달적 관점에서 이해할 필요가 있다고 보았다. 실습생의 변화는 일회적이거나 우연적으로 이루어지는 것이 아니라, 일정한 순서를 지닌 단계적 과정을 거치며 나타난다는 것이다.

Piland와 Anglin(1993)에 따르면, 실습생은 현장에 처음 적응하는 생존 단계에서 출발하여, 점차 역할에 익숙해지는 적응 단계를 거친다. 이후 교사의 역할을 실제로 수행하며 경험을 축적하는 통합 단계로 나아가고, 마지막으로 자신의 경험을 해석하고 의미화하는 갱신 단계에 이르게 된다. 이러한 네 단계는 실습생이 무엇에 관심을 두는지, 어떤 어려움을 겪는지, 그리고 교사로서 어떻게 변화해 가는지를 체계적으로 보여 준다. 이 발달 모형은 교육실습이 단순한 현장 체험이 아니라, 예비교사가 단계적 성장을 통해 전문성을 형성해 가는 교육적 과정임을 시사한다. 또한 실습생에게는 자신의 현재 위치를 점검하고 다음 단계로 나아가기 위한 방향을 제시해 주며, 지도교사와 대학에는 실습생의 수준에 맞는 적절한 지도와 지원을 제공할 수 있는 이론적 근거를 마련해 준다.

1) 공포와 불확실성 (Fear/Uncertainty)

실습 초기 단계에서 실습생들은 낯선 환경, 수업 역할에 대한 불안, 그리고 “무엇을 어떻게 해야 하는가?”에 대한 두려움과 의문을 많이 느낀다. 심리적으로 자신감 부족, 수업관리·학생 상호작용·수업 진행에 대한 걱정이 커지며, 실습의 전체 과정에 대한 불확실성이 지배적이다.

2) 사회화 (Socialization)

실습생이 학교 조직, 학생들, 그리고 협력교사 및 교직원과의 관계 형성을 통해 직업적 소속감을 점차 느끼게 되는 단계이다. 동료 교사와의 상호작용, 수업준비 과정 참여, 학생들과의 일상적 대화 등을 통해 실습 환경에 적응하면서 역할 인식이 생기고, 교사로서의 정체성이 형성되기 시작한다. 수업 관찰, 학급 관리 보조, 교사 미팅 참여 등 실질적 학교 활동 참여를 통해 실습 환경에 익숙해진다.

3) 자율성 (Autonomy)

사회화 과정을 거치면서 실습생들은 교사의 역할을 본격적으로 수행하려는 능동적 참여로 나아간다. 스스로 수업을 설계·진행하고 학급을 관리하면서 자신의 교육적 판단과 결정을 내릴 능력을 갖추기 시작한다. 실습생은 스스로 책임을 지고 실습 업무를 수행하면서 자기 주도적 실습 역량이 강화된다.

4) 확신 (Affirmation)

실습의 마지막 단계로, 실습생은 자신의 실습 경험을 확인하고 자신의 성장 및 성취를 긍정하는 단계이다. 과거의 불안이 감소하고 실제 수업 상황에서 자신의 교수능력을 확신하게 되며, 이는 직업적 자신감으로 전환된다.

〈표 3-3〉 실습생 발달단계

단 계	심리 및 행동	특 징
공포/불확실성	불안, 의문	실습의 초기 혼란과 두려움
사회화	소속감 형성	학교 환경·관계 적응
자율	자기주도 수행	수업 및 실습 책임 강화
확신	자신감, 성취감	실습 경험 긍정적 통합

IV.

대인관계 및 상호작용

1. 관계 형성
2. 유아와의 상호작용
3. 지도교사와의 상호작용
4. 실습생이 경험하는 어려움과 교사의 지원
5. 아동학대 오해상황과 대처법

실습생의 대인관계는 실습 경험의 질과 전문성 발달에 직접적인 영향을 미치는 핵심 요소이다. 유아교육기관은 유아, 교사, 원장, 학부모, 동료 실습생 등 다양한 구성원이 상호작용하는 조직으로, 실습생은 이러한 관계망 속에서 자신의 역할을 인식하고 적절한 관계를 형성해야 한다. 따라서 유아교육 실습생의 대인관계는 단순한 인간관계를 넘어, 전문직 교사로 성장하기 위한 중요한 학습 영역으로 이해될 필요가 있다.

1. 관계 형성

1) 지도교사와의 관계

유아교육 실습에서 지도교사와 실습생의 관계는 실습 경험의 질과 예비유아교사의 전문성 형성에 결정적인 영향을 미치는 핵심 요소이다. 실습생의 학습과 성장에는 지도교사의 영향이 크게 작용하므로 성공적인 실습을 위해 실습생과 지도교사와의 상호 신뢰가 형성되어야 한다(오유미, 2020). 지도교사는 실습생에게 현장 전문성을 전수하는 역할을 수행하는 동시에 실습 과정 전반을 지도하고 지원하는 교육적 조력자이다. 이에 실습생은 지도교사와의 관계를 단순한 상하 수직관계로 인식하기보다, 학습과 성장을 위한 전문적 협력 관계로 이해할 필요가 있다.

첫째, 존중과 신뢰를 기반으로 한 관계 형성이 중요하다. 실습생은 실습지도교사의 전문성과 경험을 존중하고, 지도 내용과 피드백을 성실히 수용하는 태도를 보여야 한다. 이러한 태도는 지도교사와 실습생 간의 신뢰 형성에 기여하며, 안정적인 실습 환경을 조성하는 토대가 된다. 신뢰를 바탕으로 한 관계 속에서 실습생은 보다 적극적으로 질문하고 학습에 참여할 수 있다.

둘째, 명확한 역할 인식과 책임 있는 태도가 요구된다. 실습생은 지도교사의 지도 아래 실습을 수행하는 학습자임을 인식하고, 자신의 역할과 한계를 명확히 이해해야 한다. 지도교사의 허가 없이 독단적으로 행동하거나 역할 범위를 넘어서는 행위는 관계의 혼란을 초래할 수 있으므로 주의가 필요하다. 역할 인식의 명확성은 원활한 협력 관계 형성의 기본 조건이다.

셋째, 개방적이고 성실한 의사소통이 중요하다. 실습 과정에서 발생하는 궁금증이나 어려움은 적절한 시기에 지도교사에게 공유하고, 조언을 구하는 태도가 필요하다. 또한 지도교사의 피드백에 대해 방어적으로 반응하기보다 학습의 기회로 수용하는 자세는 실습생의 전문성 발달을 촉진한다. 이러한 의사소통은 상호 이해를 높이고, 실습의 효율성을 증진시킨다.

넷째, 관찰과 모방을 통한 학습 관계 형성이 이루어져야 한다. 실습지도교사는 실습생에게 현장 전문성을 보여주는 중요한 모델이므로, 실습생은 지도교사의 교수 행동과 유아와의 상호작용, 생활지도 방식을 관찰하고 이를 성찰적으로 학습해야 한다. 이는 이론과 실제를 연결하는 데 효과적인 학습 방법이다.

다섯째, 예의 바른 태도의 유지가 필요하다. 실습생은 지도교사와의 관계에서 예의 바른 언행과 적절한 거리 유지를 통해 전문직 예절을 실천해야 한다. 개인적인 감정이나 사적인 관계 형성을 지양하고, 교육적 관계로서의 균형을 유지하는 태도는 신뢰를 지속하는 데 중요한 역할을 한다.

유아교육 실습생과 실습지도교사 간의 관계는 존중, 신뢰, 역할 인식, 의사소통을 기반으로 형성되는 전문적 협력 관계이다. 이러한 관계 속에서 실습생은 안정적인 지도를 받으며 현장 전문성을 내면화할 수 있고, 실습지도교사는 실습생의 성장을 효과적으로 지원할 수 있다. 실습생은 실습지도교사와의 관계를 적극적인 학습 자원으로 인식하고, 책임 있는 태도로 실습에 임해야 한다.

2) 유아와의 관계

실습생과 유아와의 관계는 단순한 상호작용의 차원을 넘어, 유아의 정서적 안정과 학습 참여를 촉진하고 실습생이 교사로서의 역할과 정체성을 형성하는 데 중요한 기반이 된다. 따라서 유아교육 실습생은 유아와의 관계를 형성함에 있어 전문직 교사로서의 책임과 윤리 의식을 바탕으로 체계적이고 신중한 접근이 요구된다.

첫째, 신뢰를 기반으로 한 관계 형성이 중요하다. 유아는 예측 가능하고 일관된 성인의 태도 속에서 심리적 안정감을 느낀다. 실습생은 약속을 지키고 일관된 언행을 유지함으로써 유아에게 신뢰를 제공해야 하며, 유아의 감정과 요구에 민감하게 반응하는 태도를 보여야 한다. 이러한 신뢰 관계는 유아가 실습생을 안전한 보호자이자 지지자로 인식하도록 돕는다.

둘째, 유아의 개별성과 발달 수준을 존중하는 관계 형성이 요구된다. 유아는 발달 속도, 흥미, 정서적 특성에서 개인차를 보이므로, 실습생은 획일적인 기준으로 유아를 대하기보다 개별적 특성을 고려한 상호작용을 실천해야 한다. 유아의 행동을 문제로 단정하기보다 발달적·상황적 맥락에서 이해하려는 태도는 유아 중심 교육의 핵심 원리이며, 긍정적인 관계 형성의 기초가 된다.

셋째, 적절한 전문적 거리의 유지가 필요하다. 유아와의 친밀한 관계 형성은 중요하지만, 지나친 감정적 개입이나 역할 혼동은 지양되어야 한다. 실습생은 친구나 보호자가 아닌 교사로서의 위치를 명확히 인식하고, 전문적 역할 범위 내에서 유아를 지도하고 지원해야 한다. 이는 유아의 안정적인 관계 경험과 실습생의 전문성 유지에 필수적인 요소이다.

3) 교직원과의 관계

유아교육기관은 원장, 교사, 보조교사, 행정 인력 등 다양한 교직원이 협력하여 운영되는 전문적 조직으로, 실습생은 이러한 조직 구성원과의 관계 속에서 교사의 역할과 조직 문화를 실제적으로 이해하게 된다. 따라서 실습생은 교직원과의 관계를 단순한 업무 보조의 차원이 아니라, 전문직 학습의 장으로 인식할 필요가 있다.

첫째, 상호 존중의 태도를 기반으로 한 관계 정립이 필요하다. 실습생은 교직원 모두가 교육 활동을 함께 수행하는 전문 인력임을 인식하고, 직위와 역할에 관계없이 상호 존중의 태도를 유지해야 한다. 기본적인 인사, 예의 바른 언행, 성실한 태도는 교직원과의 신뢰 형성의 출발점이 되며, 실습생의 전문직 이미지를 형성하는 중요한 요소이다.

둘째, 실습생의 역할과 책무를 분명히 인식하고 이에 상응하는 태도를 갖추는 것이 중요하다. 실습생은 교직원과의 관계에서 자신의 역할과 한계를 정확히 이해하고, 기관의 지침과 운영 방침을 성실히 따르는 태도를 갖추어야 한다. 허가 없이 독단적으로 판단하거나 역할 범위를 넘어서는 행동은 조직 내 혼란을 초래할 수 있으므로 주의가 필요하다.

셋째, 협력적 의사소통과 조직 적응 능력이 요구된다. 유아교육기관은 협력적 의사소통을 기반으로 운영되므로, 실습생은 교직원과의 상호작용에서 개방적이고 성실한 태도로 소통해야 한다. 질문이나 요청 사항은 적절한 시기와 방식으로 전달하고, 지시나 피드백을 긍정적으로 수용하는 자세는 조직 적응을 돕는다.

넷째, 교사 예절과 윤리 의식의 유지가 필요하다. 실습생은 교직원과의 관계에서 사적인 감정이나 친분 형성을 앞세우기보다 교육적 관계로서의 전문성을 유지해야 한다. 또한 기관의 내부 정보나 교직원에 대한 개인적 평가를 외부에 공유하지 않는 등 윤리적 기준을 준수하는 태도는 전문직 교사로서의 기본 자질이다.

다섯째, 학습자이자 예비전문가로서의 태도가 중요하다. 실습생은 교직원과의 관계 속에서 현장 전문성을 배우는 위치에 있음을 인식해야 한다. 교직원의 업무 수행과 상호작용 방식을 관찰하고 이를 숙고하여 수용하는 과정은 실습생의 전문성 발달에 중요한 학습 자원이 된다.

4) 학부모와의 관계

실습생의 학부모와의 관계 형성은 실습 수행의 안정성과 전문성 형성에 중요한 영향을 미치는 요소이다. 유아교육은 유아, 교사, 학부모가 상호 협력하는 교육 공동체를 기반으로 이루어지며, 학부모는 유아의 발달과 교육에 있어 중요한 동반자이다. 유아교육 실습생은 학부모와의 관계를 단순한 대면 관계로 인식하기보다, 교육적 신뢰와 협력을 전제로 한 전문적 관계로 이해할 필요가 있다.

첫째, 학부모와의 관계에서 실습생의 역할 인식이 중요하다. 실습생은 교사 자격을 갖춘 주체가 아니라 지도교사의 지도 아래 실습을 수행하는 예비전문가라는 점을 분명히 인식해야 한다. 이에 따라 학부모와의 직접적인 의사소통이나 교육적 판단은 지도교사의 역할임을 이해하고, 실습생으로서의 역할 범위를 명확히 유지하는 태도가 요구된다. 이러한 역할 인식은 관계 형성 과정에서 발생할 수 있는 혼란과 오해를 예방하는 데 기여한다.

둘째, 예의 바른 태도와 기본적인 의사소통 예절의 실천이 필요하다. 실습생은 학부모를 만날 때 정중한 인사와 단정한 언행을 통해 전문직 교사로서의 기본적인 예절을 갖추어야 한다. 짧은 인사나 상황에 따른 응대에서도 공손하고 신중한 태도를 유지하는 것은 학부모에게 긍정적인 인상을 형성하고, 교육기관에 대한 신뢰를 유지하는 데 중요한 역할을 한다.

셋째, 전문적 거리 유지와 신중한 언행이 요구된다. 실습생은 학브모와의 관계에서 개인적인 감정이나 사적인 친밀감을 앞세우기보다, 교육적 관계로서의 적절한 거리를 유지해야 한다. 특히 유아의 행동, 발달 특성, 가정 환경 등에 대한 개인적인 의견이나 평가를 직접적으로 전달하는 것은 지양되어야 하며, 모든 의사소통은 기관의 지침과 지도교사의 안내에 따라 이루어져야 한다.

넷째, 윤리 의식과 개인정보 보호의 실천이 중요하다. 실습생은 유아와 가정에 관한 정보를 외부에 공유하거나, 학부모 간 비교·평가의 대상으로 삼는 행위를 엄격히 금해야 한다. 유아의 개인정보와 가족 관련 사항은 보호되어야 할 중요한 정보이며, 이를 신중하게 다루는 태도는 교직윤리의 핵심 요소이다.

다섯째, 관찰과 학습의 관점에서 관계를 이해하는 태도가 필요하다. 실습생은 학부모와의 직접적인 관계 형성보다는, 교사와 학부모 간의 상호작용 방식을 관찰하고 성찰을 통해 학습하는 위치에 있음을 인식해야 한다. 이를 통해 실습생은 교사의 전문적 의사소통 방식과 학부모 협력의 중요성을 실제적으로 이해하게 된다.

2. 유아와의 상호작용

예비유아교사가 이론으로 배운 발달 지식과 교수·학습 원리를 실제 현장에서 적용해 보는 과정이다. 이때 가장 핵심적인 전문성은 유아와의 상호작용 능력이다. 상호작용은 단순한 말 걸기나 지시가 아니라, 유아의 생각과 감정을 존중하며 배움이 일어나도록 돕는 교육적 관계 형성 과정이다. 실습생은 유아와의 매 순간의 만남 속에서 교사의 언어, 태도, 표정, 몸짓이 유아의 정서와 학습에 직접적인 영향을 미친다는 점을 인식해야 한다.

1) 유아와의 상호작용 기본 원칙

유아와의 상호작용은 세 가지 원칙을 바탕으로 이루어져야 한다.

① 존중

유아를 '가르쳐야 할 대상'이 아니라, 스스로 생각하고 느끼는 존재로 존중한다. "왜 그랬어?"보다는 "무슨 생각이 있었을까?", "안 돼!"보다는 "다른 방법은 뭐가 있을까?"라고 표현해 보는 것이 바람직하다.

② 공감

실습생은 유아의 행동보다 감정에 먼저 반응한다. "그림이 망가져서 속상했구나.", "기다리는 게 힘들었겠어."라고 하며 감정을 우선적으로 읽어준다.

③ 확장

유아의 말과 행동을 배움으로 연결한다. "이 블록을 이렇게 쌓았구나. 더 높이 쌓으려면 어떻게 하면 좋을까?", "비가 와서 놀이터에 못 나가네. 비가 오면 땅은 어떻게 될까?"라고 이야기하며 확장의 기회로 삼는다.

2) 상황별 상호작용 방법

① 자유놀이 상황

자유놀이는 유아의 흥미와 주도성이 가장 잘 드러나는 시간이다. 실습생은 놀이를 방해하지 않으면서, 유아의 사고를 확장하는 역할을 한다.

관찰 후 개입: "지금 어떤 놀이를 하고 있는지"를 먼저 파악한 뒤 말을 건다.

개방형 질문 사용: "이건 뭐야?" 보다는 "이건 어떤 역할을 하는 거야?"

놀이 존중: 결과보다 과정에 초점을 둔다. "잘 만들었네"보다 "어떻게 생각해서 이렇게 만들었어?"

② 갈등 상황

유아 간의 갈등은 사회적 학습의 기회이다. 실습생은 '심판자'가 아니라 '조정자'의 역할을 한다.

감정부터 다루기: "지금 속상한 마음이 있구나."

양쪽의 입장 듣기: "너는 왜 그렇게 했는지 말해 줄래?"

해결 방법 제안: "같이 쓰고 싶으면 어떻게 말하면 좋을까?"

③ 일과 전환 및 생활지도 상황

정리, 이동, 식사, 화장실 사용 등 생활 장면에서도 상호작용은 교육적으로 이루어져야 한다.

명령형 언어 지양: "빨리 정리해!" 보다는 "이제 정리할 시간이야. 무엇부터 하면 좋을까?"

선택권 제공: "지금 책부터 정리할까, 블록부터 할까?"

긍정적 모델링: 말과 행동으로 바람직한 모습을 보여준다.

〈표 4-1〉 유아와의 상호작용

구분	바람직한 상호작용	피해야 할 상호작용
언어	"어떻게 생각했어?"	"그건 틀렸어."
태도	눈을 맞추고 몸을 낮춤	서서 내려다보며 말함
반응	감정 공감 후 지도	바로 지적하고 훈계하기
질문	개방형 질문	정답을 요구하는 질문

3) 발문 기술

실습생의 말은 곧 교수 행위이며, 그중에서도 발문 기술은 유아의 사고를 자극하고 놀이와 학습을 확장하는 핵심적인 교수 전략이다. 발문은 단순히 질문을 던지는 행위가 아니라, 유아가 스스로 생각하고 표현하도록 돕는 교육적 언어 중재이다. 실습생은 설명하는 고사가 아니라, 질문하는 교사로서 유아의 배움을 이끌어야 한다.

좋은 발문은 유아에게 정답을 요구하지 않는다. 대신 유아의 경험과 감정을 존중하며, 생각을 열고, 탐색을 이어 가게 한다. 발문의 질은 곧 상호작용의 질이며, 유아의 사고 깊이와 학습 경험의 폭을 결정한다. 발문의 효과적인 활용은 유아의 참여를 높이고, 놀이의 깊이를 더하며, 교실을 대답하는 공간이 아닌 생각하는 공간으로 만든다. 발문은 유아의 주의와 흥미를 집중시키고 유아의 사고를 활성화하고 탐색을 유도하며 경험을 언어화하여 이해를 돕는다. 놀이와 활동을 확장하고 유아의 자기표현과 자신감을 강화하며 갈등 상황에서 문제 해결을 돕는 도구가 된다.

(1) 발문의 교육적 기능

발문 기술은 다음과 같은 교육적 기능을 수행한다.

① 유아의 사고를 활성화한다.

"왜 그랬을까?", "어떻게 하면 좋을까?"

② 유아의 경험을 언어화하도록 돕는다.

"지금 어떤 느낌이야?"

③ 놀이와 활동을 확장한다.

"이 다음에는 뭐가 더 있으면 좋을까?"

④ 유아의 자기표현과 자신감을 높인다.

"네 생각을 들려줄래?"

발문은 교사가 유아의 세계로 들어가는 통로이자, 유아가 자신의 생각을 펼칠 수 있도록 문을 열어 주는 열쇠이다.

(2) 바람직한 발문의 원칙

① 개방성

정답이 하나로 정해진 질문보다, 다양한 생각이 나올 수 있는 질문을 사용한다.

"이게 뭐야?" 보다는 "이건 어떤 역할을 하고 있을까?"

"맞아?" 보다는 "너는 어떻게 생각해?"

② 발달 적합성

유아의 연령과 언어 수준을 고려하여 짧고 분명하게 묻는다. 한 번에 하나의 질문을 하고 추상적이거나 긴 문장 지양한다.

③ 존중과 기다림

질문 후 유아의 생각이 나오기를 기다려 준다. 즉각적인 재질문이나 답 유도는 하지 않으며 침묵의 시간을 배움의 시간으로 인정한다.

④ 과정 중심성

결과보다 사고의 과정을 묻는다. "잘했어?" 보다는"어떻게 생각해서 이렇게 했어?", "왜 틀렸어?" 보다는 "어디가 어려웠어?"

(3) 실습생의 발문 태도

실습생은 질문을 많이 하는 것보다 의미 있는 질문을 하고자 노력한다. 유아의 대답을 다시 질문으로 연결한다. "높이 쌓고 싶었구나. 그러면 어떻게 하면 좋을까?". 또한 유아의 말을 되돌려 주며 확장한다. "친구와 같이 하고 싶었구나. 같이 하려면 어떻게 말하면 좋을까?"

〈표 4-2〉 실습 활용 발문

구분	바람직한 발문 태도	피해야 할 발문
목적	생각을 열어 주는 질문	정답을 요구하는 질문
형태	개방형 질문	예/아니오 질문
태도	기다려 주며 경청	재촉, 대신 말해 주기
내용	과정·느낌 묻기	결과만 평가

(4) 수업에서의 발문 활용

발문은 유아의 사고를 이끌고, 놀이와 학습을 확장하며, 유아의 감정과 경험을 언어로 표현하게 하는 핵심 교수 전략이다. 발문은 단순한 질문이 아니라, 유아가 스스로 생각하고 선택하도록 돕는 교육적 중재이다. 실습생은 설명과 지시 중심의 상호작용에서 벗어나, "무엇을 가르칠 것인가"보다 "어떻게 생각하게 할 것인가"에 초점을 두어 발문을 활용해야 한다. 수업 단계별 발문 활용의 활용은 다음과 같다.

① 도입

목적: 흥미 유발, 경험 연결

예시: "오늘 날씨가 어때? 이런 날엔 무엇이 떠오르니?", "지난번에 했던 놀이 기억나니? 오늘은 어떻게 해보면 좋을까?"

② 전개

목적: 사고 확장, 탐색 지속

예시: “왜 이렇게 되었을까?”, “다른 방법은 없을까?”, “이 다음에는 무엇이 필요할까?”

③ 마무리

목적: 경험 성찰, 의미 정리

예시: “해 보니까 어떤 점이 재미있었어?”, “다음에는 무엇을 더 해 보고 싶어?”

〈표 4-3〉 발문의 유형별 실제

발문의 유형	발문에서 발견할 수 있는 단어들	발문의 실제
지식 (기억)	열거하다. 기억하다. 알다. 확인하다. 재생하다. 인지하다.	-색깔 찾기 놀이를 할 때 너희들은 어떤 색을 찾아보았니?
이해	단어를 기술하다. 바꾸어 말하다. 비교하다. 네 발로 말하다. 대조시키다. 주요 아이디어를 설명하다.	-너희는 슬픈 게 어떤 거라고 생각하니? -이것이 그림편지라면 어떤 이야기를 하고 있는 것 같니?
적용	예를 들다. 분류하다. 다른 형식으로 바꾸다. 사용하다. 만들다. 선택하다. 기록하다. 시례를 들어 설명하다.	-그림을 그릴 때 이것 말고 사용할 수 있는 것이 무엇이 있을까? -여기 이 물건과 쓰임이 비슷한 것을 우리 주변에서 찾아보면 무엇이 있을까?
분석	원인을 확인하다. 분석하다. 추론하다. 비교하다. 배열하다. 조사하다. 요약하다.	-왜 화가들마다 나무를 다르게 그렸을까? -글자도 있는데 왜 그림을 그려서 이 곳을 알리는 걸까?
종합	예언하다. 구성하다. 창조하다. 상상하다. 가정하다. 설계하다. 결합하다. 개발하다.	-코끼리가 무지개를 그린 다음 어떤 일이 일어났을까? -이 놀이를 재미있게 하기 위해서 어떤 약속이 더 필요한지 생각해 볼까?
평가	판단하다. 입증하다. 평가하다. 결정하다. 선택하다. 추천하다. 결졸을 짓다. 어느 것이 더 낫니?	-이 중에서 어떤 제목이 가장 어울리는 것 같니? -너희가 말해준 표현 중에서 가장 멋지다고 생각하는 것은 무엇이니?

출처: 석은조, 오성숙(2020). 교육기관 현장실습. 양서원. p.95.

3. 지도교사와의 상호작용

유치원 교육실습에서 실습생과 지도교사의 관계는 전문성을 전수받고 형성해 가는 교육적 동반 관계이다. 지도교사는 현장의 경험과 전문성을 바탕으로 실습생의 성장을 이끄는 멘토이며, 실습생은 배우는 주체로서 적극적으로 소통하고 성찰하는 태도를 갖추어야 한다. 따라서 실습생에게 요구되는 지도교사와의 상호작용 기술은 예의나 태도의 문제를 넘어, 전문직 교사로 성장하기 위한 핵심 역량이라 할 수 있다.

1) 지도교사와의 상호작용 기본 원리

지도교사와의 상호작용에서 지킬 기본 원리는 다음과 같다.

① 존중과 예의

지도교사는 실습생의 하루를 책임지는 현장의 전문가이므로 인사와 감사 표현을 생활화한다. 바쁜 상황을 고려하여 질문의 시기와 방식을 조절하고 교사의 지도와 조언을 방어적으로 받아들이지 않는다.

② 경청과 수용

지도교사의 말을 평가가 아니라 '성장을 위한 피드백'으로 인정하고 메모하며 듣는다. 변명보다 이해와 수용의 태도를 보이며 "알겠습니다. 다시 시도해 보겠습니다."와 같은 반응을 사용한다.

③ 주도적 소통

실습생은 수동적인 관찰자에 머무르지 않고, 배움을 요청하는 학습자가 되어야 한다. "제가 오늘 미술활동을 해 보고 싶은데 괜찮을까요?", "이 상황에서 선생님께서는 어떻게 지도하시는지 궁금합니다."

2) 상황별 상호작용

① 일상적인 실습 현장

출근 시: 밝은 인사와 준비된 태도

수업 전: 활동 계획을 미리 공유하고 조언을 구함
수업 후: "오늘 활동에서 보완할 점이 있을까요?"와 같이 피드백 요청

② 지도와 피드백을 받을 때

방어적 태도 지양: "원래 그렇게 하려고 했어요." 보다는 "제가 미처 생각하지 못했습니다."
개선 의지 표현: "다음에는 유아들의 반응을 더 살피겠습니다.", 피드백을 행동으로 연결하며 다음 활동에서 조언을 실제로 반영하기

③ 어려움이나 갈등이 있을 때

혼자 판단하기보다 상담 요청: "제가 이 상황에서 어떻게 대응하는 것이 좋을지 조언을 부탁드립니다."
감정보다 사실 중심으로 전달: 실제로 발생할 일을 그대로 전달하기
해결을 위한 태도 유지: 문제가 발생했을 때 감정에 머무르거나 책임을 회피하는 데 그치지 않고, 상황을 개선하고 성장의 기회로 삼으려는 방향으로 사고와 행동을 조정하는 자세

〈표 4-4〉 교사와의 상호작용

영역	바람직한 상호작용	피해야 할 태도
태도	공손하고 개방적	무표정, 소극적 반응
언어	"배우겠습니다."	"저는 원래 이렇게 해요."
반응	메모하며 수용	변명, 침묵
질문	구체적이고 목적 있는 질문	무작위·반복적 질문
성찰	조언을 실천으로 연결	듣고 넘기기

3) 교사 유형에 따른 상호작용

(1) 지도교사 유형

유치원 교육실습에서 실습생이 가장 밀접하게 상호작용하는 대상은 지도교사이다. 지도교사는 단순히 실습을 감독하는 존재가 아니라, 예비유아교사가 교사로 성장하는 과정을 안내하는 멘토이자 모델이다. 그러나 모든 지도교사가 동일한 방식으로 지도하지는 않는다. 교사의 성향, 경력, 교육관에 따라 지도 방식과 상호작용 유형은 다양하게 나타난다. 실습생은 이러한 차이를 '좋고 나쁨'으로 판단하

기보다, 다양한 지도교사 유형을 이해하고 그에 맞게 소통하는 능력을 기르는 것이 중요하다. 이는 현장의 다양성을 존중하고, 어떤 환경에서도 배우며 성장할 수 있는 전문성을 기르는 과정이기 때문이다.

① **지지적·감정민감형** (Supportive/Emotionally Sensitive Teacher): 유아의 정서와 행동에 담긴 미묘한 신호를 빠르게 읽어 내고, 안전감과 존중, 공감을 바탕으로 상호작용한다. 교사는 항상 유아의 눈높이에서 대화를 나누며, 유아의 감정을 말로 표현해 주고(감정 라벨링), 따뜻하고 안정적인 언어와 표정으로 반응한다. 또한 각 유아의 개별적인 특성과 차이를 세심하게 인식하여, 유아가 이해받고 있다는 느낌을 경험하도록 돕는다. 이러한 상호작용은 유아의 정서적 안정과 애착 형성에 매우 효과적이며, 교실을 심리적으로 안전한 공간으로 만든다. 다만 보호와 배려가 지나칠 경우, 유아가 스스로 시도하고 도전할 기회를 제한하여 자율성을 저해할 위험이 있으므로 균형 있는 접근이 필요하다(Hamre & Pianta, 2007).

② **민주적·상호작용 촉진형** (Democratic/Interaction-Facilitator Teacher): 유아의 의견과 선택, 참여를 존중하며, 대화를 통해 사고와 문제 해결이 이루어지도록 이끈다. 교사는 개방형 질문을 활용하여 유아의 생각을 끌어내고, 서로의 의견을 조율하며 합의를 만들어 가는 과정을 지원한다. 또한 토의와 상호작용을 촉진하고, 유아의 놀이를 확장하여 더 깊은 탐색으로 이어지도록 돕는다. 이러한 상호작용은 유아가 자신의 생각을 말로 표현하는 힘을 기르고, 타인과 소통하며 협력하는 사회성을 발달시키는 데 효과적이다. 다만 교사의 기준과 일관성이 부족할 경우, 집단의 흐름이 흔들리거나 활동을 조율하는 데 어려움이 생길 수 있으므로, 자유와 구조의 균형을 유지하는 것이 중요하다(Stipek & Byler(2004)

③ **구조·규칙 중심형** (Structure-Oriented/Organized Teacher): 명확한 규칙과 예측 가능한 일과, 체계적인 지도를 통해 교실의 학습 환경을 안정적으로 유지한다. 하루의 흐름이 일관되게 운영되고, 활동마다 분명한 안내가 제시되며, 규칙에 기반한 지도가 이루어져 유아는 무엇을 해야 하는지 쉽게 이해할 수 있다. 교사의 지시와 설명이 명료하여 전이 상황이나 활동 전환이 원활하게 이루어지고, 그 결과 교실은 안전하고 질서 있는 분위기를 유지하게 된다. 이러한 상호작용은 수업 운영의 안정성과 효율성을 매우 높이는 장점이 있다. 그러나 구조와 규칙이 지나치게 강조될 경우, 교사가 통제적으로 보이거나 유아의 자율성과 융통성이 제한될 위험이 있으므로 유연한 적용이 필요하다(Stipek & Byler, 2004).

④ **권위적 지도형** (Authoritative Instructional Teacher): 따뜻한 정서적 지지와 명확한 기준을 균형 있게 유지하며, 유아가 스스로 목표를 향해 나아갈 수 있도록 기대와 격려를 함께 제공한다. 교사는 무엇을 해야 하는지 분명히 제시하면서도, 긍정적인 언어와 칭찬을 통해 유아가 도전하려는 마음을 갖도록 돕는다. 규칙은 강압이 아니라 성장의 기준으로 제시되며, 수업은 목표를 중심으로 체계적으로 이루어진다. 이러한 상호작용은 유아의 책임감과 목표 달성 능력을 높이는 데 효과적이다. 그러나 유아의 기질이나 발달 수준의 차이를 충분히 고려하지 않을 경우, 일부 유아에게는 기대가 부담으로 느껴질 수 있으므로 개별성에 대한 민감한 조정이 필요하다(Baumrin, 1971)

⑤ **관찰·지원형** (Observer-Supportive Teacher): 직접적인 개입보다 먼저 관찰을 우선하며, 유아가 스스로 경험하고 탐색할 수 있도록 지원한다. 교사는 놀이 과정을 주의 깊게 살피면서 유아의 관심과 시도를 존중하고, 필요할 때에만 적절한 시점에 개입한다. 환경을 풍부하게 제공하여 유아가 스스로 선택하고 확장할 수 있도록 돕고, 어려움이 있을 때에는 최소한의 언어적 지원으로 방향을 제시한다. 이러한 상호작용은 유아 주도적 놀이를 활성화하고, 창의성과 탐구심을 촉진하는 데 효과적이다. 다만 개입이 지나치게 적을 경우, 유아가 도움을 필요로 하는 순간을 놓쳐 학습의 기회를 잃을 수 있으므로, 관찰과 지원의 균형을 유지하는 것이 중요하다(Stipe, 2004).

⑥ **직접교수·통제형** (Direct-Instruction/Controlling Teacher): 분명한 지시와 설명, 시범을 중심으로 수업을 운영하며, 학습 내용을 효율적으로 전달하는 데 중점을 둔다. 교사는 활동의 목표와 방법을 분명하게 제시하고, 빠르고 일관된 수업 흐름을 유지하여 유아가 무엇을 해야 하는지 쉽게 이해하도록 돕는다. 이러한 상호작용은 기능 습득이나 지식 전달과 같은 학습 목표를 달성하는 데 효과적이다. 그러나 교사 주도의 비중이 높아질수록 유아가 스스로 선택하고 탐색할 기회가 줄어들 수 있으므로, 유아의 주도성과 자율성을 보완할 수 있는 균형 있는 접근이 필요하다(Stipek & Byler, 2004).

2) 교사 유형별 실습생 상호작용 방법

① 지지적·감정민감형 교사와의 상호작용

지도교사와 상호작용할 때 실습생은 감정과 정서를 중심으로 한 대화를 사용하는 것이 중요하다. 유아의 행동을 단순히 결과로 보고하기보다, 그 과정과 정서를 묘사하는 언어와 공감의 언어로 상황을 전달해야 한다. 예를 들어 "선생님, 연지가 오늘 아침에 조금 예민해 보여서 조심스럽게 다가갔습니다."와 같이 유아의 상태를 세심하게 관찰한 내용을 공유하거나 "선생님께서 하시는 감정 라벨링 방식을 따라 아이의 마음을 말로 반영해 보았습니다."와 같이 지도교사의 상호작용 방식을 존중하며 연결해 말할 수 있다.

이때 실습생은 빠른 결론이나 평가가 담긴 표현을 피해야 한다. "별일 아닌 것 같아요.", "괜찮겠죠?", "그냥 그렇게 했어요."와 같은 말은 유아의 감정이나 상황의 의미를 가볍게 만드는 인상을 줄 수 있다. 대신, 유아의 상태와 자신의 대응을 구체적으로 설명하고, 그 과정에서 느낀 점을 차분히 전달하는 태도가 필요하다. 이러한 방식은 지도교사와의 신뢰를 높이고, 유아의 정서를 존중하는 전문적인 소통으로 이어진다.

② 민주적·상호작용촉진형 교사와의 상호작용

지도교사와 소통할 때 실습생은 단순히 상황을 전달하는 데 그치기보다, 의견과 선택지를 함께 제시하는 방식으로 보고하는 것이 바람직하다. 활동을 그대로 따르기보다 "이 활동에서 아이들의 선택을 조금 더 넓어 봐도 될까요?"와 같이 개선 방향을 제안하거나, "교통 놀이를 이렇게 확장해 보면 어떨지 아이디어가 있는데, 한 번 검토해 주시면 좋겠습니다."와 같이 자신의 생각을 덧붙여 협력적으로 대화한다. 이러한 방식은 지도교사와 함께 수업을 만들어 간다는 인상을 주며, 실습생의 주도성과 전문성을 드러낸다. 반대로, 단순한 사실만을 나열하는 일방적인 보고나, "어떻게 하면 될까요?"라는 질문만 반복하는 수동적인 태도는 피하는 것이 좋다. 이는 스스로 고민하지 않고 모든 판단을 지도교사에게 맡기는 인상을 줄 수 있다. 실습생은 자신의 관찰과 생각을 바탕으로 한 제안과 질문을 통해, 함께 방향을 모색하는 동료적 소통을 시도해야 한다.

③ 구조·규칙중심형 교사와의 상호작용

실습생은 명확하고 간결하게, 필요한 내용을 즉시 보고하는 태도가 중요하다. 일정이나 규칙과 관련된 사항은 미리 확인하고, 전이와 준비 과정에서 세부적인 부분까지 점검하는 습관을 갖는다. 예를 들어 "선생님, 다음 활동 시간과 이동 동선이 이렇게 맞는지 확인 부탁드립니다."와 같이 구체적으로 묻거나, "정리 신호를 5분 전에 주는 것이 좋을까요?"처럼 실행 시점을 분명히 하여 의사소통한다. 이러한 방식은 수업의 흐름을 안정적으로 유지하고, 교실 운영에 혼란이 생기지 않도록 돕는다. 한편 "대충 이렇게 하면 될 것 같아요.", "아마도 괜찮을 것 같습니다."와 같은 흐릿한 표현은 신뢰를 떨어뜨릴 수 있다. 또한 시간이나 규칙을 충분히 확인하지 않은 채 혼자 판단하여 행동하는 것은 혼선을 초래할 위험이 있다. 실습생은 항상 일정과 기준을 분명히 인식하고, 지도교사와 공유하며 움직이는 태도를 유지해야 한다.

④ 권위적 지도형 교사와의 상호작용

실습생은 항상 목표를 중심에 두고 보고하는 태도가 필요하다. 먼저 수업이나 활동의 목적을 언급한 뒤, 그 이유를 간단히 설명하고 구체적인 제안을 덧붙이는 방식이 효과적이다. 예를 들어 "선생님께서 말씀하신 목표를 달성하는 데, 이 방법이 아이들에게 더 효과적일 것 같아 제안드립니다."와 같이 말하면, 자신의 의견이 개인적 바람이 아니라 교육적 목적에 근거한 제안임을 분명히 할 수 있다. 이러한 방식은 지도교사의 의도를 존중하면서도 실습생의 전문적 사고를 드러내는 소통이 된다. "저는 이렇게 하고 싶어요."와 같이 근거 없이 자신의 생각만을 내세우는 표현은 피해야 하며 지도교사의 지시를 이행하지 않거나, 요청에 대한 반응이 늦어지는 태도는 신뢰를 떨어뜨릴 수 있다. 실습생은 항상 목표를 기준으로 생각하고, 지도에 즉각적으로 반응하며, 그 안에서 합리적인 이유와 함께 자신의 의견을 제시하는 자세를 유지해야 한다.

⑤ 관찰·지원형 교사와의 상호작용

실습생은 자신의 판단을 앞세우기보다, 관찰한 사실을 중심으로 차분히 보고하는 태도가 중요하다. 유아의 놀이 흐름과 행동을 먼저 기록하듯 전달한 뒤, 개입의 시점을 함께 상의하는 방식이 바람직하다. 예를 들어 "선생님, 동호가 지금 이런 방식으로 놀이를 이어 가고 있는데, 이 시점에 개입해도 괜찮을까요?"와 같이 묻거나, "아이를 관찰하면서 이런 패턴이 보였습니다."라고 말하며 관찰 결과를 공유할 수 있다. 이러한 표현은 유아의 주도적 놀이를 존중하면서도, 지도교사와 함께 판단하려는 태도를 보여 준다. 이와 달리, 상황을 충분히 살피지 않은 채 지나치게 개입하거나 지시하는 행동은 바람직하지 않다. 특히 "선생님이 안 계셔서 제가 그냥 했어요."와 같이 독단적으로 판단했음을 드러내는 표현은 책임감과 협력성을 약화시켜 지도교사의 신뢰를 떨어뜨릴 수 있다.

⑥ 직접교수·통제형 교사와의 상호작용

지도교사와 소통할 때 실습생은 활동의 절차와 흐름을 단계별로 정확히 확인하는 태도가 필요하다. 수업이 어떤 순서로 진행되는지, 각 단계에서 무엇이 이루어지는지를 명확히 파악하고 보고해야 한다. 예를 들어 "선생님, 1단계 시범, 2단계 활동, 3단계 정리 순서로 진행하면 될까요?"와 같이 전체 흐름을 확인하거나, "자료는 15개로 준비하면 충분할까요?"처럼 준비물과 관련된 사항을 구체적으로 묻는 방식이 효과적이다. 이러한 질문은 수업의 목표를 공유하고, 혼선 없이 활동이 이루어지도록 돕는다.

이와 같은 이유로, 절차를 충분히 이해하지 않은 채 준비가 미흡한 상태로 활동에 임하거나, 정해진 흐름을 무시하는 태도는 바람직하지 않다. 또한 지도교사가 설명하는 중간에 끼어들거나 수업의 속도를 방해하는 행동은 전체 수업 운영에 혼란을 초래할 수 있다. 실습생은 활동의 전반적인 흐름을 존중하며, 필요한 사항은 적절한 시점에 정리하여 묻는 신중한 태도를 유지해야 한다.까요?"처럼 준비물과 관련된 사항을 구체적으로 묻는 방식이 효과적이다. 이러한 질문은 수업의 목표를 공유하고, 혼선 없이 활동이 이루어지도록 돕는다.

〈표 4-5〉 교사 유형별 핵심 상호작용 방식

유　형	핵심 상호작용 방식
지지적·감정민감형	언어·관찰 언어 중심, 서두르지 않기
민주적·상호작용 촉진형	선택지 제시, 아이디어 협력, 의견 나누기
구조·규칙 중심형	간결성·정확성, 일정·규칙 재확인
권위적 지도형	목표·근거 제시, 지시 이해 후 바로 수행
관찰·지원형	관찰 기록 중심. 개입 타이밍 질문
직접교수· 통제형	절차·자료·시간 확인, 명확한 수업 보고

3) 공통적 상호작용 방법

유치원 교육실습에서 지도교사의 성향은 다양하지만, 어떤 교사 유형에게서도 일관되게 높은 평가를 받는 실습생의 상호작용 방법에는 공통된 특징이 있다. 이는 특정 성격이나 재능의 문제가 아니라, 전문직 교사로서의 기본 태도와 소통 방식에 해당한다. 다음의 역량은 교사 유형을 아울러 모두에게 신뢰를 얻는 핵심 방법이다.

(1) 관찰 기반 보고 능력

우수한 실습생은 "느낌"이 아니라 "사실"을 먼저 말한다. 유아의 행동, 반응, 변화 과정을 구체적으로 묘사하며 결과보다 과정을 중심으로 전달한다. "시연이가 잘했어요"가 보다는 "시연이가 친구를 세 번 바라보다가 스스로 자리를 옮겼습니다."와 같이 말한다. 이러한 관찰 기반 보고는 지지적·감정민감형 교사에게는 '정서 이해의 깊이'로, 구조·규칙 중심 교사에게는 '정확성'으로, 관찰·지원형 교사에게는 '전문성'으로 인식된다.

(2) 목적 중심 소통 능력

모든 교사 유형이 신뢰하는 실습생은 항상 '왜'를 먼저 생각한다. "이렇게 하고 싶어요."보다는 "목표를 위해, 이 방법이 효과적일 것 같아 제안드립니다."라고 말한다. 이는 민주적·상호작용 촉진형 교사에게는 협력적 태도로, 권위적 지도형 교사에게는 책임감 있는 사고로, 직접교수·통제형 교사에게는 수업 이해력으로 평가된다.

(3) 타이밍을 고려한 질문 능력

질문을 "많이" 하는 실습생보다, "적절한 순간에" 묻는 실습생이 높이 평가된다. 수업 중 흐름을 끊지 않으며 전이 전, 활동 전, 정리 후 등 적절한 시점을 선택한다. "지금 여쭤봐도 될까요?"라는 전제어를 사용한다. 이는 모든 교사 유형에게 "이 실습생은 교실의 흐름을 읽는다"는 신뢰로 이어진다.

(4) 피드백을 행동 변화로 연결하는 능력

우수한 실습생은 조언을 듣는 데서 끝내지 않는다. "알겠습니다."로 끝나지 않고

다음 활동에서 실제로 바꾼 모습이 보인다. 예를 들어, "유아의 말을 기다려 보세요."라는 피드백을 받은 후 다음 활동에서 침묵을 허용하고 고개를 끄덕이며 기다리는 모습이 나타난다. 이러한 변화는 어떤 교사에게나 "가르치는 보람이 있는 실습생"이라는 인식을 만든다.

(5) 책임감 있는 언어 사용

교사에게 좋은 평가를 받는 실습생의 언어에는 공통점이 있다. "제가 확인하지 못했습니다.", "다음에는 이렇게 해 보겠습니다.", "지금 상황을 이렇게 이해했습니다."와 같은 표현을 사용하며 "그냥 그렇게 됐어요.", "원래 다들 이렇게 해요.","아마 괜찮을 것 같아요." 등의 표현은 삼간다. 책임감 있는 언어는 지지적·감정민감형 교사에게는 '성숙함'으로, 구조·규칙 중심 교사에게는 '신뢰 가능성'으로, 권위적 지도형교사에게는 '전문성'으로 인식된다.

4. 실습생이 경험하는 어려움과 교사의 지원

실습생이 겪는 주요 어려움은 대부분 현장 경험의 부족에서 비롯된다. 실습 초기에는 유아와 어떻게 관계를 맺어야 할지 몰라 어색함을 느끼고, 이름을 부르거나 눈높이를 맞추어 대화하는 것조차 부

담스러워한다. 이로 인해 유아와 심리적 거리가 생기고, 상호작용이 소극적으로 이루어지기 쉽다. 또한 수업을 운영할 때 도입·전개·정리의 흐름을 조절하지 못해 시간이 길어지거나 급하게 마무리되는 경우가 많으며, 유아의 반응에 따라 활동을 유연하게 조정하는 데에도 어려움을 겪는다. 이러한 실습생의 어려움에 대해 교사는 평가자 이전에 안내자이자 조력자의 역할을 수행해야 한다.

1) 유아와의 관계 형성의 어려움

실습 초기, 실습생은 유아와 자연스럽게 상호작용하는 데 부담을 느낀다. 이름을 기억하지 못하거나, 눈맞춤·신체적 거리 조절이 어색해 유아와 심리적 거리가 생기기 쉽다. 이로 인해 유아의 반응을 이끌어내지 못하고 소극적인 태도를 보이기도 한다. 교사는 유아 이름을 빠르게 익히는 방법 안내(명단 활용, 좌석도 제작 등), 눈높이 맞추기, 무릎을 굽혀 말하기 등 구체적 상호작용 모델링, 짧은 긍정적 언어 사용("잘했어", "같이 해볼까?") 시범 제공, 실습생이 유아와 성공적으로 상호작용한 장면을 즉시 피드백하는 등 지원할 수 있다.

2) 수업 운영 및 시간 조절의 어려움

실습생은 활동의 흐름을 조절하는 데 미숙하여 도입이 길어지거나 전개가 급하게 끝나는 경우가 많다. 유아의 반응에 따라 수업을 유연하게 조정하지 못하고, 계획안에만 집착하는 경향도 나타난다. 교사는 도입-전개-정리의 기본 시간 구조 제시(예: 3-12-3분), 활동 전 "이 활동의 핵심 목표는 무엇인가?"를 함께 점검, 유아 반응에 따른 조정 예시 제시(줄이 길어질 때, 흥미가 떨어질 때 등), 수업 후 '잘된 점-보완할 점-다음 목표'의 3단계 피드백 제공하여 실습생을 도울 수 있다.

3) 유아 안전 상황 대처의 미숙함

실습생은 낙상, 다툼, 위험 행동 등 안전 상황에서 당황하여 즉각적인 판단을 내리지 못하는 경우가 많다. 때로는 지나치게 개입하거나, 반대로 소극적으로 반응하여 위험을 키우기도 한다. 교사는 즉시 보고-교사 지시 따르기의 기본 원칙 반복, 빈번한 안전 상황을 사례로 들어 대응 절차 설명, 실습생에게 단독 판단을 요구하기보다 협력 체계 강조, 안전 대응 후 왜 그렇게 행동했는지 짧은 해설 제공 등을 통하여 실습생을 지도할 수 있다.

4) 교구준비와 활동구성의 어려움

실습생은 교구를 과도하게 준비하거나, 반대로 유아 수준에 맞지 않는 자료를 선택하는 경우가 많다. 이는 활동의 집중도를 떨어뜨리고, 수업 운영의 부담으로 이어진다. 교사는 단순하고, 목적이 분명한 자료의 기준을 제시하고 교구 수량과 난이도를 유아 발달 수준에 맞게 조정하도록 지도, 기존 교실 자료를 활용하는 방법 안내, 교구가 목표를 돕는 도구임을 인식하도록 설명하여 수업 부담을 경감시키도록 지원할 수 있다.

5) 교사로서의 언어와 태도의 미숙함

실습생은 무의식적으로 명령형, 평가적 언어를 사용하거나 목소리가 작고 불안정한 경우가 많다. 이는 유아와의 신뢰 형성에 부정적인 영향을 미칠 수 있다. 교사는 사용하지 말아야 할 용어와 대체 언어 예시를 제공하고(예:“하지 마” 대신 “여기서 하면 더 안전해”, 차분한 톤과 속도의 교사 언어 시범을 보이고, 실습생의 말 중 긍정적인 표현을 구체적으로 짚어 강화하며 녹음·관찰을 통한 자기 점검의 기회를 제공한다.

5. 아동학대 오해상황과 대처법

실습생은 유아와 직접 상호작용하며 다양한 교육 활동에 참여하게 된다. 이 과정에서 실습생의 의도와는 달리, 특정 행동이나 말이 아동학대로 오해받을 수 있는 상황이 발생할 수 있다. 최근 아동권리와 안전에 대한 사회적 관심이 높아지면서, 교사와 실습생 모두에게 더욱 신중한 태도와 전문적인 대응이 요구되고 있다. 따라서 실습생은 아동학대로 오해될 수 있는 상황을 미리 이해하고, 이에 대한 적절한 대처 방법을 숙지할 필요가 있다.

아동학대로 오해받을 수 있는 대표적인 상황으로는 다음과 같은 사례가 있다.

첫째, 신체적 접촉이 필요한 상황이다. 유아가 넘어지거나 다쳤을 때 부축하거나 안아 주는 행동, 위험한 행동을 제지하기 위해 팔을 잡는 행위 등은 교육적 의도에서 이루어지더라도, 상황에 따라 과도한 신체 접촉으로 오해될 수 있다.

둘째, 언어적 표현에서의 오해이다. 유아의 문제 행동을 지도하는 과정에서 “왜 이렇게 했니?”, ‘그러면 안 돼"와 같은 표현이 강한 어조로 전달될 경우, 정서적 위축을 유발하는 언어적 학대로 인식될 수 있다.

셋째, 생활지도 과정에서의 강압적 태도이다. 정리정돈이나 줄 서기, 이동 지도 과정에서 유아를 재촉하거나 반복적으로 지시하는 과정이 위압적으로 느껴질 경우, 부적절한 지도 방식으로 오해받을 수 있다.

넷째, 사적인 공간에서의 단독 상호작용이다. 교실 밖이나 보이지 않는 공간에서 유아와 단둘이 머무는 상황은 오해를 불러일으킬 가능성이 높다.

〈표 4-6〉 아동학대 오해 상황과 대처법

발생하는 문제와 어려움	대처방법
1. 급·간식 시간에 편식하는 유아에게 강요하듯이 밥 먹이기	- 먹을 수 있는 만큼 만 먹게 하고 잔반은 정리하기 - 떠먹이거나 식사도구를 드는 행동은 하지 않기 - 얼굴에 묻은 음식물은 유아 스스로 닦게 하기(유아 얼굴로 손이 가는 건 학대로 오해받을 행동임)
2. 실내 및 공공장소(복도 및 계단)에서 차례를 지켜야 할 상황이나 돌아다니는 유아에게 빨리 빨리를 외치며 어깨나 팔을 잡고 끌기, 유아의 머리 짚기, 등을 밀치거나, 툭툭 치기(무의식 중에 가장 많이 하는 행동임)	- '빨리빨리' 대신 '부지런히'로 바꾸어 표현하기 - 유아의 손을 잡기
3. 다른 사람의 이야기에 경청하기 못하고 자신의 이야기만 하는 유아에게 시끄럽다며 조용히 하라며 성을 붙여 "김민주"이라고 부르기 또는 손이나 도구로 집중하라며 책상이나 그 외 주변을 유아들이 집중할 때까지 한참 두드리기	- 성은 빼고 친절하게 부르기 - 종이나 핸드벨 등을 사용하기
4. 놀이시간에 참여하지 못하고 교사의 주변에만 머물거나 친구들의 놀이를 방해하는 유아에게 "저리 가!라거나 넌 왜 놀지 못하니? 저쪽으로 가! 혹은 가사 놀아!"라고 손짓이나 손가락으로 가리키기	- 손짓이나 손가락으로 가리키는 행동은 하지 말고 말로 하기 - 뭐가 필요하니? 또는 하고 싶은 말이 있니?로 바꿔 말하기

5. 유아들이 다투거나 서로가 때렸을 때 제지하지 않고 말로만 하기	-가만히 있지 말고 신속하게 다툼이 있는 유아끼리 먼저 거리를 두게 하기
6. 놀이나 수업 중간에 화장실을 가겠다는 유아에게 "참아!, 끝나고 가!, 아직 안 끝났어, 기다려!"라고 말하곤 못가게 하기	- 화장실은 놀이 중간이라도 다녀올 수 있도록 하기
7. 애니메이션이나 요즘 유행하거나 자극적인 만화나 프로그램 보여주기 또는 유아에게 휴대폴 보여주기 및 톡이나 문자를 개인적으로 사용하기	- 안전교육영상(교통안전, 성교육 동화, 인성동화 등)이나 놀이와 연관된 콘텐츠 보여주기 - 유아에게 개인 휴대폰은 절대 보여주지 않으며, 교사도 일과가 끝나기 전까진 사용하지 않기
8. 가변운 일이라고 생각하고 유아가 물건을 잃어버렸거나 훼손이 되었을 때 그냥 지나치기	- 담임교사에게 꼭 이야기하기(플라스틱 반지나 작은 키링에서 학부모는 연락함)

출처: 정수경(2024) 현장실무교육 유아교육실습. 교육아카데미. pp.59~60.

V.

교육실습 준비

1. 교육실습의 의미
2. 교육실습 준비
3. 교육실습 주체별 실습 준비
4. 교육실습 사전교육

1. 교육실습의 의미

정규 교육실습은 4주에 걸쳐 진행되며 이 기간은 예비유아교사가 실제 유치원 현장에서 관찰자에서 실천적 교사로 성장해 가는 핵심 과정이다. 이 기간 동안 실습생은 유아의 일과를 이해하고, 수업을 계획·실행하며, 교사의 전문적 역할을 직접 체험한다. 4주의 실습기간은 초기의 불안과 긴장을 넘어, 현장에 점차 적응하고 자율성을 확보하며, 교사로서의 정체성을 형성하기에 적절한 교육적 맥락을 제공한다. 실습생은 하루하루 반복되는 일과 속에서 교사의 역할이 유아의 삶 전반을 돌보고 지원하는 전문적 실천임을 깨닫게 된다.

정규실습은 유아교사로서의 전문성을 체득하는 학습 과정이다. 실습생은 먼저 교사의 수업과 상호작용을 관찰하며 현장의 흐름을 이해하고, 점차 유아와의 상호작용과 활동 보조에 참여하게 된다. 이후에는 직접 수업을 계획하고 실행하면서 교사의 역할을 실제로 수행해 보며, 하루의 경험을 실습일지와 성찰 기록을 통해 되돌아보게 된다. 이러한 반복적 순환은 실습생이 자신의 행동을 점검하고, 개선 방향을 모색하며, 전문적 판단 능력을 기르는 데 중요한 토대가 된다.

이 과정에서 실습생은 매일의 일과 속에서 유아의 발달 특성과 개별적 차이를 이해하고, 교사의 언어 사용과 비언어적 표현, 유아와의 상호작용 방식, 학급 운영의 원리, 안전 관리와 생활지도 체계를 직접 경험한다. 교실 안에서 일어나는 크고 작은 사건들은 교과서에 제시된 이론을 살아 있는 지식으로 전환시키는 역할을 한다. 예를 들어, 놀이 중 갈등이 발생한 상황에서 교사가 중재하는 방식을 관찰하고 모방하면서, 실습생은 '유아 중심 상호작용'의 의미를 실제 맥락 속에서 이해하게 된다.

정규실습 4주는 실습생이 자신의 한계와 가능성을 동시에 마주하는 시기이기도 하다. 수업이 계획대로 진행되지 않는 경험, 유아의 예상치 못한 반응, 학급 운영의 어려움은 실습생에게 좌절감을 안겨주기도 한다. 그러나 이러한 경험은 실패가 아니라 성장의 자원이 된다. 실습생은 시행착오를 통해 교사의 역할이 단순한 기술의 문제가 아니라, 상황에 따라 판단하고 조정하는 전문적 역량임을 깨닫게 된다.

결국 정규실습 4주는 예비유아교사가 학생의 위치를 넘어 교사로서의 나를 인식하기 시작하는 전환점이다. 이 기간 동안 형성된 태도와 신념, 유아를 바라보는 시각, 교육에 대한 책임감은 이후 교사로서의 삶 전반에 지속적인 영향을 미친다. 따라서 정규실습은 단기간의 현장 체험이 아니라, 예비유아교사가 전문직 교사로 성장해 가는 과정의 출발점이자, 이론과 실제를 연결하는 가장 중요한 교육적 경험이라 할 수 있다.

2. 교육실습 준비

예비교사가 유치원이 현장에서 원활하게 적응하고 전문적인 역할을 수행할 수 있도록 사전에 갖추어야 할 실천적 준비를 의미한다. 유치원 교육실습이 원활하게 시행되기 위해서는 대학과 실습 기관, 그리고 예비교사 모두의 체계적인 준비가 필요하다.

1) 교육실습 기본 요건

교육실습은 예비유아교사가 교사로서의 전문성과 태도를 형성하는 핵심 과정으로 유치원교사자격증 취득을 위해 실습은 기본요건이 충족되어야 한다.

(1) 교육실습 시간

유치원 현장실습(교육실습)은 총 4주 운영된다. 실습이 4주 연속으로 진행되는 경우, 공휴일 등으로 인해 실제 실습일이 일부 감소하더라도 그 비율이 전체 일정의 20%를 초과하지 않으면 해당 기간을 실습일로 포함하여 4주간의 실습으로 인정한다. 반면, 실습이 불연속적으로 이루어지는 경우에는 학점 당 80시간을 기준으로 산정되므로, 2학점 이수 시 총 20일 이상, 160시간 이상의 실습을 충족하여야 한다. 이러한 기준은 교육실습이 형식적인 참여에 그치지 않고, 일정 수준 이상의 충분한 현장 경험을 확보하도록 하기 위한 제도적 장치라 할 수 있다.

〈표 5-1〉 교육실습영역 학점 당 기준시간

학교현장실습을 전일제로 실시하는 경우 1학점당 2주로 하며 학교현장실습 기간 중 공휴일 등이 포함될 수 있다. 이 경우 공휴일 등을 포함하여 전체 실습일수의 20%를 초과하지 않도록 해야 한다. 다만, 실습기간이 연속되지 않은 학교현장실습의 경우는 1학점 당 80시간 이상을 기준으로 한다(고시 제6조 4항).

출처: 교육부(2025). 2025년도 교원자격검정 실무편람. p.75.

(2) 교육실습 시기

학교현장실습은 예비교사가 실제 교육현장을 경험하며 교사로서의 역할과 전문성을 형성하는 핵심 과정으로, 그 실시 학년과 시기, 운영 방식은 각 대학의 교육과정 특성과 여건에 따라 자율적으로 결정된다. 즉, 학교현장실습을 어느 학년에 배치할 것인지, 어느 시기에 운영할 것인지는 대학이 양성하고자 하는 교사의 역량 목표와 교육과정의 흐름을 고려하여 설계할 수 있다. 이러한 자율성은 대학이 예비교사의 발달 수준과 학습 단계에 맞추어 보다 효과적인 실습 구조를 마련할 수 있도록 하는 제도적 기반이 된다. 학교현장실습은 교원양성기관과 학교현장실습 지원(협력)학교 간의 충분한 협의를 통해 실습의 목적, 내용, 기간, 지도 방식 등을 조율하여 운영하게 되며 대학과 학교 간의 긴밀한 협력 관계를 전제로 할 때 효과적으로 이루어질 수 있다. 학교현장실습의 운영 방식 역시 단일한 형태로 제한되지 않는다. 대학은 교육과정 운영의 유연성을 바탕으로 한 학기 동안 집중적으로 실습을 운영할 수도 있고, 학기 또는 학년별로 분산하여 단계적으로 실습을 배치할 수도 있다. 이러한 다양한 운영 방식은 예비교사가 학업과 실습을 균형 있게 병행할 수 있도록 하며, 각 대학의 교육환경과 학생 특성에 맞는 맞춤형 실습 설계를 가능하게 한다. 이와 같이 학교현장실습은 대학의 자율적 판단과 학교와의 협력을 바탕으로 유연하게 운영될 수 있다.

〈표 5-2〉 교육실습 실시 시기

① 교육실습영역 중 학교현장실습의 실시 학년 및 시기 등은 대학에서 자율적으로 결정한다. ② 학교현장실습 지원학교의 방학기간 중 실시하는 학교현장실습은 교원양성기관과 학교현장실습 지원(협력)학교 간의 협의에 따라 실시할 수 있다. ③ 학교현장실습은 한 학기 집중 운영, 학기(학년)별 분산 운영, 학생별 강좌가 없는 요일 활용 운영 등 다양한 방법으로 운영할 수 있다.

출처: 교육부(2025). 2025년도 교원자격검정 실무편람. p. 76.

2) 교육실습 기관

(1) 실습기관 선정

유치원 현장실습은 예비유아교사가 실제 현장에서 교사의 역할을 경험하고 전문성을 형성해 가는 중요한 과정이다. 실습의 질은 실습기관의 특성과 운영 환경에 크게 영향을 받는다. 실습기관 선정은 예비유아교사가 어떤 교육 경험을 하게 될 것인지를 결정하는 첫 단계이다. 적절한 실습기관은 실습생에게 안전하고 안정적인 교육환경, 체계적인 실습지도와 피드백, 유아와의 상호작용 기회, 실습생을 존중하는 기관 문화를 제공한다. 이에 반하여 준비되지 않은 기관을 선택할 경우 실습 경험이 제한되거나 자격증 발급 과정에서 행정 문제가 발생할 위험도 있으므로 실습기관은 명확한 기준과 절차를 통해 신중히 선정해야 한다.

(2) 실습 기관 유형

교육실습은 유아교육법」 제2조에 따른 유치원에서 실시하며 일반적으로 다음과 같은 기관이 이에 해당한다.

① 국·공립 유치원

국공립유치원은 국가 또는 지방자치단체가 설립·운영하는 유치원으로, 공공성을 기반으로 안정적인 교육 환경을 제공하는 기관이다. 국가가 설립·경영하는 국립유치원은 주로 국립대학 부설유치원의 형태로 운영되며 강릉원주대학교 부설유치원, 공주대학교 부설유치원, 한국교원대학고 부설유치원이 이에 해당한다. 한편, 공립유치원은 시·도교육청 등 지방자치교육기관이 설립·운영하며, 운영 형태에 따라 병설유치원과 단설유치원으로 구분된다. 병설유치원은 초등학교 내에 설치되어 초등학교 교장이 원장을 겸임하는 형태로 운영되며, 학교 조직과 행정 체계를 공유하는 특징이 있다. 반면, 단설유치원은 독립된 건물과 조직을 갖추어 운영되며, 유아교육을 전공한 원장이 기관을 총괄한다. 국공립유치원은 일반적으로 행정과 교육 운영이 체계적으로 이루어지고, 교육 여건이 안정적으로 유지되는 경우가 많다.

② 사립 유치원(교육청 등록기관)

사립유치원은 개인이나 법인이 설립·운영하는 유치원으로, 다양한 교육 철학과 운영 방식을 바탕으로 각기 다른 특색을 지닌 교육 현장이다. 국공립유치원에 비해 운영의 자율성이 높아, 기관의 설립 목적과 원장의 교육관에 따라 교육과정과 일과 운영, 프로그램 구성이 다양하게 나타난다는 점이 가장 큰 특징이다. 이러한 특성은 예비유아교사에게 유아교육의 다양한 실천 형태를 직접 경험할 수 있는 중요한 학습 기회를 제공한다.

사립유치원은 각 기관이 지닌 고유한 교육 철학을 바탕으로 특성화 프로그램을 운영하는 경우가 많다. 예를 들어 예술 중심, 영어 중심, 생태·자연 중심, 놀이 중심 등 다양한 교육 방향이 실제 교육활동에 반영된다. 실습생은 이러한 환경 속에서 동일한 누리과정이 기관의 철학과 여건에 따라 어떻게 다르게 구현되는지를 관찰하고 이해할 수 있으며, 유아교육의 다양성과 유연성을 체험하게 된다.

또한 사립유치원은 학부모와의 소통과 만족도가 기관 운영에 중요한 요소로 작용한다. 이로 인해 교육활동, 행사, 서비스 운영이 보다 적극적이고 역동적으로 이루어지는 경우가 많다. 실습생은 수업 뿐 아니라 가정 연계 활동, 행사 준비, 학부모 응대 과정 등을 경험하며, 교사의 역할이 교육을 넘어 소통과 협력으로 확장된다는 점을 실감하게 된다.

운영 측면에서 사립유치원은 기관 규모와 여건에 따라 환경과 조직 문화가 다양하다. 소규모 유치원에서는 교사 간 협력이 밀접하게 이루어지는 반면, 대규모 유치원에서는 분업화된 체계 속에서 역할이 세분화되는 모습을 볼 수 있다. 이러한 차이는 실습생이 다양한 조직 문화를 경험하고, 자신의 교사상을 형성하는 데 중요한 자료가 된다.

사립유치원은 기관별로 실습 지도 경험과 체계에 차이가 나타날 수 있다. 일부 유치원은 체계적인 실습 프로그램과 풍부한 지도 경험을 갖춘 반면, 그렇지 않은 경우도 존재한다. 따라서 실습생은 기관의 특성을 이해하고, 지도교사의 지도 방식을 존중하며, 스스로 적극적으로 배우려는 태도를 갖추는 것이 중요하다.

이와 같이 사립유치원은 자율성과 다양성을 바탕으로 유아교육의 여러 모습을 경험할 수 있는 현장이다. 예비유아교사는 사립유치원 실습을 통해 유아교육이 단일한 방식으로 이루어지는 것이 아니라, 각 기관의 철학과 여건에 따라 다양하게 구현된다는 사실을 체감하게 되며, 이를 통해 보다 폭넓은 시각에서 교사로서의 전문성을 형성해 나갈 수 있다.

(3) 유치원 정보 파악

예비유아교사에게 유치원을 이해하는 일은 단순히 어떤 곳에서 실습을 하는가를 아는 차원을 넘어, 교육기관으로서 유치원의 성격과 운영 구조를 파악하는 중요한 학습 과정이다. 이를 위해 대표적인 공공 자료를 활용하여 유치원 선정에 활용할 수 있다.

① 유치원 알리미(https://e-childschoolinfo.moe.go.kr)

유치원 정보를 얻기위한 대표적인 공공 정보 시스템이 바로 유치원 알리미이다. 유치원 알리미는 교육부와 시 · 도교육청이 운영하는 공식 정보 공개 플랫폼으로, 전국 유치원의 운영 현황을 투명하게 제공하여 학부모와 시민, 그리고 예비교사가 신뢰할 수 있는 정보를 확인할 수 있도록 돕는다.

첫째, 기관 기본 정보를 통해 유치원의 설립 유형(공립·사립), 위치, 설립 연도, 정원과 현원, 학급 수 등을 확인할 수 있다. 이러한 정보는 유치원의 규모와 지역적 특성을 이해하는 출발점이 된다. 예를 들어 학급 수와 유아 수를 살펴보면, 소규모 유치원과 대규모 유치원의 운영 방식이 어떻게 다를지 예측해 볼 수 있다.

둘째, 교직원 현황은 유치원의 인적 자원을 보여 주는 핵심 자료이다. 원장, 원감, 담임교사, 보조 인력의 수와 자격 현황을 통해 유치원의 인력 구조를 이해할 수 있으며, 교사 1인당 담당 유아 수를 통해 교육 환경의 밀도를 가늠할 수 있다. 이는 실습생이 현장에서 마주하게 될 교사의 역할과 업무 특성을 현실적으로 이해하는 데 도움을 준다.

셋째, 교육과정 및 운영 정보를 통해 누리과정 적용 방식, 특성화 프로그램, 방과후 과정 운영 여부 등을 확인할 수 있다. 이는 각 유치원이 지향하는 교육적 방향과 특색을 파악하는 자료가 되며, '이 유치원은 어떤 교육을 중점적으로 실천하고 있는가?' 라는 질문에 대한 기초적인 답을 제공한다.

넷째, 시설·환경 및 안전 관련 정보는 유아교육기관에서 가장 중요한 안전 요소를 이해하는 데 활용된다. 교실 수, 실내·외 놀이공간, 위생 및 소방 점검 여부, 안전관리 현황 등은 유아의 생활 환경이 어떻게 구성되어 있는지를 보여 준다. 실습생은 이러한 정보를 통해 현장에서의 안전관리 중요성을 인식하고, 실제 공간과 공시 자료를 비교하며 관찰하는 학습을 수행할 수 있다.

유치원 알리미는 단순한 정보 검색 도구가 아니라, 예비유아교사에게 비교와 분석의 학습 도구가 된다. 여러 유치원의 정보를 비교해 보면, 동일한 교육과정을 운영하더라도 기관의 규모, 인력, 환경에 따라 실제 운영 방식이 달라질 수 있음을 이해하게 된다. 이는 유아교육이 획일적인 형태가 아니라, 각 기관의 여건과 철학에 따라 다양하게 구현된다는 사실을 인식하게 한다.

② 어린이집·유치원 통합정보공시(https://info.childcare.go.kr)

어린이집·유치원 통합공시는 국가가 제공하는 공식 정보 공개 시스템으로, 학부모와 시민에게 기관의 운영 현황을 투명하게 제공함과 동시에, 예비교사에게는 유아교육기관을 객관적으로 이해할 수 있는 학습 자료가 된다.

통합공시에는 유치원의 기본 정보부터 교육과정 운영, 교직원 현황, 학급 편성, 시설·환경, 안전관리, 급식, 재정 운영에 이르기까지 다양한 내용이 체계적으로 제시되어 있다. 예비교사는 이 자료를 통해 개별 유치원이 어떤 특성과 여건을 가지고 운영되는지 사전에 파악할 수 있으며, 이는 실습 준비와 현장 이해에 실질적인 도움을 준다.

예비유아교사는 실습 전 통합정보공시를 활용하여 실습 기관의 특성을 분석하고, 실습 중에는 실제 현장과 공시 내용의 일치 여부를 관찰하며, 실습 후에는 경험과 자료를 연결하여 성찰해 볼 필요가 있다. 이러한 과정은 유아교육기관을 객관적으로 바라보는 전문적 안목을 기르고, 미래 유아교사로서의 비판적 사고 능력을 형성하는데 도움을 줄 수 있다.

③ 유보통합포털 (https://enter.childinfo.go.kr)

포털을 활용하면 유치원의 기본 현황을 체계적으로 확인할 수 있다. 설립 유형(공립·사립), 소재지, 정원과 현원, 학급 수 등의 정보는 유치원의 특성을 파악하는 기초 자료가 되며, 기관의 전반적인 운영 여건을 가늠하게 한다. 교직원 구성 정보를 통해 원장, 원감, 담임교사, 보조 인력의 수와 자격 현황을 파악할 수 있어, 유치원의 인력 구조와 교사의 역할 체계를 보다 현실적으로 이해할 수 있다. 교육과정 및 운영 정보는 기관이 추구하는 교육 철학을 구체적으로 드러낸다. 더불어 시설·환경 및 안전 관련 정보 역시 핵심적인 학습 자료가 된다. 교실 수, 실내·외 놀이공간의 구성, 안전관리 체계 등은 유아가 생활하는 공간의 구조와 안전 수준을 객관적으로 보여 주며, 유아교육기관에서 환경과 안전이 어떻게 관리되고 있는지를 이해하도록 돕는다.

(4) 실습기관 선정 시 고려 사항

유치원 교육실습은 예비유아교사가 실제 현장에 참여하여 교사의 역할과 책임을 직접 경험하는 중요한 학습 과정이다. 이러한 실습이 의미 있고 체계적으로 이루어지기 위해서는 적절한 실습기관 선정이 선행되어야 한다. 실습기관의 교육환경과 지도체계, 그리고 실습생을 대하는 태도에 따라 실습 경험의 질이 크게 달라질 수 있기 때문이다. 따라서 실습기관을 선택할 때에는 단순히 거리나 편리성만을 기준으로 삼기보다는, 교육적·전문적·윤리적 기준을 종합적으로 고려하여 신중히 판단하는 과정이 필요하다.

① 교육청 등록 유치원 여부

실습기관 선정에서 가장 먼저 확인해야 할 요소는 그 기관이 법적으로 인가된 정식 유치원인지 여부이다. 미인가 시설이나 학원, 영어전문기관 등은 실습 인정이 불가한 경우가 많기 때문에 반드시 교육청에 등록된 기관인지 확인해야 한다. 해당 유치원이 교육실습을 공식적으로 인정하고 서류 협조가 가능한지도 중요한 판단 요소이다. 실습 종료 후 제출해야 하는 출석확인서, 지도교사 평가서, 실습확인서 등이 정상적으로 발급되지 않으면 자격증 발급 과정에 문제가 발생할 수 있기 때문이다. 실습기관이 행정적으로 투명하고 교육적으로 책임을 다할 수 있는 곳인지가 가장 기본적인 출발점이 된다. 유치원 정보를 파악하기 위한 공시시스템을 활용하면 해당 기관의 성격과 운영 특성을 비교적 쉽게 판단할 수 있다.

② 지도교사에 대한 고려

지도교사의 자격과 배정 여부도 중요한 기준이다. 실습생을 지도할 교사는 유치원 정교사 자격을 가지고 있어야 한다. 보육실습에서는 보육교사 1급 또는 유치원정교사 1급 교사가 실습지도를 하도록 명시하고 있지만 교육실습에서는 실습지도교사 자격에 대한 특별한 규정이 없다. 하지만 실습의 질을 높이기 위해 다년의 유치원 현장경력과 역량을 갖추고 있는 교사가 지도하는 것이 적절하다고 볼 수 있다.

③ 교육과정 운영과 학급환경에 대한 고려

실습기관을 선정할 때에는 해당 유치원에서 누리과정이 실제로 어떻게 운영되고 있는지를 살펴볼 필요가 있다. 교육과정이 형식적으로만 존재하는 것이 아니라, 유아의 놀이와 경험을 중심으로 일과가 구성되어 있는지가 중요하다. 또한 교육활동과 일상생활이 안정적으로 이루어지고 있는지, 학급 분위기가 지나치게 산만하거나 불안정하지는 않은지도 점검해야 한다.

학급 규모와 환경 구성 역시 중요한 요소이다. 과밀학급의 경우 실습생이 유아와 충분히 상호작용할 기회가 줄어들 수 있으며, 교사의 업무 부담이 커 실습지도가 소홀해질 가능성도 있다. 반대로 지나치게 작은 학급은 다양한 교수·학습 장면을 경험하기 어려울 수 있다. 따라서 유아 수, 교실 구조, 놀이환경, 안전설비 등이 균형 있게 갖추어진 기관인지 면밀히 살펴볼 필요가 있다.

④ 실습지도 체계와 지원 환경에 대한 고려

실습기관을 선택할 때 중요한 기준 중 하나는 실습지도가 얼마나 체계적으로 이르어질 수 있는가이다. 실습생에게 관찰·참여·수업 활동의 기회를 제공하고, 그 과정에서 지도교사가 구체적인 피드백을 제공할 수 있는 환경이어야 한다. 단순히 업무를 보조하는 인력으로만 실습생을 활용하는 기관보다는, 교육적 성장을 지원하는 멘토링 체계가 마련된 기관이 바람직하다.

지도교사가 실습생의 질문에 성실히 답해 주며, 실습 목표와 운영 방향을 함께 논의할 수 있는 분위기도 중요하다. 실습생이 실수하더라도 이를 성장의 기회로 삼고 긍정적인 방향으로 지도해 줄 수 있는 지원적·협력적 문화가 형성된 기관인지 살펴보아야 한다.

⑤ 유아 및 교직 분위기에 대한 고려

실습기관은 유아와 교사가 하루 대부분의 시간을 함께 보내는 공동체이다. 따라서 교사 간 관계와 협력 문화, 유아와의 상호작용 분위기는 실습생이 경험하게 될 교육문화의 직접적인 모델이 된다. 교사와 유아 사이에 존중과 신뢰가 존재하는지, 교사 간 소통이 원활하고 상호 협력적인지, 직장 내 갈등이나 부정적 분위기가 심하지 않은지도 유심히 관찰할 필요가 있다.

유아가 자유롭고 안정적으로 놀이와 활동에 참여하고 있는지, 교사의 언어와 태도가 따뜻하고 배려적인지 역시 중요한 기준이 된다. 실습생은 지식을 습득하는 것 뿐 아니라 교사로서의 가치관과 태도를 함께 배운다는 점에서, 이러한 분위기 요소는 매우 중요한 판단 기준이라고 할 수 있다.

⑥ 안전·보건 및 기관 운영 안정성에 대한 고려

실습기관이 안전하고 위생적으로 관리되고 있는지는 필수적으로 확인해야 한다. 시설 점검이 잘 이루어지고 있는지, 응급상황 대응체계와 안전교육이 체계적으로 운영되는지, 위생·감염 예방을 위한 기본 수칙이 준수되고 있는지 살펴보아야 한다. 특히 유치원은 유아의 안전과 건강을 최우선으로 고려해야 하는 기관이므로, 안전 관리가 미흡한 기관은 실습기관으로 적합하지 않다.

또한 기관의 운영 구조와 조직이 안정적인지도 중요한 판단 요소이다. 잦은 교사 교체, 과도한 업무 부담, 부정확한 규정 등은 실습생이 안정적으로 학습하기 어려운 환경을 조성할 수 있기 때문이다.

⑦ 실습생 개인 여건과 현실적 요소에 대한 고려

실습기관 선정 시에는 교육적 요인뿐 아니라 실습생 개인의 현실적 상황도 함께 고려해야 한다. 통학 시간이 지나치게 길거나 교통이 불편할 경우, 실습 기간 동안 신체적·정서적 피로가 누적되어 실습 참여와 학습에 지장을 줄 수 있다. 따라서 가능하면 통학이 무리가 없는 거리와 이동 환경을 갖춘 기관을 선택하는 것이 좋다.

또한 실습비 요구 여부와 금액이 적절한지도 반드시 확인해야 한다. 과도한 실습비는 실습의 본질을 왜곡할 수 있으며, 학생에게 경제적 부담을 줄 수 있기 때문이다. 실습 기간 동안의 생활 리듬과 건강 상태, 가정 및 기타 일정과의 균형도 함께 고려하여 최종 결정을 내리는 것이 바람직하다.

⑧ 대학·기관과의 협력 가능성에 대한 고려

유치원 교육실습은 대학과 실습기관, 그리고 실습생이 함께 협력하여 이루어지는 교육과정이다. 따라서 실습기관이 대학의 실습 기준과 절차를 이해하고, 공문·서류 처리·평가 과정에서 협력할 의지가 있는지도 중요한 판단 기준이 된다. 대학에서 요구하는 실습시간, 평가 방식, 행정 절차가 원활히 이루어지지 않으면 실습 인정에 어려움이 발생할 수 있기 때문이다. 실습기관 선정 시에는 대학과 긴밀히 소통하며, 협약이 가능한 기관인지 사전에 충분히 확인해야 한다.

공립유치원에서의 실습은 기관의 자율적 판단만으로 결정되기보다는 교육청의 행정 체계와 연계하여 운영되는 특성을 지닌다. 공립유치원은 교육청의 지도·감독을 받는 공공기관이므로 교육실습 운영 역시 연간 교육행정 일정과 긴밀히 연동되어 계획된다. 이러한 이유로 공립유치원에서의 교육실습을 원활히 진행하기 위해서는 연초에 교육청을 통해 공식적인 업무연락으로 실습 일정을 요청하는 절차가 필수적으로 요구된다. 일반적으로 공립유치원은 학년도 초에 연간 교육활동 계획과 행정 업무 일정을 수립하며, 이 과정에서 교육실습 수용 여부와 실습 가능 시기를 함께 조율한다. 따라서 대학이나 학과는 교육실습 시작 직전에 개별 유치원에 실습을 요청하기보다, 연초에 교육청에 업무연락 공문을 통해 실습 협조를 요청해야 한다. 이는 실습 일정의 중복이나 혼선을 방지하고, 교육청 차원에서 실습 운영의 형평성과 체계성을 확보하기 위한 행정 절차이다.

이와 같은 절차를 통해 교육청은 관할 공립유치원의 실습 수용 가능 여부를 종합적으로 검토하고, 유치원별 실습 인원과 시기를 조정하게 된다. 그 결과 실습기관과 대학 간의 협력이 보다 안정적으로 이루어질 수 있으며, 실습생 또한 예측 가능한 일정 속에서 실습 준비를 할 수 있다. 유아교육 교육실습에서 공립유치원 실습을 계획할 경우, 실습 일정은 반드시 연초에 교육청에 업무연락을 통해 요청해야 한다는 점을 명확히 인식할 필요가 있다. 이는 단순한 행정 절차를 넘어, 공립유치원 실습의 원활한 운영과 교육실습의 질을 보장하기 위한 중요한 준비 단계라 할 수 있다. 다만 예외적인 경우도 존재하여, 연초에 교육청 보고가 되지 않은 경우에도 개별 공립유치원에서 추가적으로 실습을 허용하는 사례가 있다. 따라서 교육실습을 희망하는 경우에는 해당 기관에 사전 확인을 하는 것이 필요하다.

⑨ 종전 실습생 평가

유치원 교육실습 기관을 선정할 때, 이미 해당 기관에서 실습을 경험한 이전 실습생들의 평가와 경험담은 매우 중요한 참고 자료가 된다. 실습생은 지도교사의 태도, 기관 분위기, 교육과정 운영, 실습 지원 정도 등 외부에서 쉽게 확인하기 어려운 요소를 직접 경험하기 때문에, 그들의 평가 자료는 실습기관의 실제 모습을 이해하는 데 큰 도움을 준다. 따라서 실습기관을 선정할 때에는 이전 실습생의 평가를 단순한 의견 수준으로 가볍게 여기기보다, 교육적·전문적 판단을 보조하는 자료로 체계적으로 활용할 필요가 있다.

종전 실습생의 평가는 현장감 있는 실제 정보를 제공한다. 기관 홍보자료나 공식 문서에서는 나타나지 않는 실질적인 운영 분위기, 교사 간 관계, 실습생에 대한 존중 정도 등을 보다 구체적으로 파악할 수 있다. 이전 실습생의 경험은 실습생 중심 관점에서 기관을 평가한 자료라는 점에서 의미가 크다. 지도교사·기관관리자의 관점과 달리, 실습생이 느끼는 어려움과 성장이 함께 반영되기 때문이다.

이에 다더하여 기관 선택 시 발생할 수 있는 예상 위험 요소를 미리 점검하는 데 도움이 된다. 예를 들어 실습생을 단순 업무보조로 활용하거나, 지도·피드백이 충분히 제공되지 않는 기관의 경우, 평가를 통해 미리 경고 신호를 발견할 수 있다.

종전 실습생 평가를 참고할 때에는 지도교사의 지도 태도 및 피드백 제공 여부, 기관의 실습생 존중 문화, 기관 분위기와 조직문화, 교육과정 운영 및 학습 기회 제공 여부, 안전·위생·행정 지원 수준 등이 중요한 평가 포인트이다. 평가를 참고할 때 지도교사, 전체 교사 편성 등 여러 요건의 변화로 인해 과거의 평가가 올해에 그대로 적용되지 않을 수 있다는 점을 명심할 필요가 있다.

⑩ 취업 가능성

교육실습과 취업의 연계는 실습기관이 실습생의 전문성·태도·인성 등을 지속적으로 관찰하여 향후 채용 가능성을 검토하는 과정을 의미한다. 이는 실습생 입장에서도 실제 근무 환경을 경험해 보고, 해당 기관이 자신의 성향과 가치관에 적합한지를 판단할 수 있는 기회를 제공한다. 교육실습은 단순 견학이나 관찰이 아니라, 현장과 예비교사 간 상호 적합성을 탐색하는 과정으로 이해할 수 있다. 교육실습이 취업과 연계되는 방식은 기관에 따라 다양하지만, 일반적으로 다음과 같은 형태로 나타난다.

- 추천 및 우선 채용 고려

실습 기간 동안 긍정적인 평과를 받은 실습생에 대해 채용 시 우선 검토 대상으로 고려하는 경우가 있다. 이는 실습을 통해 이미 기관에 대한 이해와 적응력이 확인되었기 때문이다.

- 정식 채용 이전의 관찰 및 적응 기회

실습은 기관 입장에서 장기 근무 가능성을 검토하는 과정, 실습생 입장에서는 기관 적합성을 판단하는 과정이 되며, 이는 양측 모두에게 위험 부담을 줄이는 역할을 한다.

- 실습 이후 인력풀 등록 또는 연락 유지

기관에서 긍정적으로 평가된 실습생의 연락처를 보관하고, 채용 발생 시 연락하는 경우도 있다.

(5) 실습기관 선정 절차

유아교육 실습기관 선정은 예비유아교사가 실습을 통해 전문성을 효과적으로 형성할 수 있도록 지원하는 중요한 절차이다. 실습기관은 실습생이 실제 교육현장을 경험하며 교사의 역할과 책임을 학습하는 공간이므로, 기관 선정 과정은 계획적이고 단계적으로 이루어질 필요가 있다. 적절한 실습기관 선정은 실습의 질을 높이고, 실습생의 학습 성과와 교직 적응에 긍정적인 영향을 미친다.

1단계: 실습 목적 및 기준 설정

실습기관 선정의 첫 단계는 실습의 목적과 기준을 명확히 설정하는 것이다. 대학과 학과는 실습을 통해 달성하고자 하는 교육 목표를 바탕으로 실습기관의 유형, 교육과정 운영 수준, 지도교사의 자격 요건 등을 고려한 선정 기준을 마련해야 한다. 이는 실습기관 선정의 일관성과 공정성을 확보하기 위한 기초 단계이다.

2단계: 실습기관 정보 수집

다음 단계에서는 실습 가능 기관에 대한 정보를 체계적으로 수집한다. 기관의 유형(유치원, 어린이집 등), 설립 주체, 교육 철학, 운영 현황, 유아 구성, 실습 수용 가능 여부 등이 주요 정보에 해당한다. 이 과정은 대학의 기존 협력 기관 자료, 실습 경험 보고서, 공식 안내 자로 등을 통해 이루어진다.

3단계: 실습기관 적합성 검토

수집된 정보를 바탕으로 실습기관이 실습 목적에 적합한지 검토하는 단계이다. 교육과정 운영의 충실성, 실습지도교사의 전문성, 실습생 지도 경험 여부, 안전한 교육 환경 조성 여부 등이 주요 검토 요소이다. 이를 통해 실습생이 안정적이고 교육적인 환경에서 실습할 수 있는지를 판단한다.

4단계: 실습기관과의 협의 및 의사 확인

적합성이 검토된 기관과 실습 운영에 대한 구체적인 협의를 진행한다. 이 단계에서는 실습 기간, 실습 인원, 실습 내용, 실습생의 역할과 책임, 지도 방식 등에 대한 협의가 이루어진다. 기관의 실습 수용 의사와 대학의 실습 운영 방침이 상호 조율되는 과정이다.

5단계: 실습기관 확정 및 행정 절차 진행

협의가 완료되면 실습기관을 최종 확정하고, 실습 협약 체결 등 행정 절차를 진행한다. 실습 협약서는 실습 운영의 공식적 근거가 되며, 실습생과 기관, 대학 간의 책임과 역할을 명확히 한다. 이는 실습의 안정적 운영을 위한 필수 단계이다.

6단계: 실습생 배치 및 사전 안내

마지막 단계에서는 실습기관에 실습생을 배치하고, 실습생에게 기관 정보와 유의사항을 사전에 안내한다. 이를 통해 실습생은 실습기관의 특성과 운영 방식을 이해하고, 실습에 대한 심리적·실천적 준비를 할 수 있다.

3. 교육실습 주체별 실습 준비

유치원 교육실습은 예비유아교사가 교사로 성장하는 과정에서 필수적인 경험이다. 이 과정이 교육적 의미를 지닌 학습 경험으로 기능하기 위해서는 실습생 개인의 노력만으로는 충분하지 않으며, 대학과 유치원이 각자의 역할을 인식하고 체계적으로 준비할 때 비로소 효과적인 실습이 이루어진다. 즉, 교육실습은 대학, 유치원,실습생이라는 세 주체가 공동으로 만들어 가는 협력적 교육과정이다.

1) 대학에서의 실습 준비

교육실습은 예비유아교사가 이론을 실제 교육현장에 적용하며 전문성을 형성하는 핵심 과정이다. 실습의 질은 실습생 개인의 노력뿐 아니라, 이를 체계적으로 지원하는 대학의 준비 수준에 크게 좌우된다. 대학은 교육실습이 단순한 현장 체험에 그치지 않고, 예비교사의 성찰적 성장과 전문성 함양으로 이어질 수 있도록 사전·과정·사후 전반에 걸친 체계적인 준비와 지원을 수행해야 한다.

첫째, 대학은 명확한 실습 운영 체계를 구축해야 한다. 교육실습의 목적, 운영 원칙, 기간, 평가 방법 등을 구체화한 운영 지침을 마련하고, 이를 실습생과 협력 유치원에 사전에 안내한다. 또한 실습을 총괄하는 담당 교수를 지정하여 실습 일정 조율, 기관 협력, 문제 상황 대응이 일관되게 이루어지도록 한다. 이러한 체계는 실습의 혼선을 줄이고, 실습이 교육과정 안에서 안정적으로 운영되도록 하는 기반이 된다.

둘째, 협력 유치원과의 신뢰 기반 네트워크를 형성해야 한다. 대학은 지역 유치원과 협약을 체결하고, 정기적인 간담회와 협의를 통해 상호 역할과 기대를 명확히 한다. 이를 통해 실습 내용, 지도 방식, 평가 기준에 대한 공감대를 형성하며, 실습이 일방적인 파견이 아니라 상호 협력적 교육 과정으로 운영되도록 한다. 현장의 요구를 반영한 실습 설계는 실습의 질을 높이고, 예비교사와 현장 교사 간의 긍정적인 관계 형성에도 기여한다.

셋째, 실습생을 위한 체계적인 사전교육을 실시해야 한다. 사전교육은 유치원 조직과 교사의 역할

이해, 실습생의 기본 태도와 예절, 유아와의 상호작용 방법, 관찰 및 기록 방법, 안전관리 원칙, 상황별 대응 전략 등을 포함한다. 이러한 교육을 통해 실습생은 현장에 대한 불안을 완화하고, 자신의 역할과 책임을 명확히 인식하게 된다. 사전교육은 실습을 처음 겪는 낯선 경험이 아니라, 준비된 학습 과정으로 전환시키는 중요한 단계이다.

넷째, 실습을 지원하는 자료와 환경을 제공해야 한다. 대학은 교육실습 지침서, 실습일지 양식, 관찰 기록지, 평가표, 성찰 저널 등 체계적인 자료를 제공하여 실습 경험이 구조화되도록 돕는다. 또한 수업 준비에 활용할 수 있는 활동 계획서 예시와 교수자료 샘플을 제시함으로써, 실습생이 현장에서 보다 안정적으로 활동할 수 있도록 지원한다. 이는 실습생의 시행착오를 줄이고, 경험의 질을 높이는 데 기여한다.

다섯째, 실습 과정 중 지속적인 관리와 지원이 이루어져야 한다. 대학은 실습생을 현장에 보내는 역할에 그치지 않고, 중간 점검, 상담, 현장 방문 지도 등을 통해 실습생의 적응 상태를 확인하고 어려움에 대해 즉각적인 피드백을 제공해야 한다. 이러한 지원은 실습 중 발생할 수 있는 갈등이나 정서적 소진을 예방하고, 실습 경험이 긍정적으로 축적되도록 돕는다.

여섯째, 실습 종료 후 사후 평가와 성찰 지도를 체계화해야 한다. 실습 보고서 작성, 성찰 세미나, 사례 공유 활동 등을 통해 실습생이 자신의 경험을 분석하고 의미화할 수 있도록 한다. 또한 협력 유치원의 평가와 실습생의 자기평가를 종합하여, 향후 교육과정 개선과 실습 운영의 질적 향상에 반영한다.

2) 유치원에서의 실습 준비

교육실습이 교육적 의미를 지닌 시간이 되기 위하여 유치원의 체계적인 준비가 필수적이다. 유치원은 단순히 실습 장소를 제공하는 공간이 아니라, 예비교사를 전문적 교사로 성장시키는 교육 현장으로서의 역할을 인식하고, 실습 전반을 교육적 관점에서 설계해야 한다.

첫째, 유치원은 실습의 목적과 의미를 기관 구성원 전체가 공유하도록 준비해야 한다. 원장과 원감, 지도교사 및 전 교직원은 교육실습이 기관 운영에 추가되는 업무가 아니라, 미래 교사를 양성하는 교육적 책무임을 인식할 필요가 있다. 이를 위해 실습 시작 전 내부 회의를 통해 실습 일정, 실습생의 역할과 범위, 지도 방식, 주의 사항 등을 사전에 논의하고, 기관 차원의 공감대를 형성해야 한다.

둘째, 실습생을 지도할 담당 교사를 선정하고, 지도교사의 역할을 명확히 해야 한다. 지도교사는 실습생에게 단순한 업무 지시자가 아니라, 전문적 모델이자 멘토이다. 따라서 지도교사는 자신의 수업과 생활지도 과정을 의식적으로 보여 주고, 실습생의 질문과 시도에 대해 교육적 피드백을 제공할 준비가 필요하다. 실습생이 관찰, 보조, 부분 참여, 수업 실행으로 점진적으로 성장할 수 있도록 단계적인 경험을 설계하는 것이 중요하다.

셋째, 실습생이 기관에 안정적으로 적응할 수 있도록 환경을 정비해야 한다. 실습 첫날에는 유치원의 기본 정보(조직 구조, 하루 일과, 교직원 소개), 생활 규칙, 복장과 언어 사용, 출결 및 근무 시간, 안전 수칙 등을 안내한다. 또한 유아의 특성, 학급의 분위기, 생활지도 방식 등을 공유하여 실습생이 현장을 이해하고 혼란을 최소화할 수 있도록 돕는다. 이러한 초기 오리엔테이션은 실습생의 불안을 완화하고, 기관의 일원으로서 소속감을 형성하는 데 중요한 역할을 한다.

넷째, 실습이 교육적으로 이루어질 수 있도록 활동 기회를 체계적으로 제공해야 한다. 실습생이 단순히 보조 인력으로 활용되지 않도록, 관찰 기록 작성, 유아와의 상호작용, 부분 활동 참여, 간단한 수업 진행 등 교육적 경험을 단계적으로 경험할 수 있게 한다. 이는 실습생이 교사의 실제 역할을 이해하고, 이론과 실제를 연결하는 학습 경험을 형성하는 데 기여한다.

다섯째, 실습 과정 전반에서 따뜻하고 전문적인 피드백을 제공해야 한다. 실습생의 미숙한 시도나 실수는 비판의 대상이 아니라 학습의 기회가 되어야 한다. 지도교사는 실습생의 강점을 발견하여 격려하고, 개선이 필요한 부분은 구체적이고 실천 가능한 방식으로 안내해야 한다. 이러한 피드백은 실습생이 자신감을 유지하면서 전문성을 형성해 가는 데 중요한 역할을 한다.

마지막으로, 유치원은 대학과의 긴밀한 소통 체계를 유지해야 한다. 실습생의 적응 상태, 어려움, 지도 과정에서의 특이 사항을 대학과 공유하고, 실습 평가 결과를 성실히 환류함으로써 실습의 질을 공동으로 관리한다.

3) 실습생의 실습 준비

실습생은 관찰자가 아니라 미래의 교사로 성장해 가는 학습 주체이다. 실습의 성과는 현장의 지도와 환경뿐 아니라, 실습생이 어떠한 자세와 준비를 갖추고 참여하느냐에 따라 크게 달라진다. 실습생은 스스로를 배우는 교사로 인식하고, 전문직 교사로서의 태도와 책임감을 바탕으로 실습에 임해야 한다.

첫째, 실습의 목적과 의미에 대한 인식이 필요하다. 교육실습은 교사가 무엇을 하는 사람인지를 체험하는과정이며, 자신의 적성과 전문성을 점검하는 중요한 기회이다. 실습생은 실습을 '학점 취득을 위한 과정이 아니라, 교사로 성장하기 위한 배움의 장으로 인식해야 한다. 이러한 인식은 실습 전반에 대한 태도와 행동을 결정하는 출발점이 된다.

둘째, 교사로서의 기본적인 태도와 예절을 갖추어야 한다. 단정한 복장, 바른 언어 사용, 시간 준수, 책임감 있는 행동은 전문직으로서의 기본 요건이다. 실습생은 유아와 학부모, 교직원 모두에게 교사로 인식된다는 점을 이해하고, 자신의 말과 행동이 교육적 모델이 됨을 자각해야 한다. 작은 태도 하나하나가 유아에게는 중요한 학습 경험이 될 수 있음을 항상 염두에 두어야 한다.

셋째, 실습 전 기초적인 전문 지식을 준비해야 한다. 유치원 교육과정의 기본 구조, 하루 일과의 흐름, 유아 발달 특성, 기본적인 상호작용 방법, 안전 및 생활지도 원칙 등을 사전에 복습하는 것이 필요하다. 이는 현장에서 마주하는 상황을 보다 의미 있게 이해하고, 지도교사의 설명과 지도를 효과적으로 받아들이는 데 도움을 준다.

넷째, 관찰과 기록을 위한 준비가 중요하다. 실습생은 단순히 '보는 것'에 그치지 않고, 유아의 행동, 교사의 상호작용, 수업의 흐름을 의도적으로 관찰하고 기록해야 한다. 관찰 기록은 경험을 학습으로 전환하는 핵심 도구이며, 이후 성찰과 전문성 형성의 기초 자료가 된다. 따라서 실습생은 관찰의 관점과 기록 방법을 숙지하고, 매일의 경험을 성실히 정리하려는 태도를 가져야 한다.

다섯째, 배움에 대한 개방적 태도와 성찰적 자세가 요구된다. 실습 과정에서 경험하는 어려움과 실수는 미숙함의 증거가 아니라 성장의 일부이다. 실습생은 지도교사의 피드백을 방어적으로 받아들이기보다, 자신의 전문성을 확장시키는 기회로 수용해야 한다. 또한 하루의 경험을 돌아보며 "무엇을 보았는가", "왜 그렇게 되었는가", "다음에는 어떻게 할 것인가"를 스스로에게 묻는 성찰의 습관을 형성해야 한다.

마지막으로, 실습생은 공동체의 일원으로서 협력하는 자세를 갖추어야 한다. 유치원은 개인이 아닌 팀으로 운영되는 교육 공간이다. 실습생은 교직원과의 원활한 의사소통, 유아에 대한 존중, 기관의 규칙 준수를 통해 구성원으로서의 책임을 실천해야 한다. 이러한 경험은 향후 교사로서 조직 안에서 협력하는 능력의 기초가 된다.

실습에 필요한 준비물로는 이름표, 앞치마, 실내화 및 실외놀이용 신발, 여벌 옷, 수첩과 펜 등이 필요하다. 이름표는 유아가 실습생을 쉽게 부르고 친근감을 형성할 수 있도록 돕는 기본적인 매개체로, 실습생이 교사로서 현장에 자연스럽게 자리 잡게 하는 역할을 한다. 앞치마는 활동 중 옷이 더러워지는 것을 방지하는 기능을 넘어, '교사'라는 역할을 상징적으로 드러내는 도구로서 실습생의 책임감을 일깨워 준다. 실내화와 실외놀이용 신발은 하루 일과 전반에서 안전하고 민첩하게 움직이기 위해 필수적인 준비물이다. 보육 현장은 실내·외 활동이 빈번하게 이루어지므로, 미끄럽지 않고 활동에 적합한 신발을 구분하여 준비하는 것은 유아의 안전을 지원하는 기본 조건이 된다. 또한 여벌 옷은 미술활동, 물놀이, 급식 지도 등 다양한 상황에서 옷이 젖거나 더러워질 경우를 대비하기 위한 것으로, 실습생이 당황하지 않고 일과에 계속 참여할 수 있도록 돕는다. 수첩과 펜은 실습 전 과정에서 가장 중요한 학습 도구라 할 수 있다. 실습생은 이를 활용하여 유아의 행동, 교사의 상호작용, 하루 일과의 흐름, 느낀 점과 궁금한 점 등을 즉시 기록하게 된다. 이러한 기록은 단순한 메모를 넘어, 실습 경험을 성찰과 성장으로 연결시키는 기반이 된다. 즉, 준비물은 실습의 편의를 위한 물품을 넘어, 실습생이 현장에서 교사로서의 역할을 성실히 수행하고 전문성을 형성해 가기 위한 필수적인 도구라 할 수 있다.

4. 교육실습 사전교육

사전교육이란 예비교사가 유치원 현장에서 교육실습을 원활하게 수행할 수 있도록 실습 이전에 제공되는 준비 교육을 의미한다. 이는 예비교사가 교육실습의 목적과 의미를 이해하고, 교사로서의 기본 태도와 역할을 갖추며, 현장에 대한 불안과 긴장을 완화하도록 돕는 과정이다. 사전교육은 유아의 발달 특성과 상호작용 방법, 유치원의 하루 일과와 운영 방식, 실습생의 역할과 책임, 관찰·기록 방법, 안전 수칙과 윤리 등을 포함하여, 예비교사가 현장을 미리 이해하고 대비할 수 있도록 구성된다.

1) 사전 교육의 구성

유치원 사전교육은 다음과 같은 영역을 중심으로 구성된다.

① 교육실습의 의미와 목적 이해

교육실습의 의의와 목표

예비교사의 역할과 자세

실습 단계(사전·정규·사후 실습)의 흐름 이해

② 유아 이해 및 상호작용 기초

유아의 발달 특성 이해

존중 언어와 바람직한 의사소통 방법

유아와 관계 맺기 기초 전략

③ 유치원 현장 이해

유치원의 하루 일과 구조

교사의 역할과 업무 범위

학급 운영 방식과 기본 규칙

④ 실습생의 기본 태도와 윤리

교사로서의 책임감과 성실성

시간 준수, 복장, 언행의 중요성

개인정보 보호와 전문직 윤리

⑤ 관찰·기록·일지 작성 방법

관찰의 의미와 방법

일화 기록과 실습일지 작성 요령

성찰 중심 기록의 중요성

⑥ 안전 및 위기 상황 대응 기초

유아 안전의 기본 원칙

사고 발생 시 보고 절차

교사의 지시에 따르는 원칙

2) 교육실습서류 준비

교육실습을 위해 준비되는 서류에는 실습 협약서, 실습 의뢰 공문, 실습생 명단, 실습생 신상카드, 실습 서약서, 보험 가입 확인서, 출결 및 평가 관련 서식 등이 포함된다. 이러한 서류들은 실습 기관에 실습생의 신분과 실습 기간, 역할을 공적인 절차에 따라 안내하고, 실습 과정에서 발생할 수 있는 책무과 권한의 범위를 분명히 하는 기능을 한다.

1) 실습협조공문 발송

유치원 실습 협조공문이란, 교원양성기관(대학교)이 교육실습 운영을 위해 유치원에 실습생의 교육실습 수용과 협조를 공식적으로 요청하는 행정 문서를 의미한다.

이는 단순한 안내문이 아니라, 공식적인 업무 요청 문서로서, 실습 협약 체결·실습생 파견·실습 일정 운영의 근거가 된다. 협조공문은 학교와 유치원 간의 신뢰와 행정적 책임성을 확보하는 중요한 자료이다.

〈표 5-3〉 실습협조공문

수신 수신자 참조
(경유)
제목 2025학년도 2학기 교육실습생 의뢰의 건

1. 귀 기관에 하나님의 은총이 충만하시길 기원합니다.
2. 본 대학교 유아교육과 학생들이 귀 유치원에서 교육실습을 희망하고 있습니다.

이에 교육실습생을 의뢰하오니 교육실습에 대한 협조를 부탁드립니다.

가. 교육실습기간 : 2025.10.27.(월) ~ 2025.11.21.(금) (총 4주간, 160시간 이상)
사전교육실습기간 : 2025.10.17.(금), 2025.10.24.(금)
사후교육실습기간 : 2025. 11.28.(금)

- 귀 유치원에서 계획한 교육실습 일정이나 실습기간 중의 귀 유치원의 행사, 교육활동 등에 관한 사항을 미리 알려주시고 실습 전에 준비해야 할 것을 지시해 주시면 감사하겠습니다.

3. 교육실습 서류회신 협조
가. 자세한 사항은 '교육실습 서류 회신 안내'를 참고하여 주시기 바랍니다.

붙임 : 1. 교육실습 서류 회신 안내 1부.
2. 2025학년도 유치원 현장실습 실습비 지급 회신 1부.
3. 교육실습 동의서 (각) 1부.
4. 교육실습 서약서 (각) 1부.
5. 실습생신상카드 (각) 1부.
6. 실습생자기소개서 (각) 1부.
7. 협약서 2부.
8. 교육실습 병설(협력)학교 지정증명서 1부.
9. 교육실습결과보고서 1부.
10. 교육실습평가척도 (각) 1부.
11. 현장실습 설문조사(산업체) 1부. 끝.

수신자 :

2) 교육실습비 지급

유치원 교육실습 실습비란, 교육실습을 위해 유치원에 파견된 실습생의 실습 운영과 관련된 행정·지도·재료·관리 비용 등을 충당하기 위하여 실습기관이 실습생 또는 대학으로부터 받는 비용을 의미한다. 실습비는 실습이 현장의 시간·인력·자원을 활용하여 이루어지는 교육과정이라는 점에서 발생하는 최소한의 운영 비용 성격을 가진다.

3) 보험 가입

교육실습은 예비유아교사가 실제 교육현장에서 교사의 역할을 수행하며 전문성을 형성하는 필수 과정으로, 실습 과정 전반에서 유아와 실습생의 안전을 확보하는 것이 무엇보다 중요하다. 이에 따라 대학은 실습생이 실습 기간 동안 예기치 못한 사고에 대비할 수 있도록 보험 가입을 포함한 안전관리 체계를 마련해야 하며, 이는 교육실습 운영의 기본적 책무로 인식된다.

대학에서 실습을 위해 가입하는 보험은 주로 실습생 상해보험 드는 학교안전공제보험의 형태로 운영된다. 해당 보험은 실습 기간 중 발생할 수 있는 실습생의 신체적 사고나 상해에 대해 보장을 제공함으로써, 실습생이 보다 안정적인 환경에서 실습에 임할 수 있도록 돕는다. 특히 유치원에서의 실습은 유아와의 신체적 상호작용, 실외활동, 이동 활동 등이 포함되어 있어 사고 발생 가능성을 완전히 배제하기 어렵기 때문에 보험 가입의 필요성은 더욱 강조된다.

보험 가입은 실습생 개인의 선택 사항이 아니라, 대학 차원에서 일괄적으로 이루어지는 제도적 조치로 운영되는 것이 일반적이다. 대학은 실습 시작 이전에 실습 대상 학생을 보험에 가입시키고, 보험 적용 기간과 보장 범위를 명확히 안내해야 한다. 이를 통해 실습생은 실습 기간 동안 발생할 수 있는 위험에 대해 사전 대비할 수 있으며, 실습기관 역시 실습생 수용에 대한 부담을 완화할 수 있다.

또한 보험 가입은 실습생 보호뿐만 아니라, 실습기관과의 협력 관계를 안정적으로 유지하기 위한 장치로 기능한다. 실습 중 사고 발생 시 책임 소재와 보상 절차가 명확해짐으로써, 대학과 실습기관 간의 신뢰를 확보하고 실습 운영의 안정성을 높일 수 있다. 이는 교육실습이 개인의 학습 경험을 넘어, 제도적으로 관리되는 교육과정임을 보여주는 중요한 요소이다.

실습생 역시 보험 가입의 의미를 단순한 행정 절차로 인식하기보다, 자신의 안전과 책임 있는 실습 수행을 보장하는 장치로 이해할 필요가 있다. 이를 위해 대학은 실습 오리엔테이션을 통해 보험 가입 여부, 보장 내용, 사고 발생 시 절차 등을 충분히 안내해야 하며, 실습생은 해당 내용을 숙지하고 안전 수칙을 준수하는 태도를 갖추어야 한다.

3) 교육실습 협약서 또는 지정증명서

유치원 실습 협약서란, 교원양성기관(대학교)과 실습기관이 교육실습 운영과 관련하여 각자의 역할과 책임, 실습 조건 및 안전관리 체계 등에 대해 공식적으로 합의하고 체결하는 문서를 말한다.

이 협약서는 실습생이 합법적이고 안전한 환경에서 교육실습을 수행할 수 있도록 보장하는 제도적 장치이며, 실습 운영 과정에서 발생할 수 있는 혼선과 갈등을 예방하고, 양 기관이 상호 협력할 수 있는 근거가 된다. 유치원 실습 협약서는 실습생이 유치원에서 교수·학습 활동을 수행할 수 있는 공식적 근거를 제공하며 실습생 지도, 평가, 지원 체계 등을 협력적으로 운영하기 위하여 작성한다. 실습 운영, 안전관리, 평가, 개인정보 보호 등 각 기관의 책임 범위를 분명하게 하며 실습생의 안전과 권리 보호를 제도적으로 보장하고 실습이 단순 참관이 아닌, 체계적인 전문성 개발 과정으로 운영되도록 하기 위하여 작성한다.

〈표 5-4〉 교육실습 병설(협력)학교 지정증명서

교육실습(학교현장실습) 병설(협력)학교 지정증명서

병 설 (협력) 학 교			실습학생			
학 교	학급수	소재지	대학명	학과명	실습교과	실습예정 인원

위와 같이 본교가 교육실습(학교현장실습) 병설(협력)학교로 지정되었음을 증명함

. . .

○ ○ 유치원장 직인

4) 교육실습생 신상카드(이력서)

유치원 실습에서 실습생 신상카드란, 실습기관이 실습생의 기본 인적 사항과 연락처, 소속 학교, 건강 및 비상 연락체계 등의 정보를 체계적으로 파악하기 위해 작성하는 실습생 개인 정보 기록 카드를 의미한다. 이는 실습생을 관리하고 보호하기 위한 행정·안전 자료로 사용되며, 실습생의 교육활동과 기관 생활이 원활히 이루어질 수 있도록 지원하는 기초 자료가 된다.

실습생 신상카드를 작성하는 목적은 다음과 같다.

① 실습생의 신원 확인과 행정 관리

소속 학교, 학과, 실습기간 등을 명확히 기록하여 실습 행정 업무를 효율적으로 운영하기 위함이다.

② 책임성과 윤리성 명확화

실습생의 서명과 책임 영역을 명확히 함으로써 교직윤리와 실습 규정 준수를 강화한다.

③ 기관과 실습생 간 상호 신뢰 형성

투명한 정보 공유를 통해 실습생이 기관의 일원으로 안정적으로 적응할 수 있도록 돕는다. 신상카드는 허위 또는 과장된 정보를 기재하지 않으며 연락처 등 변경 시 즉시 수정 요청한다. 실습 수행과 안전 보호를 위한 정보만 제공하며 개인정보 보호를 원칙으로 한다. 실습생은 제공한 정보에 대한 책임을 인식하고, 규정과 윤리를 준수해야 한다.

〈표 5-5〉 실습생 신상 카드

교 육 실 습 생 신 상 카 드

성 명	(국문)	(영문)	(한문)	(사진)

1. 인적사항

생 년 월 일		성 별		
소 속 대 학				
현 주 소		연 락 처	자 택	
			휴대폰	
			e-mail	

2. 학력사항

기간	학 교 명

3. 가족사항

관 계	이 름	연령	직 업	주소

4. 실습 및 봉사활동 기타 경력사항

5. 자격증 및 수료증 현황

위의 사항이 틀림없음을 확인합니다.

년 월 일

본인 서명 (인)

개인정보 수집·이용 동의

교육실습생 관리를 위하여 '개인정보보호법'에 따라 개인정보 수집·이용에 대한 내용을 알려드리오니 동의하여 주시기 바랍니다.

[법률근거] 개인정보보호법 제15조 '개인정보의 수입·이용'에 관한 법률

[수집·이용 항목] 이름, 주민등록번호, 연락처(전화번호, 휴대폰번호),이메일, 주소

[수집·이용 목적] 교육실습생 관리를 위한 목적으로 이용되며, 수집한 개인정보는 다른 목적으로 사용되지 않습니다.

[이용 및 보유기간] 교육실습이 종료되는 시점에 수집한 개인정보는 폐기됩니다.

[동의거부 및 불이익] 위의 개인정보 수집·이용에 관한 내용에 동의하지 않는 경우에는 교육실습이 불가합니다.

☐ 동의함 ☐ 동의하지 않음

실 습 생 : (인)

5) 실습생 자기소개서

유치원 실습생 자기소개서는 실습기관에 자신을 소개하고, 예비교사로서의 정체성과 태도를 드러내는 중요한 문서이다. 자기소개서는 단순한 인적 사항 전달이 아니라, 왜 유아교사가 되기를 희망하는지, 어떤 마음가짐으로 실습에 참여하려는지를 성실하게 표현함으로써 기관과 신로를 형성하는 첫 출발점이 된다.

따라서 실습생은 자신의 경험과 가치관을 돌아보고, 전문직 예비교사로서의 자세를 담은 진정성 있는 글쓰기를 통해 자기소개서를 작성하는 것이 바람직하다. 유치원 실습생 자기소개서에는 실습생의 기본 정보와 배경 소개하여 전공, 학년, 관심 분야 등을 통해 실습생을 이해할 수 있도록 돕는다. 유아교육을 선택한 이유와 실습에 임하는 태도를 파악할 수 있으며 어떤 영역을 배우고 싶은지, 자신의 실습을 통한 목표가 무엇인지 제시할 수 있다. 성실하게 작성한 자기소개서는 실습 전 기관과 실습생 간의 긍정적 관계 형성에 기여한다.

자기소개서에 포함되는 일반적인 내용으로는 기본 인적사항 및 소속, 유아교육을 전공하게 된 동기, 성격의 강점 및 보완점, 실습을 통해 배우고자 하는 점과 목표, 실습에 임하는 각오와 다짐 등이 포함된다. 실습생 자기소개서 작성 시 지나치게 가벼운 표현을 피하고 예비전문가로서의 전문성과 정중함을 갖춘 표현을 사용한다. 허위 경험이나 과장된 표현은 신뢰를 저해할 수 있으므로 삼가며 주민등록번호, 가족의 세부 정보 등 불필요한 민감 정보는 기재하지 않는다. 교직과 유아, 기관을 존중하는 따뜻한 태도가 글 전체에서 드러나도록 표현하며 오탈자나 문법 오류는 제출 전 반드시 점검한다.

〈표 5-6〉 자기소개서

자 기 소 개 서

00대학교 유아교육과 교육실습생 :

♣성장과정
♣성격
♣대학생활
♣지원동기
♣장래희망 및 장래의 포부

6) 실습생 서약서

유치원 실습생 서약서란, 실습에 참여하는 예비유아교사가 실습 기간 동안 준수해야 할 규정과 윤리, 책임을 명확히 인식하고 이를 성실히 이행할 것을 약속하는 공식 문서를 의미한다. 서약서는 실습생이 단순한 방문자가 아니라, 교직 윤리와 전문성을 갖춘 교육공동체의 일원으로 실습에 참여한다는 의지와 책임을 확인하는 절차라고 할 수 있다.

실습생 서약서는 실습 규정과 책임에 대한 인식 강화, 유아의 안전과 인권 보호 보장, 개인정보 보호 및 비밀 유지, 안전 준수, 기관·실습생 간의 신뢰 구축 등 교직 윤리를 내면화하는 계기가 된다. 서약서 작성 시 서약 내용은 충분히 이해한 뒤 서명해야 하며 서약 후 행동은 서약서의 내용과 일치해야 하며, 서약 위반 시 지도와 교육적 조치가 따를 수 있음을 인식해야 한다. 서약서는 단순 서류가 아닌 스스로의 행동을 되돌아보는 기준으로 삼는 것이 중요하다.

〈표 5-7〉 실습생 서약서

교육실습생 서약서

성 명 :
소 속 :

상기 본인은 귀 유치원의 교육실습생으로서 교육실습의 목적과 중요성을 충분히 이해하고 유치원의 제반 규정을 성실히 준수하여 교육능력 향상에 최선을 다할 것을 서약합니다.

년　　월　　일

교육실습생 :　　　　(인)

유 치 원 장 귀 하

7) 교육실습 평가표

유치원 교육실습 평가표는 실습생이 실습 기간 동안 보인 전문성·태도·수업 역량·상호작용·윤리성 등을 체계적으로 평가하여, 성장과 발전을 지원하기 위해 사용하는 교육적 평가 도구이다.

단순한 성적 산출이 아니라, 예비교사의 강점과 개선점을 진단하고 피드백을 제공하는 것이 핵심 목적이다. 평가는 개인적 감정이나 선입견 없이 평가하며 결과뿐 아니라 실습 과정 전반을 본다. 실습생의 현재 수준과 함께 발전 가능성을 고려하고 관찰된 사실과 사례를 근거로 평가한다.

〈표 5-8〉 교육실습 평가서

교육실습 평가척도

유치원명 : ________유치원

실 습 생 : ________

※ 평정기준

1→아주 나쁘다　2→나쁘다　3→보통이다　4→좋다　5→대단히 좋다

영 역	평 정 관 점	평 정 치 (%)	소 계	의견 및 비고
출결 및 근무 태도 (10%)	1. 출석사항 총 실습일수 ______일 중 출석 ______일 지각 ______일 결근 ______일 조퇴 ______일 2. 실습활동 전 과정중 근면성	5% 5%	/ 10	o 결근 1회에 2점감점. o 지각,조퇴, 외출 각1회에 1점감점
일반 자질 (15%)	1. 교직에 대한 책임감 2. 인화와 협동태도 3. 지도능력	1 2 3 4 5 1 2 3 4 5 1 2 3 4 5	/ 15	
학습 지도 능력 (50%)	1. 교재 연구태도 2. 자료준비 태도 및 능력 3. 학습지도안 내용의 적절성 4. 학습지도의 발전 능력 5. 개별지도 능력 6. 교수용어의 적절성 7. 자료제시 방법의 적절성 8. 학습 분위기 조성능력 9. 유아활동에 대한 평가의 적절성 10. 지도교사와 의사소통의 원활성	1 2 3 4 5 1 2 3 4 5 1 2 3 4 5 1 2 3 4 5 1 2 3 4 5 1 2 3 4 5 1 2 3 4 5 1 2 3 4 5 1 2 3 4 5 1 2 3 4 5	/ 50	
연구 조사 활동 (15%)	1. 관찰활동과 능력 2. 사례 조사 활동과 능력 3. 제반 사항에 대한 연구적 태도	1 2 3 4 5 1 2 3 4 5 1 2 3 4 5	/ 15	
학급 경영 및 사무 처리 능력 (10%)	1. 학급경영 기획능력 2. 사무처리 능력	1 2 3 4 5 1 2 3 4 5	/ 10	
총 계			/ 100	

8) 교육실습 확인서

유치원 교육실습 확인서란, 예비유아교사가 일정 기간 동안 유치원에서 교육실습을 수행하였음을 공식적으로 증명하는 문서를 말한다. 이는 실습 기간, 실습 내용, 기관 확인이 포함된 공식 증빙 서류로서 실습기간과 수행 여부를 객관적으로 증명하며 자격증 발급의 인정 자료로 사용된다. 일반적으로 다음 항목이 포함된다.

(1) 실습생 기본 정보

성명
생년월일 또는 학번
소속 학교 및 학과

(2) 실습기관 정보

유치원 명칭
소재지
기관 연락처(필요 시)

(3) 실습 내용 및 기간

실습 기간(시작일 ~ 종료일)
총 실습 일수 또는 시간
실습 형태(교육실습)

(4) 확인 및 인증 내용

실습확인
기관장 또는 담당자의 서명 및 직인, 발급일

〈표 5-9〉 교육실습 확인서

교육실습 확인서

본 확인서는 아래 학생이 본 유치원에서 정해진 기간 동안 교육실습을 성실히 이수하였음을 증명합니다.

실습생 성명
소속 대학
학과
학번
실습 유치원명
실습 기간 20 년 월 일 ~ 년 월 일
총 실습 일수 일
총 실습 시간 시간
실습 내용: 유치원 교육활동 참여 및 보조, 유아 관찰, 수업 참관 및 실연, 생활지도 등

위 학생은 본 유치원에서 교육실습을 성실히 수행하였으며, 유치원 교육 현장에 필요한 기본적인 태도와 역할을 충실히 이행하였음을 확인합니다.

20 년 월 일

유치원명 :
유치원장 : (직인)

9) 교육실습 일지

교육일지는 활동 기록으로서의 의미 뿐 아니라 현장에서의 경험을 학습으로 전환시키는 매개체로서 기능한다. 교육일지는 무엇을 했는가를 단순히 적는 문서가 아니라 무엇을 보았고, 어떻게 이해했으며, 무엇을 배웠는가를 정리하는 전문적인 기록양식이다.

〈표 5-10〉 교육실습 일지

<table>
<tr><td colspan="2" rowspan="2">교육실습일지</td><td rowspan="2">결재</td><td>실습생</td><td>지도교사</td></tr>
<tr><td>㊞</td><td>㊞</td></tr>
<tr><td>날짜</td><td>년 월 일 요일</td><td colspan="2">반 명</td><td></td></tr>
<tr><td>주 제</td><td></td><td colspan="2">소주제</td><td></td></tr>
<tr><td>목표</td><td colspan="4"></td></tr>
<tr><td>일과시간표</td><td colspan="4"></td></tr>
<tr><td>시간 및 일과</td><td colspan="3">활동계획 및 실행</td><td>평가 및 유의점</td></tr>
<tr><td>~ 09:00
등원 및
맞이하기</td><td colspan="3"></td><td></td></tr>
<tr><td></td><td colspan="3"></td><td></td></tr>
<tr><td></td><td colspan="3"></td><td></td></tr>
<tr><td></td><td colspan="3"></td><td></td></tr>
<tr><td></td><td colspan="3"></td><td></td></tr>
<tr><td>~ 18:00
귀가 및
가정과의 연계</td><td colspan="3"></td><td></td></tr>
<tr><td>실습생 평가</td><td colspan="4"></td></tr>
<tr><td>지도교사
조언 및 평가</td><td colspan="4"></td></tr>
</table>

VI.

교육실습의 운영

1. 교육실습 내용
2. 개정 누리과정
3. 수업 운영

1. 교육실습 내용

유치원 교육실습 일정은 예비유아교사가 현장의 흐름을 이해하고, 점진적으로 교사의 역할을 수행하며, 전문성을 형성하도록 설계된 교육적 구조이다. 실습 일정은 단순히 날짜를 나열한 시간표가 아니라, 관찰, 참여, 실행, 성찰의 과정을 반영하여 구성된다. 이를 통해 실습생은 하루의 일과와 주차별 목표를 인식하며, 자신의 성장 단계를 체계적으로 관리할 수 있다.

1) 주차별 실습내용

교육실습은 4주 동안 진행되며 유치원 교육실습은 실습생이 점진적으로 교사의 역할을 습득하도록 실습내용이 단계적으로 구성된다. 각 주차는 실습생의 발달 수준과 현장 적응 정도를 고려하여, 관찰에서 실행으로, 보조에서 주도적 역할로 자연스럽게 이동하도록 설계된다. 먼저 1주차는 참관 및 관찰 중심의 실습 단계이다. 이 시기에는 실습생이 유치원의 전반적인 운영 흐름과 학급의 일과에 익숙해지는 것이 가장 중요한 목표이다. 실습생은 담당 학급 유아의 특성과 발달 수준을 관찰하고, 교실 환경 구성과 학급 운영 방식을 살펴보며, 실습지도교사의 수업과 상호작용을 면밀히 참관한다. 또한 출석부 작성, 간단한 생활기록 정리, 환경 정돈과 같은 기초적인 실무를 경험함으로써 교사의 일상이 어떤 구조로 이루어지는지를 이해하게 된다. 이 단계는 실습생이 현장에 대한 긴장을 완화하고, 유치원이라는 공간에 안정적으로 적응하는 기초 과정에 해당한다. 2주차에는 부분 수업을 중심으로 한 참여 단계가 진행된다. 실습생은 지도교사의 지도 아래 두 차례의 대·소집단 활동 수업을 맡아 진행하게 된다. 이 과정에서 실습생은 활동안을 작성하고, 자료를 준비하며, 실제 수업을 운영해 보는 경험을 한다. 부분 수업은 전체 일과 중 일부를 담당하는 형태로, 실습생이 교사의 역할을 부담 없이 체험하면서도 수업 운영의 기본 구조를 익힐 수 있도록 돕는다. 이 시기는 '보조자'에서 '초보 교사'로 이동하는 중요한 전환 단계이다. 3주차에는 연결 수업 단계가 이루어진다. 실습생은 두 개의 부분 수업을 하나의 흐름으로 구성하여, 활동 간의 연계가 이루어지는 수업을 1회 또는 2회 실시한다. 이는 단편적인 활동 운영을 넘어, 유아의 경험이 자연스럽게 이어지도록 전체적인 수업 흐름을 설계하는 경험을 제공한다. 실습생은 시간 배분, 유아의 반응에 따른 조정, 활동 간 전이 등을 고려하며 보다 전문적인 수업 운영 능력을 기르게 된다. 마지막으로 4주차에는 종일 수업 단계가 진행된다. 이 단계에서 실습생은 등원 지도부터 귀가 지도에 이르기까지 하루 일과 전반을 책임지는 교사의 역할을 1~2회 수행한다. 하루 전체를 운영해 보는 경험은 실습생에게 교사의 역할이 단순한 수업 진행에 그치지 않고, 유아의 생활 전반을 돌보고 조율하는 전문적 실천임을 체감하게 한다. 종일 수업은 실습생이 교사로서의 역량을 종합적으로 적용하고, 자신이 '교사로서 하루를 운영할 수 있는가'를 스스로 점검해 보는 결정적 경험이 된다(이연규, 조인경, 유칠선, 2019).

2) 교육실습 4주 수업 운영

(1) 1주차: 오리엔테이션·환경·유아 이해 중심(관찰 중심)

① 주차 목표

유치원 운영 구조와 하루 일과 이해

유아 행동·발달 특성 파악

유치원 안전·위생·SNS 정책 숙지

실습생의 기본 태도 정립

② 실습생 역할

교사와 교실에서 수동적 참관 + 필요한 보조

말보다 관찰 중심

유아의 이름, 성향, 특이사항 파악

③ 주요 실습 내용

원장/부장 오리엔테이션

반 연령·유아 구성 파악

하루 일과 관찰(자유놀이, 정리, 간식, 실외놀이 등)

환경구성 관찰(선반 높이, 놀이 중심 배치, 영역 구성)

안전규정 이해(출결, 귀가지도, 응급 상황 보고 체계)

사진촬영 금지 규정 확인

특수교육대상 아동, 취약 아동 등 개별화 지원 파악

실습일지 기록법 익히기

④ 지도교사 체크 포인트

실습생 복장·태도 점검

유아와의 첫 상호작용 자연스러움

부정적 언어 사용 여부

실습일지 작성 여부 및 기록의 정확성

(2) 2주차: 활동 참여 및 기본 지도(보조교사 역할)

① 주차 목표

도우미·보조교사 수준의 역할 수행

유아와의 긍정적 상호작용 능력 형성

기본적인 활동(동시, 동화, 게임) 진행 연습

수업계획안 작성 연습

② 실습생 역할

자유놀이 지도

생활지도(정리정돈, 화장실 도움, 자리 준비)

짧은 활동 직접 진행

소그룹 놀이 지원(퍼즐, 역할놀이, 블록 등)

③ 주요 실습 내용

동화·노래·간단한 게임 활동 1~2회 실행

안전 지도(실외놀이 시 위험 판단)

교실 환경 준비·정리

아동 관찰기록 작성(개별 유아 2명 이상)

교재·교구 제작 실습

주제·놀이 기반 활동

수업계획안 초안 제출 → 지도교사 피드백 받기

④ 지도교사 체크 포인트

유아와의 언어 상호작용 질

교실 안전관리 능력

부분 수업의 흐름(도입–전개–마무리)

교사 태도(차분함, 존중, 일관성)

(3) 3주차: 본격적인 수업 실습·운영(예비교사 역할)

① 주차 목표

자신만의 수업을 기획하여 실행

교구·자료 만들기

유아 반응 분석·평가

수업 수행 능력 강화

② 실습생 역할

동화·동시·미술·과학·수·음악·신체 등 1~3개 수업 직접 운영

수업 자료 제작 및 사전 세팅

수업 후 평가 및 성찰 기록

유아 개별·소그룹 활동 운영

③ 주요 실습 내용

누리과정 성취기준 기반 수업 운영

수업 전 사전 리허설, 교사 피드백

수업 중 교사의 동선·언어·자료 사용법 점검

활동 전이(놀이→정리→모임) 직접 주도

문제 상황 해결 경험(다툼, 거부, 주의산만 등)

수업 평가서 작성 후 지도교사와 면담

④ 지도교사 체크 포인트

목표 대비 활동 적절성

수업 시간 관리

활동 자료의 난이도·안전성

유아 반응을 읽어내는 능력

반성적 사고(수업 뒤 분석)

(4) 4주차: 부분담임 역할·종합역량 평가

① 주차 목표

하루 활동을 실습생이 주도하는 '부분담임' 경험

반 운영·일과 관리 능력 강화

전체 실습에 대한 종합 평가 완성

② 실습생 역할

아침 맞이 및 하루 일과 일부 또는 전체 운영

유아 출결 확인 보조

전체 수업 1회 이상 수행

실외놀이·점심·질서전환 주도

긴급 상황 판단 시 즉시 보고·대처

③ 주요 실습 내용

실습생 자체 운영 Day(부분담임데이)

수업 1~2회 실행

실습 포트폴리오 정리(일지·수업계획안·자료)

지도교사·원장·대학 평가 진행

마지막 인사 및 실습 마무리

④ 지도교사 체크 포인트

반 전체 흐름을 통제할 수 있는지

유아 행동 이해·개별화 지원

돌발 상황 대처 능력(싸움, 울음, 화장실 문제 등)

전문적 태도와 발전 가능성

실습생의 예비교사로서의 성숙도

〈표 6-1〉 주차별 실습내용

주차	실습 단계	핵심 목표	주요 내용 및 활동
1주차	참관·관찰 실습	현장 적응 및 이해	- 담당 학급 유아의 특성 및 발달 수준 관찰 - 학급 일과와 운영 방식 파악 - 실습지도교사의 수업 및 상호작용 참관 - 출석부 작성, 간단한 생활기록 정리 등 기초 실무 경험 - 환경 정돈 및 일과 흐름 익히기
2주차	부분 수업	교사 역할의 부분적 수행	- 대소집단 활동 수업 진행 - 활동안 작성 및 자료 준비 - 지도교사 피드백 반영 - 수업 운영의 기본 구조 이해
3주차	연결 수업	수업 진행 역량 강화	- 두 개의 부분 수업을 연결하는 수업 실시 - 시간 배분 및 유아 반응에 따른 조정 경험 - 전체 수업 흐름을 이해하는 능력 형성
4주차	종일 수업	교사 역할의 종합적 수행	- 등원부터 귀가까지 하루 일과 운영 - 생활지도, 수업, 놀이, 안전관리 전반 담당 - 교사 역할의 이해 및 자기 점검 - 실습경험 종합 및 성찰

3) 관찰실습

관찰실습은 정규실습의 출발점으로, 실습생이 유치원 현장을 있는 그대로 이해하고 해석하는 힘을 기르는 기초 단계이다. 이 단계에서 실습생은 단지 보고 따라 하는 사람이 아니라, 교육적 의미를 읽어 내는 전문적 관찰자가 된다. 관찰실습은 이후의 참여·수업 실행·성찰 단계의 질을 좌우하므로, 체계적이고 목적 지향적으로 이루어져야 한다. 관찰실습은 크게 유아 교사, 환경, 일과 운영, 안전·생활지도의 다섯 범주로 나누어 진행된다. 각 범주는 유치원 교육의 핵심 요소를 반영하며, 실습생이 교사의 전문성을 다각도로 이해하도록 돕는다.

(1) 유아 관찰

유아 관찰은 개별 유아의 발달 특성과 집단 내 상호작용을 이해하는 데 목적이 있다. 유아의 신체·인지·정서·사회적 특성, 놀이 유형과 선호 활동, 또래와의 관계, 갈등 상황과 해결 방식, 교사 지시에 대한 반응과 참여 양상, 하루 일과 속에서의 행동 변화 등 실습생은 유아를 문제 행동의 주체가 아니라, 발달 과정에 있는 존재로 바라보는 관점을 형성하게 된다.

(2) 교사 관찰

교사 관찰은 전문직 교사의 역할을 이해하는 핵심 영역이다. 교사의 언어 사용(격려, 질문, 중재, 설명), 유아와의 상호작용 방식, 수업 도입·전개·마무리 전략, 문제 상황에서의 대응 방식, 유아의 감정에 공감하고 조율하는 태도 등을 주목하게 된다. 실습생은 교사의 말 한마디, 시선, 몸짓이 유아의 행동과 정서에 큰 영향을 미친다는 사실을 체감하게 된다.

(3) 환경 및 공간 구성 관찰

유치원 환경은 단순한 배경이나 공간이 아니라, 유아의 행동과 학습을 이끄는 또 하나의 교사와 같은 역할을 한다. 교실 구조와 놀이공간 구성, 놀이 자료의 배치와 접근성, 게시물과 시각 자료의 교육적 의미, 유아의 동선과 활동 흐름, 실내·외 공간 활용 방식 등의 환경 관찰을 통해 실습생은 공간이 활동이 이루어지는 물리적 장소에 그치지 않고, 유아의 행동과 경험, 학습의 방향을 자연스럽게 이끌어 주는 교육적 역할을 수행한다는 것을 이해하게 된다.

(4) 일과 및 운영 체계 관찰

유치원의 하루 일과와 운영 방식은 교육 철학이 구현되는 장이다. 등원부터 귀가까지의 일과 흐름, 자유놀이와 집단 활동의 배분, 전이 시간(이동, 정리, 대기)의 운영 방식, 교사 간 협력 구조, 행정 업무와 교육 활동의 균형 등을 살피며 실습생은 교사의 일이 수업에만 국한되지 않음을 인식하게 된다.

(5) 안전 및 생활지도 관찰

안전과 생활지도는 유치원 교육 전반을 지탱하는 토대이자, 모든 교육 활동이 가능하도록 만드는 핵심 요소이다. 유아가 신체적·정서적으로 보호받고 있다고 느낄 때에만 놀이와 학습에 온전히 참여할 수 있으며, 일상생활의 기본 질서가 형성될 때 비로소 교육은 의미를 갖는다. 등·하원 지도 방식, 급·간식, 위생, 화장실 이용 지도, 놀이 중 안전 관리, 사고 예방을 위한 교사의 사전 조치, 문제 행동 발생 시 지도 방법 등 실습생은 교사의 역할이 가르치는 것 뿐 아니라 전반적인 유아의 삶을 돌보는 전문가임을 이해하게 된다.

(6) 관찰기록 방법

관찰기록 방법으로 일정한 시간 간격으로 유아의 행동을 기록하는 시간표집법, 특정 행동(예: 공격 행동)이 나타날 때마다 기록하는 사건표집법, 체크리스트 등의 여러 방법이 있지만 유치원 현장에서는 주로 일화기록이 많이 사용된다. 일화기록은 유아의 행동이나 교사의 상호작용 중 교육적으로 의미 있는 장면을 짧은 이야기 형태로 기록하는 방법이다. 이는 특정 순간을 포착하여 그 맥락과 의미를 이해하도록 돕는 관찰기록 방식으로, 실습생이 유아와 교사의 행동을 깊이 있게 바라보는 힘을 기르는 데 효과적이다. 일화기록은 무엇이 일어났는지를 생생하게 담아내어, 현장의 경험을 학습 자료로 전환시키는 역할을 한다. 특히 초보 실습생에게 일화기록은 관찰의 초점을 분명히 해 주고, 유아의 개별적 특성과 발달 과정을 이해하는 데 중요한 자료가 된다. 짧은 장면 하나라도 반복해서 기록하고 성찰하는 과정 속에서, 실습생은 행동의 이면에 있는 유아의 욕구와 감정, 교사의 전문적 판단을 읽어내는 능력을 기르게 된다.

① 일화기록의 구성 요소

효과적인 일화기록은 다음의 네 요소를 포함한다.

배경 정보: 날짜, 시간, 장소, 활동명

관찰 사실: 실제로 보고 들은 행동과 말을 그대로 기록

맥락: 그 행동이 일어나기 전후의 상황

해석 및 성찰: 행동의 의미, 느낀 점, 배운 점

일화기록에서 핵심 원칙은 사실과 해석을 구분하는 것이다. 먼저 객관적인 사실을 기록한 후, 그 의미를 따로 정리한다.

② 일화기록 작성 방법

의미 있는 장면을 선택한다. 유아의 갈등 해결 장면, 놀이에 몰입하는 순간. 교사의 중재나 격려가 인상적인 상황, 유아의 변화가 드러나는 순간을 있는 그대로 서술한다. “잘했다”, “버릇없다”와 같은 평가어를 피하고 유아의 말은 가능한 한 직접 인용한다. 행동을 시간 순서대르 기록하고 상황맥락을 포함한다.

유아의 행동이 어떤 활동 중에 일어났는지, 주변 유아와 환경은 어땠는지 나의 해석과 성찰을 덧붙인다. 여기에는 이 행동이 의미하는 바는 무엇인가? 교사의 반응에는 어떤 교육적 의도가 있었는가? 나는 비슷한 상황에서 어떻게 행동할 것인가? 에 대한 생각을 첨부할 수 있다.

〈표 6-2〉 관찰일지의 예시

배경: 4월 2일, 바깥놀이 시간, 모래놀이터 관찰 사실: A유아는 모래를 양동이에 가득 담아 옮기고 있었다. 그때 B유아가 다가와 같은 삽을 사용하려 하자 A유아는 삽을 몸 뒤로 숨기며 “내 거야”라고 말했다. B유아는 잠시 멈칫하다가 교사를 바라보며 “나도 하고 싶은데…”라고 말했다. 교사는 두 유아에게 다가와 “A가 지금 이 삽을 쓰고 있어서 계속하고 싶었구나. B는 같이 쓰고 싶었구나”라고 말하며 상황을 정리해 주었다. 이어 “어떻게 하면 둘 다 사용할 수 있을까?”라고 물었다. A유아는 잠시 생각하다가 “조금 쓰고 바꿔도 돼”라고 말했고, 교사는 “그럼 A가 다 쓰면 B에게 건네주는 거야”라고 제안했다. 두 유아는 고개를 끄덕이며 놀이를 이어갔다. 해석 및 성찰: 교사는 한쪽의 행동을 옳고 그름으로 판단하지 않고, 두 유아의 마음을 말로 정리해 주며 해결 방법을 함께 찾도록 도왔다. 이를 통해 유아들은 ‘양보’와 ‘차례’라는 사회적 규칙을 스스로 이해하게 되었다. 나는 갈등 상황에서 누구의 잘못인지 먼저 판단하려 했던 나의 태도를 돌아보게 되었고, 앞으로는 교사처럼 유아의 마음을 먼저 말로 풀어 주고 해결을 함께 모색하는 역할을 하고 싶다고 느꼈다.

4) 교육실습일지 작성

실습일지는 대학에서 제공하는 양식과 실습 기관인 유치원에서 제공하는 양식을 상황에 따라 활용할 수 있다. 대학에서 제공하는 실습일지는 교육과정과 연계된 구조를 갖추고 있어, 실습생이 관찰·기록·성찰의 과정을 체계적으로 경험하도록 돕는 데 목적이 있다. 이는 실습 경험을 학습으로 변화하고 예비교사의 전문성 형성을 지원하기 위한 교육적 도구로 기능한다. 유치원에서 제공하는 실습일지는 기관의 운영 방식과 현장 요구를 반영한 실무 중심의 기록 양식인 경우가 많다. 하루 일과의 흐름, 유아의 생활 모습, 보조 활동 내용, 교사의 지도 방식 등이 구체적으로 반영되어 있어, 실습생이 기관의 실제 운영을 이해하고 현장에 보다 원활히 적응하도록 돕는다.

교육일지는 실습생이 유아의 행동, 교사의 상호작용, 수업의 흐름, 하루 일과의 운영 방식 등을 관찰하도록 돕는다. 막연히 현장을 '보는 것'에서 벗어나, 교육적 관점으로 상황을 해석하고 의미를 부여하도록 이끈다는 점에서 중요한 교육적 가치를 지닌다. 실습생은 교육일지를 통해 유아의 반응과 변화, 교사의 언어와 행동, 활동이 이루어지는 맥락을 구체적으로 기록함으로써, 현장을 분석하는 눈을 기르게 된다.

교육일지는 일반적으로 하루의 일과 개요, 관찰 내용, 참여 활동, 느낀 점과 배운 점, 개선 및 실천 계획 등으로 구성된다. 이러한 구조는 실습생이 경험을 단순히 나열하는 데서 그치지 않고, 관찰, 해석, 성찰, 계획의 과정을 거치도록 돕는다. 특히 성찰 영역은 실습의 핵심으로 '왜 이러한 일이 발생했는지', '교사는 왜 그렇게 행동했는지', '나라면 어떻게 했을 것인가'와 같은 질문을 통해 교사로서의 사고를 확장하게 한다.

교육일지는 또한 실습생의 성장 과정을 보여 주는 자료가 된다. 초기에는 상황을 표면적으로 기록하던 실습생이 점차 유아의 의도와 감정, 교사의 전문적 판단을 읽어 내고, 자신의 관점을 형성해 가는 변화를 확인할 수 있다. 이는 실습이 진행됨에 따라 실습생의 전문성이 어떻게 형성되는지를 보여주는 중요한 증거가 된다.

아울러 교육일지는 지도교사와 대학 교수에게 실습생의 학습 상태를 파악할 수 있는 자료를 제공한다. 기록을 통해 실습생이 무엇에 주목하고 있는지, 어떤 부분에서 어려움을 느끼는지, 어떤 성장을 이루고 있는지를 이해할 수 있으며, 이를 바탕으로 보다 적절한 피드백과 지도가 가능해진다.

유치원 실습 교육일지는 예비유아교사가 교사로서 사고하고 성장해 가는 과정을 보여주는 결과물이므로 실습생은 매일의 경험을 성실하게 기록하고 성찰하도록 한다.

2. 개정 누리과정

교육실습에서 수업 준비는 예비교사가 유아의 발달 특성과 흥미를 고려하여 교육활동을 미리 구상하고, 현장에서의 교수·학습을 체계적으로 준비하는 과정이다. 이는 단순히 활동의 순서를 나열하는 것이 아니라, 유아의 놀이와 배움을 이해하고 그 흐름을 지원하기 위한 전문적인 사고 과정이며 개정 누리과정을 기본으로 하여야 한다.

1) 개정 누리과정의 이해

2019 개정 누리과정은 유아가 놀이를 통해 스스로 배우고 성장하도록 지원하는 국가 수준의 공통 교육과정이다. 만 3~5세 모든 유아에게 적용되며, '유아 중심·놀이 중심'이라는 철학을 바탕으로 교사의 자율성을 강조한다. 2019 개정 누리과정은 유아 중심, 놀이 중심, 교사의 자율성 강화를 중요시한다. 개정 누리과정의 구성은 다음과 같다(교육부, 보건복지부, 2019).

(1) 개정 누리과정의 성격

누리과정은 3-5세 유아를 위한 국가 수준의 공통 교육과정이다.

- 국가 수준의 공통성과 지역, 기관 및 개인 수준의 다양성을 동시에 추구한다.
- 유아의 전인적 발달과 행복을 추구한다.
- 유아 중심과 놀이 중심을 추구한다.
- 유아의 자율성과 창의성 신장을 추구한다.
- 유아, 교사, 원장(감), 학부모 및 지역사회가 함께 실현해 가는 것을 추구한다.

(2) 인간상 및 교육 목표

개정 누리과정은 다음과 같은 인간상을 지향한다.

- 건강한 사람
- 자주적인 사람
- 창의적인 사람
- 감성이 풍부한 사람
- 더불어 사는 사람

(3) 누리과정 목적과 목표

누리과정의 목적은 유아가 놀이를 통해 심신의 건강과 조화로운 발달을 이루고 바른 인성과 민주 시민의 기초를 형성하는 데에 있다.

이를 실현하기 위한 목표는 다음과 같다.

- 자신의 소중함을 알고, 건강하고 안전한 생활 습관을 기른다.
- 자신의 일을 스스로 해결하는 기초능력을 기른다.

- 호기심과 탐구심을 가지고 상상력과 창의력을 기른다.
- 일상에서 아름다움을 느끼고 문화적 감수성을 기른다.
- 사람과 자연을 존중하고 배려하며 소통하는 태도를 기른다

(4) 누리과정의 운영내용

- 1일 4~5시간을 기준으로 편성한다.
- 일과 운영에 따라 확장하여 편성할 수 있다.
- 누리과정을 바탕으로 각 기관의 실정에 적합한 계획을 수립하여 운영한다.
- 하루 일과에서 바깥 놀이를 포함하여 유아의 놀이가 충분히 이루어지도록 편성하여 운영한다.
- 성, 신체적 특성, 장애, 종교, 가족 및 문화적 배경 등으로 인한 차별이 없도록 편성하여 운영한다.
- 유아의 발달과 장애 정도에 따라 조정하여 운영한다.
- 가정과 지역사회와의 협력과 참여에 기반하여 운영한다.
- 교사 연수를 통해 누리과정의 운영이 개선되도록 한다.

(5) 교수·학습

교사는 다음 사항에 따라 유아를 지원한다.

- 유아가 흥미와 관심에 따라 놀이에 자유롭게 참여하고 즐기도록 한다.
- 유아가 놀이를 통해 배우도록 한다.
- 유아가 다양한 놀이와 활동을 경험할 수 있도록 실내외 환경을 구성한다.
- 유아와 유아, 유아와 교사, 유아와 환경 간에 능동적인 상호작용이 이루어지도록 한다.
- 5개 영역의 내용이 통합적으로 유아의 경험과 연계되도록 한다.
- 개별 유아의 요구에 따라 휴식과 일상생활이 원활히 이루어지도록 한다.
- 유아의 연령, 발달, 장애, 배경 등을 고려하여 개별 특성에 적합한 방식으로 배우도록 한다.

(6) 개정 누리과정은 5개 영역 목표 및 내용

① 신체운동·건강

실내외에서 신체활동을 즐기고, 건강하고 안전한 생활을 목표를 설정하여

- 신체활동에 즐겁게 참여한다.
- 건강한 생활습관을 기른다.

- 안전한 생활습관을 기른다.

내용 범주	내 용
신체활동 즐기기	신체를 인식하고 움직인다
	신체 움직임을 조절한다.
	기초적인 이동운동, 제자리 운동, 도구를 이용한 운동을 한다.
	실내외 신체활동에 자발적으로 참여한다.
건강하게 생활하기	자신의 몸과 주변을 깨끗이 한다.
	몸에 좋은 음식에 관심을 가지고 바른 태도로 즐겁게 먹는다.
	하루 일과에서 적당한 휴식을 취한다.
	질병을 예방하는 방법을 알고 실천한다.
안전하게 생활하기	일상에서 안전하게 놀이하고 생활한다.
	TV, 컴퓨터, 스마트폰 등을 바르게 사용한다.
	교통안전 규칙을 지킨다.
	안전사고, 화재, 재난, 학대, 유괴 등에 대처하는 방법을 경험한다.

② 의사소통

일상생활에 필요한 의사소통 능력과 상상력을 기른다는 목표를 설정하여

- 일상생활에서 듣고 말하기를 즐긴다.
- 읽기와 쓰기게 관심을 가진다.
- 책이나 이야기를 통해 상상하기를 즐긴다.

내용범주	내 용
듣기와 말하기	말이나 이야기를 관심 있게 듣는다.
	자신의 경험, 느낌, 생각을 말한다.
	상황에 적절한 단어를 사용하여 말한다.
	상대방이 하는 이야기를 듣고 관련해서 말한다.
	바른 태도로 듣고 말한다.
	고운 말을 사용한다.

읽기와 쓰기에 관심 가지기	말과 글의 관계에 관심을 가진다
	주변의 상징, 글자 등의 읽기에 관심을 가진다.
	자신의 생각을 글자와 비슷한 형태로 표현한다.
책과 이야기 즐기기	책에 관심을 가지고 상상하기를 즐긴다.
	동화, 동시에서 말의 재미를 느낀다.
	말놀이와 이야기 짓기를 즐긴다.

③ 사회관계

자신을 존중하고 더불어 생활하는 태도를 가진다는 목표로

- 자신을 이해하고 존중한다.
- 다른 사람과 사이좋게 지낸다.
- 우리가 사는 사회와 다양한 문화에 관심을 가진다.

내용범주	내 용
나를 알고 존중하기	나를 알고 소중히 여긴다
	나의 감정을 알고 상황에 맞게 표현한다.
	내가 할 수 있는 것을 스스로 한다.
	가족의 의미를 알고 화목하게 지낸다
더불어 생활하기	친구와 서로 도우며 사이좋게 지낸다.
	친구와의 갈등을 긍정적인 방법으로 해결한다.
	서로 다른 감정, 생각, 행동을 존중한다.
	친구와 어른께 예의바르게 행동한다.
사회에 관심 가지기	약속과 규칙의 필요성을 알고 지킨다.
	내가 살고 있는 곳에 대해 궁금한 것을 알아본다.
	우리나라에 대해 자부심을 가진다.
	다양한 문화에 관심을 가진다.

④ **예술경험**

아름다움과 예술에 관심을 가지고 창의적 표현을 즐긴다는 목표로

- 자연과 생활 및 예술에서 아름다움을 느낀다.
- 예술을 통해 창의적으로 표현하는 과정을 즐긴다.
- 다양한 예술 표현을 존중한다.

내용범주	내 용
아름다움 찾아보기	자연과 생활에서 아름다움을 느끼고 즐긴다.
	예술적 요소에 관심을 갖고 찾아본다.
창의적으로 표현하기	노래를 즐겨 부른다.
	신체, 사물, 악기로 간단한 소리와 리듬을 만들어 본다.
	신체나 도구를 활용하여 움직임과 춤으로 자유롭게 표현한다
	다양한 미술 재료와 도구로 자신의 생각과 느낌을 표현한다.
	극놀이로 경험이나 이야기를 표현한다.
예술 감상하기	다양한 예술을 감상하며 상상하기를 즐긴다.
	서로 다른 예술 표현을 존중한다.
	우리나라 전통 예술에 관심을 갖고 친숙해진다.

⑤ **자연탐구**

탐구하는 과정을 즐기고, 자연과 더불어 살아가는 태도를 즐긴다는 목표로

- 일상에서 호기심을 가지고 탐구하는 과정을 즐긴다.
- 생활 속의 문제를 수학적, 과학적으로 탐구한다.
- 생명과 자연을 존중한다.

내용범주	내 용
탐구과정 즐기기	주변 세계와 자연에 대해 지속적으로 호기심을 가진다.
	궁금한 것을 탐구하는 과정에 즐겁게 참여한다.
	탐구과정에서 서로 다른 생각에 관심을 가진다.
생활 속에서 탐구하기	물체의 특성과 변화를 여러 가지 방법으로 탐색한다
	물체를 세어 수량을 알아본다.
	물체의 위치와 방향, 모양을 알고 구별한다
	일상에서 길이, 무게 등의 속성을 비교한다.
	주변에서 반복되는 규칙을 찾는다.
	일상에서 모은 자료를 기준에 따라 분류한다
	도구와 기계에 대해 관심을 가진다.
자연과 더불어 살기	주변의 동식물에 관심을 가진다.
	생명과 자연환경을 소중히 여긴다
	날씨와 계절의 변화를 생활과 관련짓는다.

(7) 개정 누리과정 운영의 핵심 원리

- 놀이의 자율성 보장

유아가 무엇을, 어떻게 놀지 스스로 선택할 수 있도록 한다. 교사는 놀이를 지시하거나 통제하기보다, 유아의 선택을 존중한다.

- 과정 중심 평가

결과보다 과정에 주목하며, 유아의 변화와 성장을 관찰하고 기록한다. 평가는 선별이나 비교가 아니라, 이해와 지원을 위한 자료로 활용된다.

- 일상과 연계된 교육

특별한 활동만이 아니라, 하루의 모든 순간이 교육과정이 된다. 교사는 일상 속 장면을 교육적으로 재해석한다.

- 유아의 다양성 존중

발달 속도와 표현 방식의 차이를 자연스러운 개인차로 인정하며, 비교와 경쟁을 지양한다.

(8) 교사의 역할 변화

2019 개정 누리과정에서 교사는 더 이상 가르치는 사람에 머무르지 않는다.

교사는 다음과 같은 역할을 수행한다.

- 놀이를 관찰하는 사람
- 유아의 생각을 경청하는 사람
- 배움이 확장되도록 환경을 조성하는 사람
- 유아의 시도를 격려하고 지지하는 사람

즉, 교사는 놀이의 주도권을 유아에게 맡기되, 배움이 깊어질 수 있도록 조력자이자 동반자의 역할을 수행한다.

(9) 교육적 의의

2019 개정 누리과정은 유아를 가르쳐야 할 대상이 아닌 스스로 성장하는 존재로 바라보는 관점의 전환을 의미한다. 이는 다음과 같은 의의를 가진다.

- 유아의 삶과 발달에 더 밀착된 교육 실현
- 놀이의 교육적 가치 회복
- 교사의 전문성 존중과 현장 자율성 확대
- 유아교육의 질적 전환을 위한 기반 마련

이처럼 2019 개정 누리과정은 놀이 속에서 배우는 유아, 성장을 함께하는 교사를 중심에 두고, 유아교육의 방향을 근본적으로 재구성한 교육과정이라 할 수 있다.

2) 수업계획

2019 개정 누리과정의 운영 내용 중 '누리과정을 바탕으로 각 기관의 실정에 적합한 계획을 수립하여 운영한다'는 부분에서 자율적인 계획 수립과 유아의 놀이를 지원하는 계획안 작성을 언급하고 있다. 유아교육 기관은 교육철학과 지역·가정 환경, 유아의 요구를 반영하여 교육과정을 자율적으로 계획할 수 있다. 교사는 연간·월간·주간·일일 계획안의 종류와 형식, 분량을 기관과 학급의 특성에 맞게 조정하거나 통합하여 활용할 수 있으며, 계획안은 활동을 미리 제시하는 문서에서 유아의 실제 놀이와 배움을 기록 · 공유하는 방식으로 변화할 수 있다.

유아 주도 놀이는 미리 계획하기 어렵기 때문에, 교사는 유아가 실제로 놀이하며 경험한 내용을 중심으로 계획안을 작성할 수 있다. 개정 누리과정의 계획안은 정해진 형식에서 벗어나 유아의 실제 놀이 내용과 교사의 놀이 지원을 기록하는 자율적인 형태로 운영되며, 사전 계획을 최소화하는 것이 특징이다. 교사는 필요에 따라 안전이나 개별 지원 사항을 포함할 수 있다. 이러한 방식은 유아 주도 놀이를 적극적으로 지원하기 위한 것이며, 자율적 계획이 계획안 생략이나 단순한 업무 축소로 오해되지 않도록 주의해야 한다.

실습생의 경우 대학의 계획안 양식을 사용하여 작성할 수 있으며 실습기관에세 제공하는 계획안에 맞추어 작성할 수도 있다. 실습의 모든 수업계획은 지도교사와의 협의를 통해 조정되고 보완되며, 그 과정 자체가 중요한 학습 경험이 된다. 지도교사는 학급의 특성, 유아의 발달 수준, 일과의 흐름, 기관의 운영 방식에 대한 전문적인 판단을 갖고 있기 때문에, 실습생의 계획은 반드시 현장의 맥락 속에서 재구성되어야 한다. 실습생은 수업계획을 지도교사와 함께 만들어 가는 교육적 설계로 인식해야 한다.

(1) 지도교사와의 협의

지도교사와의 협의는 실습생의 아이디어를 현장에 맞게 조정하는 과정이며

유아의 실제 발달 수준과 학급 특성을 반영하는 기회로 지도교사의 사고 과정을 배우는 전문성 전수의 장이다. 지도교사가 가르친다기보다 교사와 실습생과의 협력적 교육 설계 경험이다. 이 과정에서 실습생은 내가 하고 싶은 활동이 아니라

학급의 유아에게 적합한 활동을 고민하게 된다.

(2) 협의 과정의 기본 흐름

① 실습생이 초안을 작성한다.

목표, 활동 흐름, 발문, 준비물을 포함한다

② 지도교사에게 계획안을 제시한다.

“목표를 중심으로 이렇게 계획해 보았습니다.”

③ 지도교사의 조언을 듣는다.

시간 조정, 난이도 조절, 자료 변경, 안전 요소 보완 등

④ 피드백을 반영하여 수정한다.

수정된 계획을 다시 공유한다.

(3) 실습생의 바람직한 협의 태도

① 계획의 의도와 목표를 먼저 설명한다.

"유아들의 선택을 늘리고 싶어 이런 구조로 짜 보았습니다."

② 피드백을 방어하지 않고 수용한다.

"현장에서는 이렇게 조정하는 것이 더 적절하겠군요."

③ 조언을 구체적인 수정으로 연결한다.

④ 단순히 "어떻게 할까요?"가 아니라

"이 목표를 위해 A안과 B안을 생각해 보았습니다."와 같이 선택지를 제시한다.

(4) 협의가 반영된 수업계획의 특징

지도교사와의 협의를 거친 수업계획은 다음과 같은 특징을 가진다.

① 학급 유아의 발달 수준에 적합하다.

② 일과의 흐름과 자연스럽게 연결된다.

③ 시간 배분이 현실적이다.

④ 안전 요소가 충분히 고려되어 있다.

⑤ 교사의 개입이 과정 중심으로 설계되어 있다.

이는 단순히 '잘 짜인 계획'이 아니라 현장에서 실제로 실행 가능한 수업이라는 의미이다.

(5) 협의는 평가가 아니라 성장의 기회이다

실습생이 지도교사와의 협의를 두려워할 필요는 없다. 그 과정은 '잘못을 지적받는 시간'이 아니라 교사의 사고를 배우는 시간이다. 왜 이 목표가 적절한지, 왜 이 발문이 효과적인지, 왜 이 자료가 유아에게 맞는지 등의 설명 속에서 실습생은 수업을 바라보는 교사의 눈을 배우게 된다. 유치원 교육실습에서의 수업계획은 실습생 혼자 완성하는 결과물이 아니라 지도교사와 함께 다듬어 가는 성장의 기록이다.

이 협의의 경험이 쌓일수록, 실습생은 활동을 짜는 사람이 아니라 유아의 배움을 설계하는 교사로 성장하게 된다.

3) 연간, 월간, 주간, 일일 교육계획안

2019 개정 누리과정에서는 국가 수준에서 일률적인 형식과 내용을 제시하기보다, 개별 기관과 교사의 자율성과 전문성을 존중하는 방향을 강조하고 있다. 이에 따라 교육계획안 역시 정해진 양식에 맞추어 동일하게 작성하기보다는, 각 유치원의 여건과 유아의 특성, 교사의 교육관에 따라 다양한 형태로 운영될 수 있다. 어떤 기관은 연간·월간·주간·일일 계획안을 비교적 전통적인 형식으로 유지하기도 하고, 또 다른 기관은 놀이 기록 중심의 서술형 계획이나 사진과 관찰 기록을 결합한 형태로 계획안을 구성하기도 한다.

(1) 연간 교육계획안

연간 교육계획안은 한 해 동안 유아가 경험하게 될 교육의 큰 흐름을 제시하는 장기 계획이다. 학급의 유아 특성, 지역 환경, 계절의 변화, 누리과정의 목표를 반영하여 연간 주제와 주요 교육 내용을 개괄적으로 제시한다. 한 해의 주제 흐름과 계절별 활동 방향 제시. 유아의 전인적 발달을 고려한 영역 간 균형 확보,

행사, 체험 활동, 지역 연계 활동 등의 큰 틀로 구성된다. 실습생은 연간 계획을 통해 유치원 교육이 단발적인 활동의 나열이 아니라, 시간의 축을 따라 유아의 경험이 확장되도록 설계된 과정임을 이해하게 된다.

(2) 월간 교육계획안

월간 교육계획안은 연간 계획을 바탕으로 한 달 동안의 교육 방향과 주요 놀이 주제를 구체화한 계획이다. 계절적 특성과 유아의 관심사를 반영하여 주제와 놀이 환경 활동 방향을 제시한다.

월별 주제 및 중점 목표 제시

놀이 영역 구성 방향과 환경 계획

가정 연계 활동 및 특별 활동 안내

월간 계획은 한 달 동안의 놀이 흐름을 조망하게 하며, 교사가 유아의 관심 변화를 예측하고 환경을 준비하도록 돕는다. 실습생은 이를 통해 계획이 유아의 놀이를 제한하는 틀이 아니라, 놀이를 가능하게 하는 준비 과정임을 배우게 된다.

(3) 주간 교육계획안

주간 교육계획안은 한 주 동안의 일과 운영과 놀이 흐름을 구체적으로 제시한다. 주제에 따라 놀이 영역의 변화, 교사의 지원 방향, 특별 활동 등이 포함된다.

하루 일과의 기본 구조 제시, 놀이 영역별 활동 방향 안내, 교사의 놀이 지원 전략을 반영한다. 주간 계획은 유아의 놀이가 어떻게 이어지고 확장되는지를 한눈에 볼 수 있게 하며, 교사가 유아의 반응에 따라 계획을 조정할 수 있도록 한다. 실습생은 주간 계획을 통해 유연하게 수정되는 살아 있는 계획의 의미를 이해하게 된다.

(4) 일일 교육계획안

일일 교육계획안은 하루 동안 이루어지는 유아의 실제 경험을 가장 구체적으로 담는 계획이다. 개정 누리과정에서는 사전 계획을 최소화하고, 유아가 실제로 놀이한 내용과 교사의 지원을 중심으로 기록하는 방식을 강조한다.

하루 일과의 흐름 정리, 유아의 실제 놀이 내용 반영, 교사의 관찰과 지원 내용 기록, 안전 및 개별 지원 사항을 포함한다. 일일 계획은 미리 정해진 수업안이기보다, 유아의 놀이를 바탕으로 재구성되는 기록 중심 계획의 성격을 지닌다. 실습생은 일일 계획을 통해 유아의 행동을 관찰하고, 그 의미를 해석하며 다음 날의 지원을 고민하는 교사의 사고 과정을 배우게 된다.

4) 교육계획안 작성

개정 누리과정에 근거한 교육계획안을 작성하는데 개정 누리과정은 유아를 스스로 탐색하고 성장하는 주체로 바라보는 교육과정이다. 따라서 활동계획안은 교사가 무엇을 전달할 것인가보다, 유아가 무엇을 경험하고 의미화할 것인가에 초점을 두어 작성되어야 한다. 유아교육 실습생의 활동계획안은 단순한 수업 설계 문서가 아니라, 유아의 놀이와 배움을 지원하는 교사의 철학과 전문성이 드러나는 설계도이다.

(1) 개정 누리과정의 핵심 이해

개정 누리과정은 유아 중심, 놀이 중심, 과정 중심, 통합적 접근이 핵심 내용으로 교사의 역할은 가르치는 존재에서 함께 탐색하는 조력자로 변화하였다. 실습생은 활동계획안을 작성할 때, “무엇을 가르칠 것인가?”가 아니라 “유아가 어떤 경험을 하게 할 것인가?”를 먼저 생각해야 한다.

(2) 교육계획안의 기본 구성 요소

계획안에는 다음과 같은 요소가 포함된다.

- 활동명
- 대상 연령
- 관련 누리과정 영역 및 내용
- 활동 목표
- 준비물
- 활동 흐름
- 도입
- 전개
- 마무리
- 교사의 발문
- 유의점 및 확장 활동

이때 각 요소는 교사의 행동이 아니라 유아의 경험을 중심으로 서술하는 것이 중요하다.

(3) 활동 목표 작성 방법

활동 목표는 다음의 원칙을 따른다.

① 유아의 행동 변화가 드러나도록 작성한다.

② "~할 수 있다" 형식으로 명확하게 쓴다.

③ 인지·정서·사회·신체 발달이 통합되도록 고려한다.

예: "자연물의 특징을 관찰하며 다양한 표현 방법을 시도할 수 있다."

"친구와 함께 놀이하며 자신의 생각을 말로 표현할 수 있다."

(4) 활동 흐름 작성의 실제

① 도입

유아의 경험과 연결

흥미를 여는 질문 제시

짧고 간결하게(2~3분)

예: "어제 비 온 뒤 운동장에 어떤 변화가 있었는지 기억나니?"

"오늘은 자연물로 우리가 무엇을 만들어 볼 수 있을까?"

② 전개

유아의 선택과 탐색이 중심

교사는 설명자가 아닌 조력자

놀이가 확장되도록 질문과 환경 제공

예: 유아가 자연물을 고르고 구성하도록 한다.

교사는 "이 돌은 어떤 느낌이야?", "이 다음에는 무엇이 필요할까?"와 같이 발문한다.

③ 마무리

경험을 되돌아보는 시간

결과 평가보다 느낌과 과정 공유

다음 놀이로 이어질 여지 남기기

예: "해 보니까 어떤 점이 재미있었어?", "다음에는 무엇을 더 만들어 보고 싶어?"

(5) 발문 작성의 원칙

실습생의 활동계획안에 포함되는 발문은 정답을 요구하지 않고 유아의 생각을 열어 주며 과정과 느낌을 묻는다.

예: "맞았을까?" 보다는 "너는 어떻게 생각해?"

"왜 그렇게 했어?" 보다는 "어떤 생각이 있었을까?"

(6) 교육계획안 작성 시 유의점

교사의 활동이 아니라 유아의 활동을 중심으로 작성하며 설명이나 지시보다 탐색, 선택, 표현 등이 드러나게 한다. 시간 흐름이 자연스럽도록 구성하며 실제 현장에서 실행할 수 있도록 현실적인 내용으로 작성한다. 계획하는 활동과 관련한 안전 요소와 준비물의 적절성을 반드시 고려한다. 활동계획안은 단순히 제출을 위한 문서가 아니다. 개정 누리과정에 따른 활동계획안은 유아 중심 교사로 성장하는 중요한 부분이다.

3. 수업 운영

교육실습에서의 수업은 실습생이 계획한 활동을 실제 유아와 함께 실행해 보는 경험이다. 이는 단지 수업을 한 번 해 보는 차원이 아니라 유아를 이해하고, 놀이를 조율하며, 교사로서의 언어와 태도를 실천으로 옮기는 전문성의 출발점이다. 수업은 실습생이 이론으로 배운 내용을 현장에 적용해 보고, 자신의 강점과 과제를 구체적으로 인식하게 하는 중요한 성장의 기회이다. 수업실연의 목적은 '잘해 보이는 것'이 아니라 유아의 반응을 읽고, 상황에 맞게 조율하며, 배움을 이어 가는 교사의 역할을 경험하는 데 있다. 수업실연은 연습이 허용된 교사 경험의 시간이다. 유치원 교육실습에서의 수업실연은 연습이 허용된 교사 경험이다. 완벽한 수업을 보여 주는 것이 목적이 아니라, 유아의 반응을 읽고, 자신의 언어를 점검하며, 지도교사의 조언을 받아들이고, 더 나은 교사가 되기 위해 수정해 나가는 과정 그 자체가 수업실연의 진정한 가치이다. 실습생은 한 번의 수업실연을 통해 "나는 아직 미완성인 교사다"라는 사실을 배우고, 동시에 "나는 성장할 수 있는 교사다"라는 가능성을 발견하게 된다. 실습에서의 수업실연은 지도교사의 도움을 받으며 시행착오를 하나씩 극복해 나가며 이 과정에서 실습생은 자신의 부족한 점을 인식하고, 지도교사의 조언과 피드백을 바탕으로 교사로서 갖추어야 할 역량을 차근차근 채워 나가게 된다. 수업 운영은 졸업 후 현장에 나가기 전, 예비교사로서 준비해야 할 전문성과 태도를 실제로 점검하고 연습해 볼 수 있는 과정이다. 지도교사와의 협력 속에서 이루어지는 이러한 경험은 실습생이 실패를 두려워하지 않고 도전하며 성장하는 교사로 나아가도록 돕는 중요한 발판이 된다.

1) 수업 운영의 기본 절차

(1) 사전 준비

활동계획안을 지도교사와 협의하여 수정·보완한다.

준비물과 공간을 미리 점검한다.

발문과 흐름을 머릿속으로 연습한다.

(2) 수업 실행

유아의 눈높이에 맞추어 도입한다.

유아의 반응을 보며 속도와 방법을 조절한다.
지시보다 질문과 기다림을 활용한다.
놀이가 예상과 다르게 흘러가더라도 유연하게 대응한다.

(3) 사후 성찰 및 피드백

지도교사의 조언을 경청한다.
자신의 수업을 되돌아보며 기록한다.
"무엇이 잘 되었는가, 무엇을 바꾸고 싶은가"를 정리한다.

2) 수업운영 시 실습생이 유의할 사항

(1) 유아 중심 유지

교사의 말이 길어지지 않도록 한다.
유아가 선택하고 시도할 시간을 충분히 제공한다.
결과보다 과정과 경험에 초점을 둔다.

(2) 발문과 언어 사용

정답을 요구하지 않는다.
"어떻게 생각해?", "다음에는 무엇이 필요할까?"와 같은 개방형 질문을 사용한다.
명령형 언어를 긍정적 안내로 바꾼다.

(3) 시간과 흐름 조절

도입은 짧고 명확하게,
전개는 유아의 반응에 따라 유연하게,
마무리는 경험을 되돌아보는 시간으로 구성한다.

(4) 긴장 관리

실습생이 긴장하는 것은 자연스러운 일이다.
완벽한 수업보다 유아와의 관계를 우선한다.

실수는 실패가 아니라 학습의 재료임을 인식한다.

3) 활동별 수업 운영

수업을 실제로 운영하는 과정에서 실습생은 교사 언어, 시선, 몸짓, 기다림의 태도를 통해 유아와 상호작용한다. 유아의 반응은 계획과 다르게 흘러갈 수 있으며, 이때 실습생은 계획안에만 매달리기보다 유아의 흥미와 수준에 맞추어 유연하게 조정할 수 있어야 한다. 유아의 말에 귀 기울이고, 짧은 반응에도 의미를 부여하며, 참여를 격려하는 언어는 수업의 분위기를 안정적으로 이끈다.

(1) 이야기나누기

이야기나누기 활동은 유아가 자신의 생각과 감정을 말로 표현하고, 타인의 이야기를 들으며 사회적·언어적 능력을 기르는 핵심적인 집단 활동이다. 특히 유치원 현장에서의 이야기나누기는 하루의 흐름을 여는 도입 활동이자, 유아의 경험을 확장하고 의미를 구성하는 중요한 교수·학습 장면이다. 따라서 실습생에게 이야기나누기 수업은 단순한 대화 시간이 아니라, 교사로서의 언어 사용, 상호작용 기술, 수업 운영 능력을 종합적으로 드러내는 핵심 수업 실연의 영역이라 할 수 있다.

실습생은 이야기나누기 활동에서 주제 설정, 질문 구성, 유아 반응에 대한 즉각적인 대응에 어려움을 겪는 경우가 많다. 질문이 지나치게 폐쇄적이거나, 유아의 발화를 충분히 기다리지 못하고 교사가 말을 주도하는 모습이 나타나기도 한다. 또한 모든 유아의 참여를 고르게 이끌어 내지 못해 일부 유아만 반복적으로 발언하게 되거나, 산만한 분위기를 효과적으로 조절하지 못하는 경우도 있다. 이러한 경험은 실습생에게 부담으로 작용하지만, 동시에 교사 전문성을 형성하는 중요한 학습 기회가 된다.

이야기나누기 활동을 진행하며 고려할 점은 다음과 같다.

첫째, 유아의 발달 수준과 생활 경험을 고려한 주제를 선정해야 한다. 이야기나누기의 주제는 유아의 일상과 밀접하게 연결될수록 참여도가 높아진다. 계절, 가족, 놀이 경험, 최근에 있었던 학급 활동 등 유아가 실제로 경험한 내용을 중심으로 구성하면 유아는 자신의 이야기를 자연스럽게 꺼낼 수 있다. 추상적이거나 유아의 생활과 동떨어진 주제는 발화를 제한하고 수동적인 참여를 유도할 수 있으므로 주의가 필요하다.

둘째, 질문은 유아의 사고를 열어 주는 방향으로 구성해야 한다. 개방형 질문을 활용하여 유아가 자신의 생각을 자유롭게 표현하도록 돕는다. 또한 한 번에 하나의 질문만 제시하여 유아가 혼란을 느끼지 않도록 하고, 유아의 대답을 기다리는 여유 있는 태도를 유지해야 한다.

셋째, 모든 유아가 참여할 수 있는 분위기를 조성해야 한다. 이야기나누기는 말이 많은 유아만의 시간이 되어서는 안 된다. 실습생은 유아에게 고르게 눈길을 주고 주며, 짧은 이야기에도 긍정적으로 반응함으로써 말수가 적은 유아도 안전하게 참여할 수 있도록 해야 한다. 정답을 요구하는 분위기나 비교·평가가 이루어질 경우 유아는 발언을 주저하게 되므로, 틀려도 괜찮다는 메시지를 지속적으로 전달해야 한다.

넷째, 유아의 말을 존중하고 확장하는 교사 언어가 중요하다. 유아의 말을 그대로 반복해 주거나, 의미를 정리하여 되돌려 주는 재진술은 유아가 자신의 생각이 존중받고 있음을 느끼게 한다. 유아가 한 말을 반영한 언어는 유아의 사고를 깊게 만들고, 또래가 서로의 생각을 이해하도록 돕는다.

다섯째, 활동의 흐름과 시간을 적절히 조절해야 한다. 도입에서는 주제와 관련된 경험을 떠올릴 수 있도록 짧은 자극 자료나 질문을 활용하고, 전개에서는 질문과 응답이 자연스럽게 이어지도록 한다. 정리 단계에서는 유아의 이야기를 간단히 묶어 주며 활동의 의미를 되짚는다. 이야기나누기는 길어질수록 집중도가 떨어지므로, 유아의 반응을 살피며 적절한 시점에 마무리하는 것이 중요하다.

(2) 자유놀이

자유놀이는 유아가 자신의 흥미와 욕구에 따라 놀이를 선택하고, 또래와 상호작용하며 자발적으로 배움을 만들어 가는 핵심적인 교육 활동이다. 이 시간은 유아의 사회성, 문제 해결력, 의사소통 능력, 창의성을 자연스럽게 길러 주는 중요한 장이며, 교사는 놀이를 통제하기보다 유아의 선택과 흐름을 존중하는 촉진자의 역할을 수행한다. 실습생에게 자유놀이 시간은 유아를 깊이 이해하고, 교사의 역할을 실제로 체험하는 가장 의미 있는 배움의 장이 된다.

자유놀이 시간에서 실습생의 기본 역할은 관찰자이자 조력자이다. 실습생은 먼저 유아가 어떤 놀이에 참여하고 있는지, 누구와 상호작용하고 있는지, 어떤 어려움을 겪고 있는지를 세심하게 관찰해야 한다. 이때 놀잇감을 정리하거나 교실을 관리하는 데만 머무르기보다, 유아의 행동과 표정, 말 속에 담긴 의미를 읽어 내려는 태도가 중요하다.

유아의 자유놀이를 효과적으로 지원하기 위해 실습생은 다음의 사항을 유의할 필요가 있다.

첫째, 놀이를 주도하거나 통제하지 않도록 한다.

유아의 놀이에 지나치게 개입하여 규칙을 정해 주거나 방법을 지시하는 것은 유아의 자율성을 약화시킨다. 실습생은 놀이를 대신 만들어 주는 사람이 아니라, 유아가 스스로 놀이를 이어 갈 수 있도록 곁에서 돕는 역할임을 인식해야 한다.

둘째, 무분별한 개입을 피하고 개입의 시점을 신중히 판단한다.

유아가 몰입하여 놀이하고 있을 때는 지켜보는 것이 가장 좋은 지원이 될 수 있다. 도움을 요청했을 때, 갈등이 발생했을 때, 놀이가 확장될 가능성이 보일 때에만 조심스럽게 개입하며, 질문이나 제안의 형태로 접근하는 것이 바람직하다.

셋째, 안전을 항상 최우선으로 고려한다.

자유놀이는 활동 범위가 넓어 사고 위험이 높아질 수 있으므로, 실습생은 교실 전체를 살피며 위험 요소를 미리 인식해야 한다. 뛰어다니는 놀이, 높은 구조물, 작은 소품 사용 등에서 위험이 예상될 경우 즉시 지도교사에게 알리고 지시에 따른다.

넷째, 특정 유아에게만 치우치지 않는다.

말이 많은 유아나 친근한 유아에게만 머무르기보다, 교실 전체를 두루 살피며 다양한 유아와 고르게 상호작용해야 한다. 놀이에 잘 참여하지 못하는 유아에게는 자연스럽게 다가가 참여의 기회를 넓혀 주는 노력이 필요하다.

다섯째, 교사 언어와 태도에 유의한다. 명령형, 비교·평가적 언어는 유아의 놀이 의욕을 떨어뜨릴 수 있다. 존중의 언어를 사용해야 하며 표정과 몸짓 또한 유아에게 중요한 메시지가 되므로 항상 따뜻하고 안정적인 태도를 유지한다.

여섯째, 놀이 장면을 학습의 기회로 바라본다.

자유놀이는 유아의 성향과 발달을 이해할 수 있는 중요한 관찰의 장이다. 실습생은 유아의 행동과 상호작용을 세심하게 관찰하고, 이를 기록과 성찰로 연결함으로써 자신의 전문성을 키워 나가야 한다.

(3) 동화활동

동화활동은 유아가 이야기를 통해 상상력을 키우고, 언어 능력과 정서를 발달시키며, 타인의 마음을 이해하는 힘을 기르는 핵심적인 교육 활동이다. 동화는 단순한 읽기 자료가 아니라, 유아의 삶과 감정을 비추는 거울이자 새로운 세계로 이끄는 창이다. 따라서 유치원 실습에서의 동화활동은 실습생이 교사의 언어, 태도, 상호작용 역량을 종합적으로 연습할 수 있는 중요한 수업 장면이 된다.

실습생은 동화활동을 단지 책을 읽어 주는 시간으로 인식하기 쉽지만, 실제로는 유아의 반응을 이끌고 의미를 함께 구성하는 상호작용 중심의 활동임을 이해해야 한다. 이를 위해 지도교사는 동화활동의 목적이 줄거리 전달에 있지 않고, 유아가 이야기에 몰입하고 자신의 경험과 연결하며 생각을 확장하도록 돕는 데 있음을 분명히 안내할 필요가 있다.

동화 선정 단계에서 실습생은 유아의 연령과 발달 수준, 학급의 주제와 분위기를 고려해야 한다. 글이 지나치게 길거나 내용이 복잡한 책은 유아의 집중을 어렵게 하며, 생활 경험과 동떨어진 이야기는 공감을 이끌어내기 힘들다. 지도교사는 "유아의 삶과 닿아 있는 이야기인가?", "그림과 내용이 유아의 흥미를 끄는가?"와 같은 기준을 제시하여, 실습생이 교육적 관점에서 책을 선택하도록 돕는다.

동화 들려주기 과정에서 실습생은 책의 글을 그대로 읽는 데 그치지 않고, 목소리의 높낮이와 속도, 표정과 시선, 책을 보여 주는 방법 등을 통해 이야기에 생동감을 더해야 한다. 이때 과도한 연기보다는, 유아가 이야기에 자연스럽게 빠져들 수 있도록 안정적이고 따뜻한 태도를 유지하는 것이 중요하다. 또한 중간중간 유아의 반응을 살피며 "어떤 일이 일어날 것 같아?", "주인공은 어떤 마음일까?"와 같은 간단한 질문으로 사고를 자극할 수 있다.

동화활동의 핵심은 읽은 뒤의 상호작용에 있다. 실습생은 줄거리를 확인하는 질문에 머무르기보다, 유아가 느낀 감정과 생각을 말로 표현하도록 돕는 방향으로 대화를 이끌어야 한다. 유아의 말에 대해 "그렇게 느꼈구나", "네 생각이 흥미롭다"와 같이 공감하고 확장하는 반응은 유아가 자신의 생각을 가치 있게 여기도록 만든다. 지도교사는 이러한 교사 언어의 예를 실제로 보여 주며, 실습생이 모방하고 연습할 수 있도록 한다.

또한 동화활동은 다양한 확장 활동으로 이어질 수 있다. 그림 그리기, 역할놀이, 다른 결말 만들어 보기, 생활과 연결한 이야기 나누기 등은 유아가 동화를 자신의 경험으로 재구성하도록 돕는다. 실습생은 동화를 '끝나는 활동'이 아니라, 놀이와 학습으로 이어지는 출발점으로 인식해야 한다.

유치원 실습에서의 동화활동은 실습생이 교사로서의 언어, 시선, 기다림, 공감의 힘을 체득하는 장이다. 지도교사의 세심한 안내와 모델링 속에서 실습생은 동화를 읽는 사람이 아니라, 유아와 함께 이야기를 만들어 가는 이야기 동반자로 성장하게 된다.

실습생이 동화활동을 운영할 때 유의해야 할 기본 원칙을 살펴보면 다음과 같다.

첫째, 유아의 발달 수준에 맞는 동화를 선정해야 한다. 글의 분량이 지나치게 길거나 내용이 복잡한 책은 유아의 집중을 어렵게 한다. 등장인물, 이야기 구조, 그림의 난이도는 유아의 연령과 경험에 적합한지 검토해야 하며, 생활과 연결될 수 있는 소재일수록 몰입도가 높아진다.

둘째, 읽어주기에만 머무르지 않는다. 동화활동은 책의 내용을 전달하는 시간이 아니라, 유아가 이야기에 의미를 부여하고 생각을 확장하는 시간이다. 실습생은 글을 빠르게 끝내는 데 집중하기보다, 유아의 표정과 반응을 살피며 속도와 톤을 조절해야 한다. 필요할 경우 잠시 멈추어 유아의 생각을 묻고, 이야기에 참여할 수 있는 여지를 제공한다.

셋째, 질문은 개방적으로 구성한다. 줄거리를 확인하는 질문("누가 나왔니?")에만 머물면 사고 확장이 제한된다. "왜 그렇게 되었을까?", "네가 주인공이라면 어떻게 했을까?"와 같은 질문을 통해 유아가 자신의 생각과 감정을 표현하도록 돕는다. 한 번에 하나의 질문만 제시하고, 충분히 기다려 주는 태도가 중요하다.

넷째, 유아의 말과 반응을 존중한다. 유아의 대답에 대해 옳고 그름을 판단하거나 교정하려는 태도는 발언을 위축시킨다. "그렇게 느꼈구나", "네 생각이 흥미롭다"와 같이 공감하고 받아들이는 반응은 유아가 자신 있게 말하도록 돕는다. 짧은 말이라도 의미 있게 받아들이는 자세가 필요하다.

다섯째, 과도한 연기나 산만한 진행을 피한다. 목소리 변화와 표정은 이야기의 몰입을 돕지만, 지나친 연기나 소품 사용은 오히려 집중을 방해할 수 있다. 유아가 이야기에 자연스럽게 빠져들 수 있도록 안정적이고 따뜻한 분위기를 유지한다.

여섯째, 활동의 마무리를 분명히 한다. 동화가 끝난 뒤에는 유아의 이야기를 간단히 정리해 주며, 오늘의 이야기가 어떤 의미를 지니는지 함께 되짚는다. 이는 동화활동을 단순한 듣기 경험이 아닌 배움의 시간으로 연결해 준다.

(4) 동시활동

동시는 유아가 언어의 리듬과 소리를 즐기며, 감정과 이미지를 상상으로 확장해 가는 중요한 문학활동으로 유아에게 친숙한 일상 소재를 바탕으로 구성되어 있어, 유아가 자신의 경험과 연결하여 쉽게 공감할 수 있으며, 말의 아름다움과 표현의 즐거움을 자연스럽게 느끼게 한다. 따라서 유치원 실습에서의 동시활동은 실습생이 교사 언어의 힘과 상호작용의 의미를 체험하는 의미 있는 수업 장면이 된다. 동시활동은 교사의 목소리, 태도, 상호작용이 그대로 드러나는 수업 장면이므로, 다음과 같은 점을 특히 유의해야 한다.

첫째, 동시를 외우게 하는 활동으로 운영하지 않는다. 동시의 목적은 암기가 아니라 감상과 표현이다. 유아가 시의 소리를 느끼고, 떠오르는 장면과 감정을 자유롭게 표현하도록 돕는 것이 중요하다. 반복 암송을 강요하거나 정확한 문장을 말하게 요구하면, 동시가 즐거운 언어 경험이 아닌 부담이 될 수 있다.

둘째, 유아의 발달에 적합한 작품을 선택한다. 너무 길거나 추상적인 동시는 유아의 이해와 몰입을 어렵게 한다. 짧고 리듬이 분명하며, 유아의 생활과 연결되는 소재를 가진 동시를 선택하는 것이 바람직하다. 이는 유아가 자연스럽게 공감하고 참여하도록 돕는다.

셋째, 읽는 속도와 억양에 유의한다. 실습생은 시를 빠르게 끝내는 데 집중하기보다, 일정한 속도와 부드러운 억양으로 동시의 리듬을 살려 주어야 한다. 지나치게 빠르거나 단조로운 낭독은 유아의 몰입을 방해한다. 필요한 경우 잠시 멈추어 여운을 느낄 수 있는 시간을 제공한다.

넷째, 유아의 느낌과 해석을 존중한다. 동시를 듣고 떠올린 장면이나 감정은 유아마다 다를 수 있다. 실습생은 유아의 말을 옳고 그름으로 판단하지 말고, “그렇게 느꼈구나”, “네가 본 모습이 재미있다”와 같이 공감하며 받아들여야 한다. 이는 유아가 자신의 생각을 가치 있게 여기도록 돕는다.

다섯째, 지나치게 과장된 방식으로 진행하지 않는다. 소리의 높낮이나 간단한 몸짓은 동시의 분위기를 살리는 데 도움이 되지만, 지나친 연기는 오히려 주의를 분산시켜 활동에 대한 집중도를 떨어뜨릴 수 있다. 유아가 시의 소리와 떠오르는 장면을 스스로 마음속에 그려 볼 수 있도록, 전반적으로 안정적이고 차분한 분위기를 유지하는 것이 바람직하다.

여섯째, 모든 유아가 참여할 수 있는 분위기를 만든다. 말이 많은 유아만 반복적으로 참여하지 않도록 시선을 두루 나누고, 짧은 말이나 몸짓 표현도 소중히 받아들인다. “틀려도 괜찮다”는 메시지를 지속적으로 전달하여, 말수가 적은 유아도 편안하게 참여할 수 있도록 돕는다.

동시활동에서 실습생의 역할은 ‘가르치는 사람’이 아니라, 유아와 함께 언어의 아름다움을 느끼는 동반자이다. 이러한 주의사항을 바탕으로 동시활동을 운영할 때, 유아는 말과 소리를 즐기는 경험을 쌓게 되며, 실습생 또한 교사로서의 언어 감각과 상호작용 역량을 한층 더 성장시킬 수 있다.

(5) 동극활동

동극활동은 동화나 이야기를 바탕으로 유아가 인물의 역할을 맡아 말과 몸, 표정으로 표현해 보는 활동이다. 유아는 동극을 통해 이야기를 다시 구성하고, 인물의 마음을 이해하며, 또래와 협력하는 경험을 쌓는다. 이는 언어 능력, 상상력, 사회성, 정서 표현 능력을 함께 기르는 통합적 활동으로, 유아의 전인적 발달에 중요한 의미를 지닌다. 다음과 같은 점을 특히 유의해야 한다.

첫째, 완성도보다 과정을 중시한다. 동극의 목적은 ‘잘 만든 공연’이 아니라, 유아가 역할을 맡아 보고 인물이 되어 생각하고 표현해 보는 경험에 있다. 대사를 정확히 외우게 하거나 연기의 수준을 요구하면 유아의 자발성이 위축될 수 있다. 유아가 참여하고 즐기는 과정 그 자체를 소중히 여겨야 한다.

둘째, 정해진 대사와 동작을 강요하지 않는다. 동극은 유아가 스스로 말과 행동을 만들어 가는 활동이다. “이렇게 말해야 해”, “여기서는 이렇게 움직여”와 같은 지시는 상상을 제한한다. “이 장면에서는 어떤 말이 나올까?”, “이때 기분이 어땠을까?”와 같은 질문으로 유아의 표현을 이끈다.

셋째, 모든 유아가 참여할 수 있도록 배려한다. 말이 많고 적극적인 유아만 중심이 되지 않도록 역할과 기회를 고르게 나눈다. 한 역할을 여러 명이 함께 맡거나, 소리·몸짓으로 참여할 수 있는 장면을 마련하여 말수가 적은 유아도 자연스럽게 참여하도록 돕는다.

넷째, 유아 간에 비교를 하지 않는다. 특정 유아를 기준으로 삼을 경우, 다른 유아는 스스로를 뒤처진 존재로 느끼며 참여를 망설이게 될 수 있다. "각자의 생각이 모여 이야기가 더 흥미로워졌어", "모두 다른 모습이라 더 볼거리가 많았구나"와 같이 모든 표현이 소중하고 의미 있다는 메시지를 담은 언어를 사용하는 것이 바람직하다.

다섯째, 갈등을 통제보다 학습의 기회로 활용한다.

역할을 두고 다투거나 순서에 불만이 생길 수 있다. 즉각적으로 정답을 제시하기보다, "어떻게 하면 모두가 해볼 수 있을까?"와 같은 질문으로 유아가 스스로 해결 방법을 찾도록 중재한다. 이는 협력과 조정의 경험으로 이어진다.

여섯째, 분위기와 안전을 함께 고려한다.

동극은 움직임이 많아 부딪힘이나 넘어짐이 발생할 수 있다. 공간을 충분히 확보하고, 소품은 가볍고 안전한 것으로 준비한다. 활동 중 위험 상황이 발생하면 즉시 지도교사에게 알리고 지시에 따른다.

(6) 음악활동

음악활동은 유아가 노래하고, 듣고, 움직이며 소리와 리듬을 경험하는 과정 속에서 정서적 안정과 표현력을 기르는 중요한 교육 활동이다. 유아는 음악을 통해 기쁨과 설렘, 긴장과 평온과 같은 다양한 감정을 자연스럽게 표현하고, 또래와 함께 소리를 나누며 사회적 유대감을 형성한다. 따라서 유치원 실습에서의 음악활동은 실습생이 교사의 목소리, 태도, 상호작용을 통합적으로 연습할 수 있는 수업 장면이 된다.

첫째, 음악활동을 '성과 중심'으로 운영하지 않는다. 음정의 정확성이나 가사 암기를 목표로 삼기보다, 유아가 음악을 즐기고 참여하는 과정 자체에 의미를 두어야 한다. 노래를 틀리게 부르거나 리듬을 놓친 유아를 교정하거나 지적하는 태도는 음악에 대한 부담과 위축을 초래할 수 있다.

둘째, 유아의 발달 수준에 알맞은 곡을 선택한다. 가사가 길거나 멜로디가 복잡한 곡은 유아의 참여를 어렵게 한다. 반복 구조가 분명하고 리듬이 단순한 노래, 유아의 생활 경험과 연결되는 내용의 곡이 적합하다. 이는 유아가 자연스럽게 따라 부르고 몰입할 수 있도록 돕는다.

셋째, 밝고 안정적인 분위기를 조성한다. 실습생의 표정과 목소리는 활동의 분위기를 좌우한다. 지나치게 긴장하거나 급하게 진행하기보다, 편안하고 따뜻한 태도로 유아를 맞이해야 한다. 실습생의 불안은 그대로 유아에게 전달될 수 있음을 인식할 필요가 있다.

넷째, 누구와도 비교하지 않으며, 개인의 고유한 표현을 인정한다. "지수가 제일 잘 불렀네"와 같은 표현은 다른 유아의 참여 의욕을 떨어뜨릴 수 있다. 대신 "모두 함께 불러서 더 재미있었어", "각자 다른 목소리가 멋졌어"와 같이 공동의 즐거움을 강조하는 언어를 사용한다.

다섯째, 표현의 다양성을 존중한다. 유아는 각기 다른 방식으로 노래하고, 움직이며, 리듬을 느낀다. 실습생은 동일한 동작이나 박자를 강요하기보다, 각자의 표현을 인정하고 격려해야 한다. 이는 음악활동을 안전한 표현의 장으로 만드는 중요한 요소이다.

여섯째, 활동의 흐름과 시간을 고려한다. 노래를 반복하여 길어지면 유아의 흥미가 떨어질 수 있다. 유아의 반응을 살피며 적절한 시점에 마무리하고, 신체 표현이나 간단한 악기 활동 등으로 자연스럽게 변화를 주는 것이 바람직하다.

(7) 미술활동

미술활동은 유아가 색, 선, 형태, 재료를 통해 자신의 생각과 감정을 자유롭게 표현하는 중요한 교육 활동이다. 유아에게 미술은 '잘 그리는 것'이 아니라, 느끼고 떠올린 것을 자신만의 방식으로 드러내는 과정 그 자체이다. 이러한 경험은 유아의 창의성, 자아 표현 능력, 정서적 안정에 깊은 영향을 미친다. 따라서 유치원 실습에서의 미술활동은 실습생이 교사의 태도와 상호작용 방식을 실제로 체득하는 수업이다. 미술활동을 운영할 때에는 다음과 같은 점을 특히 유의해야 한다.

첫째, 결과보다 과정을 중시한다. 미술활동의 목적은 '잘 그린 작품'을 만드는 데 있지 않다. 유아가 어떤 색을 선택하고, 어떻게 표현하며, 무엇을 떠올렸는지 그 과정을 존중해야 한다. "예쁘다", "잘 그렸다"와 같은 결과 중심의 평가는 유아를 비교하게 만들 수 있으므로, "이 색을 골랐구나", "여기 이렇게 표현했네"와 같이 과정에 초점을 둔 언어를 사용한다.

둘째, 정답을 제시하지 않는다. 교사의 예시나 시범이 유아에게 '정답'처럼 인식될 경우, 유아는 자신의 표현을 주저하게 된다. 실습생은 "이렇게도 해볼 수 있어"라는 제안의 방식으로 다양한 가능성을 열어 주어야 하며, 특정 형태나 색을 강요하지 않도록 주의해야 한다.

셋째, 유아의 개성과 표현을 존중한다. 유아의 그림은 각기 다른 생각과 감정의 표현이다. 또래의 작품과 비교하거나, 교사의 기준에 맞추어 수정하도록 요구하는 태도는 유아의 자발성을 약화시킨다. 실습생은 유아의 작품을 있는 그대로 받아들이고, 그 의미를 묻고 공감하는 태도를 유지해야 한다.

넷째, 재료 사용과 안전에 유의한다. 가위, 풀, 물감 등 미술 재료는 사고로 이어질 가능성이 있으므로, 사용 방법을 미리 안내하고 활동 중에도 교실 전체를 살피며 위험 요소를 점검해야 한다. 문제가 발생했을 때에는 즉시 지도교사에게 알리고 지시에 따른다.

다섯째, 활동의 흐름과 시간을 고려한다. 유아마다 표현 속도가 다르므로, 지나치게 서두르거나 일률적인 마무리를 요구하지 않도록 한다. 반대로 활동이 과도하게 길어져 집중이 흐트러지지 않도록 유아의 상태를 살피며 적절한 시점에 정리할 수 있도록 돕는다.

여섯째, 격려의 언어로 정서적 안전감을 제공한다. 미술활동은 자신의 마음을 드러내는 시간이므로, 유아가 부끄러움이나 실패를 느끼지 않도록 따뜻한 언어와 표정을 유지해야 한다. "네 그림이 궁금해", "어떤 생각으로 그렸어?"와 같은 말은 유아가 편안하게 표현하도록 돕는다.

(8) 게임활동

게임활동은 규칙이 있는 놀이를 통해 유아가 신체를 움직이고, 또래와 협력하며, 질서와 약속의 의미를 자연스럽게 배우는 중요한 교육활동이다. 유아는 게임을 통해 차례를 기다리는 경험, 규칙을 지키는 태도, 이기고 지는 감정을 조절하는 방법을 익히며 사회적 역량을 확장해 나간다. 따라서 유치원 실습에서의 게임활동은 실습생이 유아의 집단 행동을 이해하고, 공정한 운영과 정서적 지지를 실천하는 교사 역할을 체험하게 된다. 게임활동을 하며 주의할 점을 다음과 같다.

첫째, 경쟁보다 참여와 과정을 중시한다. 게임의 목적은 승패를 가리는 데 있지 않다. "누가 이겼는가"보다 "모두가 끝까지 참여했는가", "규칙을 지키며 함께했는가"가 더 중요하다. 특정 유아의 승리만을 강조하거나 성과를 비교하는 언어는 다른 유아의 의욕을 떨어뜨릴 수 있으므로, 과정과 노력을 중심으로 격려한다.

둘째, 규칙은 단순하고 명확하게 제시한다. 규칙이 복잡하거나 설명이 길어지면 유아는 혼란을 느끼고 흥미를 잃기 쉽다. 한 번에 하나씩, 짧고 분명한 문장으로 안내하고, 필요할 경우 직접 시범을 보여 이해를 돕는다. 유아가 규칙을 이해했는지 눈빛과 반응을 통해 확인하는 과정도 중요하다.

셋째, 모든 유아가 참여할 수 있도록 배려한다. 게임은 일부 유아만 활발히 움직이고, 나머지는 소외되기 쉬운 활동이다. 실습생은 팀 구성과 순서를 공정하게 조정하고, 말수가 적거나 신체 활동에 소극적인 유아도 자연스럽게 참여할 수 있도록 돕는다.

넷째, 안전을 최우선으로 고려한다. 달리기, 공놀이, 이동이 많은 게임에서는 충돌이나 넘어짐이 발생할 가능성이 높다. 활동 전 공간과 도구를 점검하고, 위험 요소가 없는지 확인한다. 놀이 중 위험 상황이 발생하면 즉시 지도교사에게 알리고 지시에 따른다.

다섯째, 유아의 감정을 존중하고 조절을 돕는다. 게임에서 지거나 실수한 유아는 속상함을 크게 느낄 수 있다. "괜찮아"라고 단순히 넘기기보다, "많이 아쉬웠구나", "열심히 해서 더 속상했겠다"와 같이 감정을 먼저 인정해 준다. 승리한 유아에게도 과도한 우월감을 강화하기보다, 함께한 경험과 노력을 강조한다.

여섯째, 교사의 태도가 게임의 분위기를 만든다는 점을 인식한다. 실습생의 말투와 표정, 반응은 게임의 성격을 결정한다. 급하거나 흥분된 태도는 유아를 더욱 과열시키고, 차분하고 공정한 태도는 안정적인 놀이 문화를 만든다. 교사는 심판이 아니라, 유아가 규칙 속에서 즐겁게 놀 수 있도록 돕는 안내자임을 기억해야 한다.

(9) 신체표현활동

신체표현활동은 유아가 음악, 이야기, 이미지, 감정 등을 몸으로 표현하며 자신의 생각과 느낌을 자유롭게 드러내는 활동이다. 유아는 말보다 먼저 몸으로 세상을 경험하고 소통하므로, 신체표현은 언어 이전의 중요한 의사소통 방식이자 정서 표현의 통로가 된다. 이러한 활동은 유아의 신체 인식과 조절 능력을 기를 뿐 아니라, 상상력과 창의성, 정서적 안정감을 함께 발달시키는 데 의미가 있다. 신체표현활동을 지도할 때에는 다음과 같은 점을 특히 유의해야 한다.

첫째, 정해진 동작을 강요하지 않는다. 신체표현의 목적은 동일한 동작을 따라 하게 하는 데 있지 않다. “이렇게 해야 해”라는 지시는 유아의 상상과 표현을 제한할 수 있다. 실습생은 “어떤 모습일까?”, “몸으로 표현해 볼까?”와 같이 열린 제안으로 유아가 스스로 움직임을 만들어 갈 수 있도록 돕는다.

둘째, 유아의 움직임을 평가하거나 비교하지 않는다. “누가 더 잘했을까?”, “민수가 제일 멋지네”와 같은 표현은 유아를 위축시키거나 경쟁하게 만든다. 크고 화려한 동작뿐 아니라, 작고 조심스러운 움직임도 모두 의미 있는 표현임을 인정해야 한다. 유아의 움직임 하나하나를 존중하는 태도가 중요하다.

셋째, 부끄러움을 줄이고 정서적 안전감을 제공한다. 몸으로 표현하는 활동은 유아에게 낯설고 부끄러울 수 있다. 실습생이 망설이거나 소극적인 모습을 보이면 유아도 쉽게 위축된다. 완벽한 동작을 보여 주려 하기보다, 유아와 함께 움직이며 “표현해도 괜찮다”는 메시지를 전달하는 것이 바람직하다.

넷째, 격려와 확장의 언어를 사용한다. “틀렸어”, “그게 아니야”와 같은 교정 중심의 말은 표현의 즐거움을 떨어뜨린다. 대신 “바람처럼 움직이네”, “네 몸이 큰 나무 같아 보여”와 같이 유아의 움직임에 의미를 부여하는 언어는 표현을 더욱 풍부하게 만든다.

다섯째, 공간과 안전을 충분히 고려한다. 신체표현활동은 움직임이 크기 때문에 서로 부딪히거나 넘어질 위험이 있다. 활동 전 공간을 확보하고, 바닥과 주변 환경을 점검한다. 집단으로 움직일 때에는 서로의 거리를 인식하도록 안내하고, 위험한 상황이 발생하면 즉시 지도교사에게 알리고 지시에 따른다.

여섯째, 활동의 흐름과 시간을 조절한다. 신체표현은 몰입이 중요하지만, 활동이 길어지면 피로와 산만함이 나타날 수 있다. 유아의 반응을 살피며 적절한 시점에 마무리하고, 짧은 휴식이나 정리 동작으로 자연스럽게 전환한다.

(10) 과학활동

과학활동은 유아가 주변 세계를 관찰하고, 궁금한 점을 탐색하며, 스스로 생각해 보는 경험을 통해 사고력을 기르는 중요한 교육 활동이다. 유아에게 과학은 어려운 지식이 아니라, "왜 그럴까?", "어떻게 될까?"와 같은 자연스러운 질문에서 출발하는 탐구의 과정이다. 이러한 경험은 유아의 호기심을 자극하고, 문제를 스스로 해결해 보려는 태도를 형성하는 데 큰 의미를 지닌다. 다음과 같은 점을 특히 유의해야 한다.

첫째, 유아가 스스로 답을 찾을 기회를 준다. 과학활동의 목적은 해답을 찾아내는 것에 있지 않다. 실습생이 "이게 정답이야"라고 먼저 말하면, 유아는 더 이상 생각하거나 탐색할 필요를 느끼지 못한다. 유아가 스스로 관찰하고 추측하며 시도해 볼 수 있도록, 답보다는 질문을 제시하는 태도가 중요하다.

둘째, 유아의 생각을 즉시 교정하지 않는다. 유아의 설명이 과학적으로 정확하지 않더라도, 곧바로 틀렸다고 지적하기보다 "그렇게 생각했구나"라고 받아들이고 다시 관찰하거나 실험해 볼 기회를 제공한다. 이러한 과정은 유아가 실패를 두려워하지 않고 탐구에 참여하도록 돕는다.

셋째, 설명보다 경험을 우선한다. 과학활동에서 긴 설명은 유아의 흥미를 떨어뜨릴 수 있다. 실습생은 말로 알려 주기보다, 유아가 직접 보고, 만지고, 변화를 느낄 수 있는 경험을 충분히 제공해야 한다. 설명은 유아의 관찰을 정리해 주는 수준에서 짧고 간단하게 제시한다.

넷째, 주제와 활동은 유아의 생활과 연결한다. 지나치게 추상적이거나 일상과 동떨어진 주제는 유아의 이해를 어렵게 한다. 물, 빛, 그림자, 씨앗, 바람처럼 유아가 생활 속에서 경험할 수 있는 소재를 중심으로 구성하여, "내가 아는 세계"와 연결된 탐구가 이루어지도록 한다.

다섯째, 안전을 철저히 고려한다. 물, 도구, 작은 재료를 사용하는 과학활동은 사고로 이어질 가능성이 있다. 활동 전 준비물의 안전성을 점검하고, 사용 방법을 분명히 안내한다. 의험 상황이 발생할 경우에는 즉시 지도교사에게 알리고 지시에 따른다.

여섯째, 비교와 평가를 피한다. "누가 더 잘했을까?", "유미가 맞았네"와 같은 표현은 유아를 경쟁하게 만들고, 탐구의 즐거움을 약화시킨다. 대신 "서로 다른 생각이 나왔네", "다른 방법도 있구나"와 같이 다양한 시도를 가치 있게 인정하는 언어를 사용한다.

(11) 수학활동

수학활동은 유아가 일상 속에서 수와 양, 모양, 크기, 순서, 규칙성을 경험하며 논리적 사고의 기초를 형성해 가는 중요한 교육 활동이다. 유아에게 수학은 문제를 푸는 학문이 아니라, "몇 개일까?", "어느 것이 더 클까?", "어떤 모양일까?"와 같은 생활 속 질문에서 출발하는 탐색의 과정이다. 이러한 경험은 유아가 세상을 구조적으로 이해하고, 생각하는 힘을 기르는 데 큰 의미를 지닌다.

다음과 같은 점을 특히 유의해야 한다.

첫째, 결과 위주의 방식으로 진행하지 않는다. 유아 수학의 목적은 빠르게 맞히는 데 있지 않다. "맞아, 틀려"로 판단하기보다, 유아가 어떻게 생각했는지에 관심을 가져야 한다. 결과보다 과정에 초점을 두고, 유아의 생각을 말로 표현하도록 돕는다.

둘째, 생활과 동떨어진 개념 제시를 피한다. 추상적인 설명이나 기호 중심의 지도는 유아에게 부담이 된다. 교실의 물건 세어 보기, 간식 나누기, 블록 길이 비교하기 등 생활 속 소재를 활용하여, 유아가 '해 보며' 이해할 수 있도록 구성한다.

셋째, 긴 설명보다 조작과 탐색을 우선한다. 수학활동에서 교사의 장황한 설명은 유아의 흥미를 떨어뜨릴 수 있다. 실습생은 말로 알려 주기보다, 유아가 직접 만지고, 세어 보고, 비교할 수 있는 기회를 충분히 제공해야 한다. 설명은 유아의 경험을 정리해 주는 수준에서 짧고 간단하게 제시한다.

넷째, 유아의 다양한 방법을 존중한다. 같은 문제라도 유아마다 접근 방법이 다를 수 있다. 한 가지 방법만을 '정답'처럼 제시하면 유아의 사고가 제한된다. "다른 방법도 있구나", "친구는 이렇게 했네"와 같이 다양한 사고를 가치 있게 인정하는 언어를 사용한다.

다섯째, 비교와 경쟁을 유도하지 않는다. 유아를 서로 비교하는 표현을 사요하여 유아를 조급하게 만들거나 수학에 대한 불안감을 키울 수 있다. "각자 생각해 본 방법이 다르네", "모두 열심히 해 보고 있구나"와 같이 참여와 노력을 중심으로 격려한다.

여섯째, 유아의 속도를 존중한다. 세는 속도, 이해의 속도는 유아마다 다르다. 일률적으로 빠른 진행을 요구하면 일부 유아는 수학에 대한 불안을 느낄 수 있다. 충분히 생각할 시간을 제공하고, 필요할 경우 개별적으로 도울 수 있는 여유 있는 태도가 필요하다.

(12) 바깥놀이

바깥놀이는 유아가 넓은 공간에서 자유롭게 움직이며 신체를 탐색하고, 자연과 환경을 경험하는 중요한 교육 활동이다. 이 시간은 유아의 대근육 발달을 돕는 동시에, 또래와의 관계 속에서 규칙과 배려를 배우는 사회적 학습의 장이 된다. 실습생에게 바깥놀이는 유아의 역동적인 모습을 이해하고, 교사의 안전 지도와 상호작용 방식을 실제로 배우는 경험의 기회를 제공한다. 실습생에게 바깥놀이 지도는 자유와 안전의 균형을 실제로 경험하는 장면이 되므로 다음과 같은 점을 특히 유의해야 한다.

첫째, 안전을 항상 최우선으로 고려한다. 바깥놀이는 활동 범위가 넓고 움직임이 커 사고 위험이 높다. 실습생은 놀이 전 시설과 기구의 상태, 바닥의 미끄러움, 동선의 복잡함 등을 미리 점검해야 한다. 놀이 중에도 교실처럼 한 곳에 머무르지 않고, 공간 전체를 두루 살피며 위험 요소를 먼저 인식하는 태도가 필요하다. 사고가 발생하거나 위험이 감지될 경우에는 즉시 지도교사에게 알리고 지시에 따른다.

둘째, 놀이를 과도하게 통제하지 않는다. 바깥놀이는 유아의 자율성과 도전을 존중하는 시간이다. 작은 위험 가능성만으로 모든 움직임을 제한하면 유아의 놀이 의욕이 위축될 수 있다. 실습생은 "하지마"라는 금지 중심의 언어보다, "여기서는 천천히 걸어볼까?", "이쪽이 더 안전해"와 같이 대안을 제시하는 방식으로 유아가 스스로 안전한 선택을 하도록 돕는다.

셋째, 특정 유아에게만 치우치지 않는다. 친근하거나 활발한 유아에게만 머무르기보다, 전체 유아를 고르게 살피며 다양한 아이들과 상호작용해야 한다. 놀이에 잘 참여하지 못하는 유아, 혼자 머무는 유아에게는 자연스럽게 다가가 참여의 기회를 넓혀 준다. 이는 모든 유아가 바깥놀이를 긍정적으로 경험하도록 돕는 중요한 역할이다.

넷째, 갈등 상황을 통제보다 학습의 기회로 활용한다. 그네 차례, 공의 소유, 승패를 두고 다툼이 생길 수 있다. 실습생은 즉각적으로 판단하거나 편을 가르기보다, 유아가 자신의 마음을 말로 표현하고 해결 방법을 찾도록 중재한다. "어떻게 하면 모두가 사용할 수 있을까?"와 같은 질문은 협력과 조정의 경험으로 이어진다.

다섯째, 교사의 태도가 놀이의 분위기를 만든다는 점을 인식한다. 실습생의 말투와 표정, 반응은 바깥놀이의 성격을 결정한다. 급하거나 흥분된 태도는 유아의 행동을 과열시키고, 차분하고 안정적인 태도는 정서적 안전감을 준다. 실습생은 심판이나 감독자가 아니라, 유아가 안전하게 자유를 누릴 수 있도록 돕는 안내자임을 기억해야 한다.

3) 놀이 지원

유아의 놀이는 단순한 여가 활동이 아니라, 유아가 세상을 이해하고 관계를 형성하며 스스로를 성장시키는 핵심적인 학습 과정이다. 유치원에서의 놀이는 유아의 인지·정서·사회·신체 발달이 통합적으로 이루어지는 장이며, 실습생은 놀이의 주도자가 아니라 조력자로서 유아가 놀이에 집중하고 확장되도록 돕는 역할을 수행한다. 유아의 놀이를 통제하거나 지시하기보다 유아의 자발성과 흥미를 존중하며 놀이가 자연스럽게 이어지도록 지원해야 한다.

(1) 놀이 지원의 기본 원칙

① 유아 주도성 존중

놀이의 시작과 방향은 유아가 결정한다. 실습생은 "이렇게 해볼까?"와 같은 제안은 가능하되, 정답을 제시하거나 결과를 강요하지 않는다.

② 관찰을 통한 이해

먼저 유아가 무엇을 하고 싶은지, 어떤 의도를 가지고 있는지 충분히 관찰한다.

겉으로 보이는 행동보다 그 안에 담긴 유아의 생각과 감정을 읽으려는 태도가 중요하다.

③ 정서적 안전감 제공

놀이 중 실수하거나 실패해도 비난하지 않는다. "괜찮아, 다시 해볼 수 있어."와 같은 언어로 도전할 수 있는 분위기를 만든다.

④ 발달 수준 고려

유아의 연령과 발달 단계에 맞는 상호작용을 한다. 과도한 설명이나 성인 중심의 개입은 놀이의 흐름을 방해할 수 있다.

(2) 실습생의 구체적인 놀이 지원 방법

① 놀이에 동행하기

유아 옆에 앉아 같은 눈높이에서 놀이를 바라본다.

필요할 때만 조심스럽게 개입하며, 유아가 놀이의 주인이 되도록 한다.

② 개방형 질문 활용

"이건 어떻게 만들었어?", "다음에는 어떻게 될까?"와 같이 생각을 확장하는 질문을 사용한다. 질문은 놀이를 중단시키지 않는 범위에서 짧고 자연스럽게 한다.

③ 언어적 확장

유아의 말이나 행동을 다시 표현해 주며 의미를 넓혀 준다.

예) "이건 병원이야." 를 "아, 아픈 사람을 도와주는 병원이구나."

④ 자료와 환경 연결

놀이가 확장될 수 있도록 주변 자료를 제안한다.

예) 블록 놀이 중 "여기에 길이 있으면 좋겠다"는 말이 나오면 도로 그림이나 자동차를 넌지시 제시한다.

⑤ 또래 상호작용 중재

갈등이 생겼을 때 즉시 판단하거나 혼내기보다 "무엇이 어려웠어?", "어떻게 하면 둘 다 좋을까?"와 같이 유아가 스스로 해결하도록 돕는다.

(3) 놀이 지원 시 유의할 점

놀이를 수업처럼 느끼지 않도록 해야하며. 지나친 설명, 지시, 정답 제시는 놀이의 자발성을 약화시킨다. 유아의 놀이를 성인의 기준으로 결과를 평가하지 않는다.

안전과 관련된 상황(위험 행동, 충돌 가능성 등)에서는 즉시 개입하되, 최소한의 말로 명확하게 안내한다.

유아의 놀이는 가장 자연스럽고 본질적인 배움의 공간으로 실습생의 역할은 가르치기보다 유아가 마음껏 놀 수 있도록 곁에서 지켜보고, 필요할 때 살짝 손을 내미는 사람이 되는 것이 중요하다. 놀이 속에서 유아는 생각하고, 느끼고, 관계를 맺으며 성장한다. 실습생이 보여주는 따뜻한 관심과 존중의 태도는 유아에게 '나는 안전하다', '나는 존중받고 있다'는 메시지가 되며, 그 자체로 가장 중요한 교육적 지원이 된다.

4) 실습 순회지도

교수 순회지도는 유치원 교육실습 기간 중 대학의 담당 교수가 실습기관을 직접 방문하여 실습생의 활동을 관찰하고, 현장 지도교사와 협의하며, 실습생에게 전문적인 피드백을 제공하는 지도 과정이다. 이는 실습이 형식적인 현장 체험에 머무르지 않고, 대학 교육과 유치원 현장이 유기적으로 연결되는 교육적 실습으로 이루어지도록 지원하는 중요한 장치이다.

교수 순회지도는 다음과 같은 목적을 가진다.

- 실습생의 수업과 상호작용을 실제로 관찰하여 성장 수준을 파악한다.
- 실습생이 현장에서 겪는 어려움을 직접 확인하고 지도한다.
- 지도교사와의 협의를 통해 실습 방향과 기준을 공유한다.
- 대학의 교육 목표가 현장에서 적절히 구현되고 있는지를 점검한다.

순회지도는 일반적으로

- 실습생의 수업실연 또는 활동 장면 관찰,
- 실습일지 및 계획안 점검,

- 실습생과의 면담,
- 지도교사와의 협의

의 절차로 이루어진다. 교수는 수업의 완성도만을 평가하기보다, 유아를 대하는 태도, 상호작용의 질, 준비 과정, 피드백을 수용하는 자세 등을 종합적으로 살핀다.

특히 교수의 피드백은 "잘했는가, 못했는가"를 판단하는 데 목적이 있는 것이 아니라, "왜 그렇게 했는가", "다음에는 어떻게 하면 더 나아질 수 있는가"를 함께 고민하도록 돕는 데 초점이 맞추어진다. 이를 통해 실습생은 자신의 수업과 태도를 객관적으로 바라보고, 교사로서의 전문적 사고를 확장하게 된다.

교수 순회지도는 실습생에게 대학과 현장이 연결되어 있다는 안정감, 자신의 성장을 점검받고 방향을 조정할 기회, 예비교사로서의 책임감을 자각하는 경험을 제공한다.

VII. 보육실습 준비

1. 보육실습의 의미
2. 보육실습 준비
3. 보육실습 주체별 실습 준비
4. 보육실습 사전교육

1. 보육실습의 의미

보육실습은 6주간 실시되며 예비보육교사는 짧은 체험을 넘어 보육 현장의 흐름을 온전히 경험하며 교사로서의 정체성을 형성해 가는 중요한 과정이다. 이 기간 동안 실습생은 하루의 일과를 반복적으로 경험하고, 유아의 성장과 변화, 교사의 역할과 책임을 시간의 흐름 속에서 이해하게 된다. 특히 6주라는 기간은 유아와 관계를 형성하고 신뢰를 쌓는 경험, 놀이와 생활지도의 연속성을 관찰하는 기회, 교사의 판단과 개입이 유아에게 미치는 영향을 체감하는 과정, 초기의 긴장과 혼란을 넘어 점차 현장에 적응해 가는 성장 경험을 가능하게 한다.

이 과정에서 실습생은 유아를 이해하고, 놀이를 지원하며, 하루를 책임지는 교사의 시선을 배우게 되며 반복되는 일상 속에서 보육의 전문성이 어떻게 축적되는지를 몸소 느끼며, 자신의 강점과 보완점을 성찰하게 된다. 6주간의 보육실습은 예비보육교사가 이론을 현실로 연결하고 현장을 통해 스스로를 돌아보며, 전문직 보육교사로 성장하기 위한 기초를 다지며 성장하는 시간이다.

단정한 복장, 바른 인사, 시간 준수, 공손한 언어 사용은 기본이다. 이는 실습생이 예비교사로서의 정체성을 갖추고 있음을 보여 주는 중요한 표현이다.

2. 보육실습 준비

1) 보육실습 기본 요건

보육실습은 예비교사가 이론으로 배운 지식과 기술을 실제 현장에서 적용하며 전문성을 기르는 필수 과정으로 보육교사 자격증을 위한 기본 요건이 우선적으로 충족되어야 한다.

(1) 보육실습 시간

보육실습은 원칙적으로 6주 이상, 총 240시간 이상을 이수해야 하며 실습기간 내에 공휴일 등이 있으면 빠진 일수만큼 계산하여 실습 기간을 연장한다. 주중에 실시한 실습시간만 인정되며 특이 사항으로 5월 1일은 공휴일이 아니지만 교육실습확인서 등록 시 실습이 인정되지 않는 문제가 발생할 수 있으므로 실습 일정은 이러한 사항을 충분히 고려하여 신중하게 결정해야 한다.

실습은 필요에 따라 2회에 나누어 실시할 수 있으며 실습을 6주 연속으로 계획하고 시작하였더라도, 실습 기간 중 질병 등의 사유로 결석이 발생할 경우 해당 실습은 분할 실습으로 간주된다. 병결의 경우에는 반드시 병원 진료확인서를 첨부하여 어린이집과 대학에 제출해야 하며 실습 기간 중 결석이 여러 차례 반복되어 실습이 2회를 초과하여 분할된다면 정해진 실습 기준을 충족하지 못한 것으로 판단되어 실습이 인정되지 않음을 유의해야 한다. 실습생은 실습 기간 동안 건강 관리에 각별히 유의하고, 불가피한 결석이 발생할 경우에는 즉시 기관과 대학에 알리며 정해진 절차를 성실히 이행해야 한다. 이는 실습의 연속성과 교육적 효과를 보장하기 위한 기본적인 책임임을 인식할 필요가 있다.

(2) 보육실습 기관 기본 요건

보육실습은 일정한 기준을 충족한 기관에서만 실시할 수 있다. 보육실습은 예비 보육교사가 현장의 실제를 경험하며 전문성을 형성해 가는 핵심 과정이다. 따라서 실습의 질은 곧 실습기관의 환경과 지도 체계에 의해 크게 좌우된다. 적합한 보육실습 기관을 선정하는 것은 실습생 개인의 학습 효과뿐 아니라, 보육교사로서의 가치관과 태도 형성에도 중요한 영향을 미친다.

보육실습 기관은 다음의 기본 요건을 충족해야 한다.

첫째, 실습이 이루어지는 시점에 영유아 수가 15인 이상인 어린이집이어야 한다.

둘째, 해당 기관의 평가가 유효한 상태를 유지하고 있어야 한다.

여기에서 유의해야 할 점은 보육실습을 2회로 분할하여 실시하는 경우 각 실습이 시작되는 시점마다 실습기관의 평가가 모두 유효한 상태여야 한다는 것이다. 실습을 6주 연속으로 계획하여 시작하였더라도, 실습 기간 중 병결 등의 사유로 실습이 분할될 경우에는 분할된 시점을 기준으로 다시 평가의 유효 여부를 확인하게 된다. 이때 해당 시점에 기관의 평가가 유효하지 않다면, 그 이후의 실습은 기준을 충족하지 못한 것으로 간주되어 실습이 인정되지 않는다. 실습생과 대학은 분할 실습이 발생할 가능성을 고려하여, 실습 시작 전과 분할 시점 모두에서 기관의 평가 상태를 반드시 확인해야 하며, 실습 요건을 충족하지 못하는 상황이 발생하지 않도록 사전에 충분히 점검할 필요가 있다.

셋째, 실습을 지도하는 교사는 보육교사 1급 또는 유치원 정교사 1급 자격자이어야 하며, 한 명의 지도교사가 최대 3명 이내의 실습생을 지도하도록 한다.

이러한 기준은 실습생이 안정적이고 전문적인 환경 속에서 충분한 관찰과 참여, 피드백을 경험할 수 있도록 하기 위한 최소한의 조건이다. 기준을 충족하지 않는 기관에서의 실습은 실습 자체가 인정되지 않으므로 각별한 주의가 필요하다.

2) 보육실습 기관 선정

어느 기관에서 실습을 하느냐는 실습의 질과 학습 효과를 크게 좌우한다. 보육실습에서 기관 선정은 장소 선택이라는 의미 뿐 아니라 예비교사가 어떤 보육관을 형성하게 될 것인가를 결정하는 출발점이다.

(1) 보육실습 기관 유형

보육실습을 위한 어린이집은 운영 주체와 설립 목적에 따라 여러 유형으로 구분된다. 각 유형의 어린이집은 운영 환경, 보육 철학, 행정 체계, 부모와의 관계 방식 등에서 차이를 보이므로, 실습생은 기관의 특성을 이해한 상태에서 실습에 임할 필요가 있다. 이는 현장을 보다 깊이 있게 이해하고, 다양한 보육 환경에 대한 시야를 넓히는 데 중요한 기초가 된다. 어린이집은 크게 다음과 같은 유형으로 나눌 수 있다.

① 국공립 어린이집

국가 또는 지방자치단체가 설치·운영하는 어린이집으로, 공공성을 기반으로 안정적인 운영이 이루어진다. 표준보육과정과 행정 체계가 비교적 체계적으로 갖추어져 있으며 교사의 근무 여건과 연수가 안정적인 편으로 공공 보육의 운영 원칙과 행정 절차를 경험할 수 있다.

② 사회복지법인 어린이집

사회복지법인이 설립·운영하는 어린이집으로, 복지적 가치와 공공성이 강조되며 지역사회와의 연계가 활발한 경우가 많다. 취약계층 지원, 돌봄 기능이 강조되는 환경을 경험할 수 있으며 보육의 사회적 역할을 이해하는 데 도움이 된다.

③ 법인어린이집

기업, 학교, 종교단체 등 법인이 설립한 어린이집으로 기관의 성격에 따라 운영 철학과 환경이 다양하다. 특정 공동체를 중심으로 한 보육 문화를 경험할 수 있고 조직 중심의 운영 체계를 이해할 수 있다.

④ 직장 어린이집

사업장 내 또는 인근에 설치되어 근로자의 자녀를 대상으로 운영되며 부모와의 소통이 빈번하고, 맞벌이 가정을 고려한 운영이 이루어지며 일·가정 양립을

⑤ 가정 어린이집

주로 주택을 활용하여 소규모로 운영되는 어린이집으로, 영아 중심의 보육이 이루어지며 가정적인

분위기 속에서 밀착된 상호작용이 특징을 지닌다. 영아 보육의 실제와 세심한 돌봄을 깊이 있게 경험할 수 있으며 소규모 운영의 장점과 한계를 함께 이해할 수 있다.

⑥ 민간 어린이집

개인이 설립·운영하는 형태로, 가장 다양한 운영 방식과 보육 철학이 나타난다.

기관별 특성이 뚜렷하며, 보육 프로그램의 다양성이 크게 나타나며 운영자의 철학에 따라 환경과 분위기가 크게 달라질 수 있다.

실습생은 실습 전 기관의 특성을 충분히 파악할 필요가 있다. 어린이집의 유형은 단순한 분류가 아니라, 실습생이 경험하게 될 보육 환경의 성격을 결정짓는 중요한 요소이다. 각 유형의 특성을 이해하고 실습에 임할 때, 실습생은 다양한 보육 현장의 모습과 역할을 폭넓게 인식하게 되며, 자신에게 적합한 보육 현장과 교사상을 구체화해 나갈 수 있다.

(2) 어린이집 정보 파악

실습생이 어린이집의 운영 특성과 환경을 정확히 파악하는 것은 실습 전반의 적응을 돕고, 보다 효과적인 관찰과 참여, 상호작용을 가능하게 한다. 어린이집 정보 파악은 단순히 기관의 이름이나 위치를 아는 수준을 넘어, 해당 기관이 지향하는 보육 철학과 운영 방식, 유아와 교사의 일상적 생활 구조를 이해하는 것을 의미한다.

① 임신육아종합포털 아이사랑 (http://childcare.go.kr)

교육부와 보건복지부에서 운영하는 종합포털이다. 아이사랑 포털은 영유아를 양육하는 부모뿐 아니라, 어린이집을 이용하는 보호자, 보육교직원에 이르기까지 보육 현장과 관련된 모든 대상자가 활용할 수 있도록 다양한 기능을 통합적으로 제공하는 국가 보육 정보 플랫폼이다. 이 포털은 임신과 출산, 육아, 보육 서비스 전반에 이르는 정보를 한곳에서 제공함으로써, 이용자가 필요한 서비스를 쉽고 편리하게 찾고 활용할 수 있도록 돕는다. 포털을 통해 제공되는 어린이집 정보에는 기관의 위치와 연락처, 운영 유형(국공립, 민간, 가정, 직장 등), 정원과 연령별 반 구성, 운영 시간, 특화 프로그램 여부 등이 포함된다. 또한 평가 결과와 상태가 함께 제시되어 기관의 신뢰성과 운영 수준을 객관적으로 판단할 수 있도록 돕는다.

② **어린이집·유치원 통합정보공시 (https://info.childcare.go.kr)**

전국의 어린이집과 유치원이 제공하는 핵심적인 정보를 한 곳에서 확인할 수 있도록 구성된 서비스이다. 보육실습과 관련하여 어린이집 정보공시의 주요 항목으로 시설 현황 및 규모 등의 기본현황 및 설치·운영 정보, 아동 및 보육교직원 현황, 보육과정 및 운영에 관한 정보, 회계정보, 영유아 건강·안전 등의 관리, 보육 여건 및 운영사항 정보가 제공된다.

③ **유보통합포털 (https://enter.childinfo.go.kr)**

유보통합포털은 어린이집과 유치원과 정보를 하나의 체계 안에서 제공하여, 보호자가 영유아 교육·보육 기관을 보다 공정하고 합리적으로 선택할 수 있도록 지원하는 통합 정보 플랫폼이다. 유아교육과 보육의 이원화된 구조를 연결하여, 기관 간의 차이를 한눈에 비교하고 이해할 수 있도록 돕는 데 목적이 있다. 유보통합포털에 제시되는 어린이집 정보는 기관의 기본 현황을 넘어, 실제 운영 실태와 보육 환경의 질을 종합적으로 파악할 수 있도록 구성되어 있다. 보호자는 지역별·유형별 검색을 통해 어린이집의 위치, 설립 유형(국공립, 민간, 가정, 직장 등), 정원과 연령별 반 구성, 운영 시간과 같은 기본 정보를 확인할 수 있으며, 이를 통해 가정의 여건에 맞는 기관을 탐색할 수 있다. 더불어 어린이집의 평가 결과, 운영 특성, 보육과정의 특징, 교직원 구성 현황 등도 함께 제공되어, 단순한 접근성이나 편의성뿐 아니라 보육의 질을 고려한 선택이 가능하도록 한다.

3) 보육실습기관 선정 시 고려사항

보육실습 기관을 선정할 때에 필수 요건을 충족하는 것에 그치지 않고, 실습의 교육적 가치를 높일 수 있는 환경인지 종합적으로 검토할 필요가 있다. 특히 다음과 같은 요소들은 실습의 질을 좌우하는 중요한 기준이 된다.

(1) 영유아의 연령 구성과 학급 운영 방식

영아반과 유아반의 구성, 혼합연령 운영 여부, 학급의 규모와 편성 방식은 실습생이 경험하게 되는 보육 활동의 범위와 깊이를 결정하는 중요한 요소이다. 예를 들어, 영아반 중심의 기관에서는 신체 돌봄과 정서적 안정, 일상생활 지원에 대한 실제를 깊이 있게 경험할 수 있으며, 유아반 중심의 기관에서는 놀이 활동, 또래 상호작용, 집단 활동 운영에 대한 이해를 넓힐 수 있다. 또한 혼합연령으로 운영되는 학급에서는 연령 간 상호작용, 배움의 확장, 개별화된 지원 방식 등을 관찰하고 경험할 수 있다.

이처럼 다양한 연령의 영유아를 접할 수 있는 환경은 발달 단계별 특성과 요구를 비교·이해할 수 있는 기회를 제공하며, 실습생이 교과서적 지식을 실제 사례와 연결하여 해석할 수 있도록 돕는다. 나아가 연령에 따른 놀이 양상, 의사소통 방식, 정서 표현의 차이를 직접 체감함으로써, 실습생은 보다 유연하고 전문적인 보육 관점을 형성해 나갈 수 있다.

(2) 교사의 상호작용 태도와 보육 철학

교사가 영유아를 대하는 언어와 태도, 존중의 방식, 그리고 놀이를 바라보는 관점은 실습생이 가장 가까이에서 보고 배우게 되는 핵심적인 학습 요소이다. 실습생은 공식적인 설명이나 지시보다도, 교사가 일상 속에서 유아와 상호작용하는 모습을 통해 교사의 역할과 전문성을 체득하게 된다. 예를 들어, 유아의 말을 끝까지 들어 주는 태도, 감정을 존중하며 공감하는 언어, 놀이를 통제의 대상이 아닌 배움의 과정으로 바라보는 시선은 실습생에게 '교사다운 모습'으로 자연스럽게 각인된다.

이와 같이 긍정적이고 전문적인 상호작용이 일상적으로 이루어지는 기관일수록, 실습생은 유아를 존중하는 태도와 바람직한 의사소통 방식을 자연스럽게 모방하고 내면화하게 된다. 이는 단순한 기술 습득을 넘어, 교사로서의 가치관과 태도를 형성하는 데 깊은 영향을 미치며, 실습생이 앞으로 어떤 교사가 될 것인가를 구체적으로 그려보게 하는 중요한 기반이 된다.

(3) 놀이 중심 보육과정이 실제로 운영되는지의 여부

놀이가 계획서나 문서 속에만 존재하는 형식적인 활동에 머무르지 않고, 하루 일과 전반에서 유아의 자발성과 흥미가 실제로 존중되며 운영되고 있는지가 무엇보다 중요하다. 자유놀이 시간뿐 아니라, 등원 이후의 일상, 전이 시간, 바깥놀이, 소집단 활동 등 모든 과정에서 유아의 선택과 주도가 살아 있는지가 실습기관을 평가하는 중요한 기준이 된다.

이와 같은 환경에서는 유아가 무엇을 하고 싶은지 스스로 결정하고, 놀이를 확장하며, 또래와 의미를 나누는 모습이 자연스럽게 드러난다. 교사는 이를 통제하거나 제한하기보다, 유아의 시도를 지지하고 놀이가 깊어질 수 있도록 조력자의 역할을 수행한다. 이러한 실제적인 놀이 운영은 실습생에게 교과서에서 배운 '놀이 중심 보육과정'이 어떻게 현장에서 구현되는지를 몸으로 이해할 수 있는 기회를 제공한다. 실습생은 이론으로만 접했던 개념을 구체적인 장면과 연결하여 해석하게 되며, 놀이가 단순한 활동이 아니라 유아의 배움이 이루어지는 핵심 과정임을 체감하게 된다. 이는 예비 보육교사로서 놀이를 바라보는 관점과 실천 역량을 형성하는 데 필수적이다.

(4) 실습생을 수용하고 지도하는 환경과 문화

실습생을 업무를 돕는 보조 인력이 아니라, 전문성을 형성해 가는 배우는 존재로 인식하는 기관의 태도는 실습의 성격과 질을 결정짓는 중요한 요소이다. 실습생이 궁금한 점을 자유롭게 묻고, 새로운 시도를 해 볼 수 있도록 허용하는 개방적인 분위기가 형성되어 있을 때, 실습은 단순한 체험을 넘어 의미 있는 학습의 장이 된다. 이와 같은 환경에서는 실습생이 실수를 두려워하기보다 경험을 통해 배우려는 태도를 기를 수 있으며, 자신의 생각을 표현하고 반성하며 성장할 수 있는 기회를 얻게 된다. 반대로 질문이나 시도가 제한되는 분위기에서는 실습생이 위축되어 수동적인 역할에 머무르게 되고, 배움의 폭 또한 좁아질 수 있다. 따라서 실습기관은 실습생을 현장에서 성장해 가는 예비 교사로서 존중하는 문화를 조성해야 하며, 이러한 환경은 실습생이 현장에 적극적으로 참여하고 예비 보육교사로서의 정체성을 형성해 나가는 데 든든한 토대가 된다.

(5) 실습생 출퇴근 거리와 이동 여건

보육실습은 6주 이상 연속적으로 이루어지며, 하루 일정 역시 이른 등원과 늦은 하원을 포함하는 경우가 많다. 따라서 통학 시간이 과도하게 길 경우, 실습생은 신체적 피로와 시간적 부담을 크게 느끼게 되고, 이는 집중력 저하와 정서적 소진으로 이어질 수 있다. 특히 장거리 이동이 반복되면 실습 준비 시간 확보가 어려워지고, 일지 작성이나 수업 준비에 충분히 몰입하기 힘들어질 수 있다. 이러한 상황은 실습의 질을 떨어뜨릴 뿐 아니라, 실습 전반에 대한 부정적인 경험으로 남을 가능성도 높인다. 실습생은 기관을 선택할 때 자택 또는 기숙사에서의 이동 시간, 대중교통 접근성, 출퇴근 시 소요되는 실제 시간과 피로도 등을 현실적으로 점검해야 한다.

(6) 대학과의 협력 체계와 행정 운영의 체계성

실습기관이 대학과 공식적인 협약 관계를 맺고 있으며, 실습 일정 운영, 출결 관리, 평가 방식, 교육실습확인서 발급 등과 관련한 절차가 명확하게 정리되어 있을수록 실습 과정은 안정적으로 운영될 수 있다. 이와 같은 행정 체계가 갖추어진 기관에서는 실습 시작 전부터 종료까지의 과정이 예측 가능하게 진행되며, 실습생은 자신의 역할과 책임을 분명히 인식한 상태에서 현장에 임할 수 있다. 반대로 절차가 불분명하거나 협약이 체결되지 않은 기관에서는 출결 처리, 실습 인정, 서류 발급 과정에서 혼선이 발생할 가능성이 크며, 이는 실습생에게 불필요한 불안과 부담으로 작용할 수 있다. 실습기관은 실습 환경뿐 아니라, 대학과의 협력 구조와 행정 절차가 체계적으로 마련되어 있는지를 함께 고려해야 한다.

4) 보육실습기관 선정 절차

일반적인 보육실습기관 선정 절차는 다음과 같은 단계로 구성된다.

1단계: 실습 가능 기관 탐색

대학은 관련 법령과 기준에 따라 보육실습이 가능한 어린이집을 조사하고, 기관의 유형, 운영 안정성, 지도 여건 등을 고려하여 실습 가능 기관 목록을 마련한다. 실습생 또한 아이사랑 포털, 통합정보공시 등을 활용하여 기관의 기본 정보를 사전에 파악할 수 있다.

2단계: 기관 적합성 검토

후보 기관의 보육 환경, 일과 운영, 교직원 구성, 실습 지도 가능 여부 등을 종합적으로 검토하여, 실습이 교육적으로 이루어질 수 있는지를 판단한다. 이 단계는 실습생이 보육실습에 적합한 환경에서 배울 수 있는지를 가늠하는 과정이다.

3단계: 대학-기관 간 협의

대학과 어린이집은 사전 협의를 통해 보육실습의 목표와 운영 방향에 대한 공통된 인식을 형성하고, 실습 기간과 시간, 실습 인원, 실습생의 활동 범위 등을 구체적으로 합의한다.

4단계: 실습기관과의 협약

대학은 어린이집과 실습 기간, 실습 인원, 지도 방식, 실습생의 역할 범위, 안전 관리 책임 등을 명확히 규정한 협약서를 작성한다. 이 협약은 대학과 기관이 실습의 목적과 운영 방식에 대해 공통된 이해를 갖도록 하며, 실습 과정에서 발생할 수 있는 혼란과 갈등을 예방하는 기준이 된다.

5단계: 실습생 배정

대학은 실습생의 거주 지역, 이동 가능성, 개인적 사정 등을 고려하여 실습기관을 배정한다. 이때 공정하고 합리적인 기준에 따라 배정이 이루어져야 하며, 필요에 따라 실습생의 희망을 부분적으로 반영할 수 있다.

6단계: 사전 안내 및 준비

배정이 완료되면 대학은 실습생에게 기관 정보와 실습 일정, 준비 사항을 안내한다. 실습생은 기관에 사전 연락을 하여 출근 시간, 복장, 준비물, 유의 사항 등을 확인하고, 현장에 대한 이해를 바탕으로 실습을 준비한다.

3. 보육실습 주체별 실습 준비

실습이 교육적으로 의미 있게 이루어지기 위해서는 대학, 실습생, 보육실습기관이 각자의 역할을 인식하고 사전에 충분한 준비를 갖추어야 한다. 세 주체의 준비가 유기적으로 이루어질 때, 보육실습은 단순한 현장 체험을 넘어 전문적 성장의 장이 된다.

1) 대학에서의 실습 준비

보육실습이 교육적 의미를 갖고 효과적으로 운영되기 위해서는, 대학 차원의 체계적인 준비가 선행되어야 한다. 대학은 보육실습의 전 과정을 설계하고 관리하는 주체로서, 실습이 단순한 현장 체험이 아니라 전문성 형성을 위한 교육과정의 일부로 기능하도록 책임을 진다.

첫째, 실습 운영 체계의 구축이 필요하다.

대학은 보육실습의 기간, 시간, 운영 방식, 평가 기준 등을 명확히 제시한 운영 계획을 수립해야 하며, 관련 법령과 학사 기준에 부합하도록 실습 과정을 체계화해야 한다.

둘째, 신뢰할 수 있는 실습기관과의 협력이 이루어져야 한다.

공인된 어린이집과 협약을 체결하고, 실습생을 지도할 수 있는 환경과 여건을 갖춘 기관을 확보함으로써, 실습의 질을 보장해야 한다.

셋째, 사전 교육과 오리엔테이션 제공이 중요하다.

대학은 실습 전 실습생을 대상으로 보육실습의 목적, 교사의 역할, 기본 예절, 안전 수칙, 윤리 의식, 실습일지 작성 방법 등을 안내하여, 실습생이 현장에 준비된 상태로 들어갈 수 있도록 해야 한다.

넷째, 실습 지침과 지원 체계 마련이 필요하다.

실습 목표와 내용이 명확히 제시된 실습 지침서를 제공하고, 실습 중 발생할 수 있는 문제에 대응할 수 있도록 지도 교수의 상담 및 지원 체계를 구축해야 한다.

2) 보육기관에서의 실습 준비

보육기관은 실습생이 처음으로 실제 현장을 경험하는 공간이자 예비보육교사가 교사의 역할을 구체적으로 배우는 학습의 장이다. 따라서 실습생을 미래의 보육교사로 인식하고, 성장할 수 있는 환경을 마련해야 한다.

첫째, 실습 운영을 위한 기본 환경 조성이 필요하다.

보육기관은 실습생이 기관의 운영 방식과 일과 흐름을 이해할 수 있도록, 기관의 기본 규칙과 생활 지침을 사전에 안내해야 한다. 또한 유아의 안전을 최우선으로 고려하여 실습생의 역할 범위와 책임을 명확히 설정해야 한다.

둘째, 지도교사의 배정과 역할 명확화가 중요하다.

실습생을 전담하여 지도할 교사를 지정하고, 실습생이 관찰과 참여를 통해 배울 수 있도록 체계적인 지도를 제공해야 한다. 지도교사는 수업 운영, 유아와의 상호작용, 생활지도 방법 등을 실제 장면 속에서 보여 주고, 실습생의 질문에 성실히 응답하며 피드백을 제공하는 역할을 담당한다.

셋째, 실습생을 위한 안내와 오리엔테이션 제공이 필요하다.

실습 첫날에는 기관의 구조, 일과 운영, 안전 수칙, 유아 지도 시 유의사항 등을 안내하여 실습생이 현장에 안정적으로 적응할 수 있도록 해야 한다. 이러한 초기 안내는 실습생의 불안을 줄이고, 실습 전반의 흐름을 이해하는 데 중요한 기초가 된다.

넷째, 관찰과 참여의 기회 제공이 이루어져야 한다.

보육기관은 실습생이 단순히 보조 업무만 수행하는 데 머무르지 않도록, 유아 관찰, 놀이 지원, 부분 활동 참여 등 다양한 경험을 할 수 있는 기회를 제공해야 한다. 이를 통해 실습생은 보육의 실제를 입체적으로 이해하고, 교사의 역할을 구체적으로 체득하게 된다.

3) 실습생의 실습 준비

실습생은 보육실습을 과제 수행의 시간으로 바라보기보다 자신의 보육관과 교사로서의 태도를 형성하는 학습의 기회로 인식하고 충분히 준비해야 한다.

첫째, 보육실습의 목적과 의미에 대한 이해가 필요하다.

실습생은 보육실습이 유아를 돌보고 지도하는 전문적 역할을 체험하는 과정임을 인식하고, '배우는 사람'으로서의 겸손한 태도와 책임감을 갖추어야 한다.

둘째, 실습기관에 대한 사전 이해가 이루어져야 한다.

실습 전 어린이집의 유형, 운영 방식, 일과 흐름, 유아 연령 구성 등을 미리 조사함으로써 현장에 대한 기본적인 이해를 갖추는 것이 중요하다. 이는 실습 초기의 불안을 줄이고, 보다 능동적인 참여를 가능하게 한다.

셋째, 교직에 걸맞은 기본적인 품위와 행동 규범을 갖추어야 한다.

정갈한 복장, 성의 있는 인사, 시간에 대한 책임 있는 태도, 상대를 배려하는 언어 사용은 실습생에게 요구되는 핵심 역량이다. 이러한 실천은 실습생이 교사로서의 정체성을 형성하고 있음을 보여 주며, 교육 현장에서 신뢰와 존중을 받는 예비교사로 성장하는 토대가 된다.

넷째, 관찰과 기록 능력을 갖추어야 한다.

보육실습에서의 배움은 경험에 그치지 않고, 관찰과 기록을 통해 의미를 재구성하는 과정에서 깊어진다. 실습생은 일화기록, 실습일지 작성 방법을 익혀 유아의 행동과 교사의 상호작용을 교육적 관점에서 바라보는 연습이 필요하다.

다섯째, 안전과 윤리에 대한 인식이 중요하다.

유아의 생명과 권리를 보호하는 것은 교사의 가장 기본적인 책무이다. 실습생은 안전 수칙을 철저히 준수하고, 유아와 기관의 개인정보를 보호하며, 모든 행동에서 신중함과 책임감을 가져야 한다.

4. 보육실습 사전교육

보육실습 사전교육은 예비보육교사가 실제 어린이집 현장에 나가기 전에 갖추어야 할 기본적인 지식, 태도, 역량을 체계적으로 준비하는 과정이다. 사전교육은 실습생이 현장에 원활히 적응하고, 영유아의 안전과 권리를 존중하며 전문적인 역할을 수행할 수 있도록 돕는 출발점이 된다. 특히 보육실습은 영유아의 일상과 밀접하게 연결되어 있으므로, 사전교육을 통해 실습의 목적과 의미를 충분히 이해하고, 현장에서 요구되는 기본 역량을 미리 익히는 것이 중요하다.

1) 보육실습 사전 교육의 구성

① 보육실습 이해

실습의 의미와 방향을 분명히 인식하도록 돕는 기초 단계이다.

- 보육실습의 목적과 의의
- 예비보육교사의 역할과 책임
- 실습 운영 방식(기간, 시간, 흐름)
- 실습 전·중·후 과정의 전체 구조 이해
- 실습 평가의 방향과 기준 안내

② 어린이집 현장 이해 영역

- 현장에 대한 사전 이해를 통해 낯섦과 불안을 줄이고, 적응을 돕는 영역이다.
- 어린이집의 유형과 기능
- 연령별 반 구성과 특성
- 하루 일과의 흐름(등원–놀이–급·간식–낮잠–귀가)
- 보육교사의 역할과 업무 범위
- 교사 간 협력 구조 이해

③ 영유아 이해 및 상호작용 기초 영역

- 영유아를 존중하는 관점과 기본적인 상호작용 태도를 형성하는 핵심 영역이다.
- 영유아 발달의 기본 특성
- 영유아의 개별성 존중
- 긍정적 언어 사용 원칙
- 유아의 행동을 이해하는 관점
- 기본적인 상호작용 방법

④ 안전 및 윤리 교육 영역

- 영유아의 생명과 권리를 보호하기 위한 필수 구성 요소이다.
- 실습생의 안전 책임 인식
- 안전사고 예방의 기본 원칙
- 응급 상황 시 기본 태도
- 개인정보 보호와 윤리 의식

- 실습생으로서 지켜야 할 규범

⑤ 실습생 태도 및 기본 예절 영역

- 현장 구성원으로서의 기본 태도를 형성하는 영역이다.
- 단정한 복장과 용모
- 시간 엄수와 책임감
- 지도교사와의 의사소통 방법
- 질문과 도움 요청의 태도
- 배우는 자세와 겸손함

⑥ 실습 준비 및 적응 지원 영역

실습 과정에서 겪게 되는 실제적인 어려움에 대비하도록 돕는 영역이다.

실습 중 예상되는 어려움 안내

긴장과 불안 관리 방법

실수에 대한 대처 태도

실습일지 작성 방법

자기 성찰의 의미와 방법

1) 보육실습서류 준비 및 준비물

(1) 보육실습 협조 공문 발송

보육실습이 원활하게 운영되기 위해서는, 대학과 어린이집 간의 공식적인 의사소통이 필수적이다. 이때 활용되는 문서가 바로 보육실습 협조공문이다. 협조공문은 대학이 실습기관에 실습 운영에 대한 협력을 요청하고, 실습의 목적과 운영 계획을 공식적으로 안내하는 문서로서, 보육실습이 교육과정의 일부로서 책임 있게 이루어짐을 명확히 하는 역할을 한다.

협조공문에는 일반적으로 다음과 같은 내용이 포함된다.

- 보육실습의 목적과 교육적 의의
- 실습 기간과 시간
- 실습생 인원 및 소속
- 실습 내용과 운영 방식
- 지도교사의 협조 요청 사항
- 실습 관련 행정 절차(확인서, 평가서 등)

이러한 내용을 담은 공문은 실습기관이 실습의 성격과 범위를 명확히 이해하도록 돕고, 실습생을 맞이하기 위한 준비를 체계적으로 할 수 있도록 한다. 공문 발송은 실습이 개인적인 요청이 아닌, 대학과 기관 간의 공식적인 협력 관계 속에서 이루어지는 교육 활동임을 분명히 하는 의미를 갖는다.

(2) 보육실습비 지급

보육실습은 예비보육교사가 일정 기간 동안 어린이집에 출근하여 보육 현장을 직접 경험하는 과정으로 실습기관은 실습생을 위해 지도와 관리, 교육적 지원을 제공하며 실습 운영에 소요되는 행정적·교육적 부담을 고려하여 기관에 보육실습비를 지급한다. 보육실습비는 실습생을 지도하는 교사의 업무 부담, 실습 운영을 위한 행정 처리, 교육 자료 준비 등에 소요되는 비용을 일정 부분 보전하기 위한 목적을 가진다. 보육실습비는 대학이 정한 비용을 기관에서 수용할 수 있으며 기관에 따라 추가 금액을 요청하는 경우도 있다.

(3) 보험가입

실습생 보험은 실습 기간 중 발생할 수 있는 사고로부터 실습생을 보호하기 위한 제도로 일반적으로 상해, 치료비, 배상 책임 등을 보장하는 내용을 포함한다. 이는 실습생이 활동 중 다친 경우 적절한 보호와 보상이 이루어질 수 있도록 하기 위한 것이다. 대학은 보육실습이 시작되기 전, 실습생 전원을 대상으로 단체 보험에 가입하는 것이 바람직하며 이때 보험의 적용 기간, 보장 범위, 사고 발생 시 처리 절차 등을 명확히 안내하여 실습생이 자신의 권리와 책임을 정확히 이해할 수 있도록 해야 한다.

2) 보육실습 관련 서류

(1) 협약서

대학과 보육실습기관이 실습 운영에 대해 상호 합의한 내용을 공식적으로 문서화한 것이다. 협약서에는 실습의 목적, 기간과 시간, 실습생 인원, 역할 범위, 지도 방식, 안전 관리 및 책임 사항 등이 명시된다.

이 문서는 실습이 교육과정의 일부로서 책임 있게 운영됨을 보장하며 협약서 작성을 통해 대학과 기관은 공통된 이해를 바탕으로 협력 관계를 형성하고, 실습생은 안정적이고 체계적인 환경 속에서 현장 경험을 할 수 있게 된다.

(2) 실습생 서약서

실습생 서약서는 보육실습에 참여하는 예비보육교사가 실습 기간 동안 지켜야 할 기본 원칙과 태도를 스스로 약속하는 문서이다. 이 서약서에는 실습 규정 준수, 성실한 태도, 유아 보호와 안전에 대한 책임, 개인정보와 비밀 유지, 기관의 질서 존중 등의 내용이 포함된다. 실습생은 서약서를 통해 자신이 전문직 교사로 성장하는 과정에 있음을 인식하고, 모든 행동에 책임을 지겠다는 의지를 공식적으로 표현하게 된다. 따라서 실습생 서약서는 단순한 형식 문서가 아니라, 실습생이 교사로서의 윤리와 책무를 자각하는 출발점이라 할 수 있다.

(3) 보육실습 신상카드

보육실습에서 신상카드는 실습생의 기본 정보를 기관에 제공하기 위한 공식 문서이다. 신상카드는 실습생의 신원과 연락처, 소속 학교, 실습 기간 등을 명확히 하여, 실습기관이 실습생을 체계적으로 관리하고 지도할 수 있도록 돕는 역할을 한다. 이러한 정보는 실습 중 발생할 수 있는 응급 상황에 신속히 대응하고, 실습생을 안전하게 관리하는 데 활용된다.

(4) 자기소개서

자기소개서는 실습생이 자신을 기관에 소개하고, 실습에 임하는 태도와 목표를 전달하는 공식 문서이다. 자기소개서에는 지원 동기, 보육교사로서의 관심과 가치관, 실습을 통해 배우고자 하는 점, 유아와의 관계에 대한 생각 등이 간략하고 진솔하게 담겨야 한다. 이 문서는 실습기관이 실습생을 이해하는 기초 자료가 되며, 실습생에게는 자신의 진로 의식과 태도를 정리하는 계기가 된다. 성실하고 정중한 표현으로 작성된 자기소개서는, 실습생이 전문직 교사로 성장하고자 하는 의지를 보여 주는 첫인상이라 할 수 있다.

(5) 건강진단결과서(구 보건증)

보육실습에서 보건증은 실습생이 유아와 함께 생활하는 데 있어 위생적으로 적합한 상태임을 증명하는 공식 문서이다. 어린이집은 영유아의 건강을 최우선으로 보호해야 하는 공간이므로, 실습생 역시 감염병 예방과 위생 관리 측면에서 철저한 확인 절차를 거쳐야 한다. 보건증은 보건소 등의 지정된 의료기관에서 건강검진을 통해 발급받으며 결핵 등 전염성 질환 여부를 중심으로 확인된다. 실습생은 실습 시작 전에 보건증을 준비하여 기관에 제출함으로써, 유아의 건강을 보호하고 보육 현장의 위생 기준을 준수해야 한다. 건강진단결과서 발급은 실습생이 유아의 생명과 건강을 책임지는 예비보육교사로서 갖추어야 할 기본적인 준비 사항이며 안전하고 신뢰받는 보육실습을 위한 필수 요건이라 할 수 있다. 건강진단결과서는 보건소에서 신청서를 작성한 후 신분증을 확인받아 검사를 진행하게 된다. 검사 결과는 약 5일 정도 소요되며, 결과지는 온라인과 오프라인 모두에서 발급받을 수 있다. 온라인의 경우 공공보건포털(http://www.e-health.go.kr)에 접속하여 발급할 수 있으며, 행정안전부의 정부24 포털(http://www.gov.kr)을 통해서도 발급이 가능하다(양수영, 2019).

(6) 성범죄 경력 조회 및 아동학대 관련 범죄 전력조회

실습생에 대한 신원 확인 절차로 실습 시작 전에 성범죄 경력 조회 및 아동학대 관련 범죄 전력 조회에 대한 동의서를 제출한다. 이것은 유아를 보호하고 보육 현장의 안전을 확보하기 위한 법적·제도적 장치로 실습생이 유아와 함께 생활하고 활동하는 데 적합한 인물임을 확인하는 목적을 가진다. 동의 절차를 통해 실습기관은 안심하고 실습생을 받아들일 수 있으며, 실습생 또한 유아 보호에 대한 교사의 책임을 인식하게 된다.

(7) 보육실습 확인서

보육실습 확인서는 실습생이 정해진 기간 동안 보육실습을 성실히 이수하였음을 증명하는 공식 문서이다. 이 확인서에는 실습기관명, 실습 기간, 실습 시간, 실습생의 성명과 소속, 기관장의 확인 등이 기재된다. 보육실습 확인서는 대학이 실습 이수 여부를 인정하고, 이후 교사 자격 취득 요건을 충족했음을 증명하는 중요한 근거 자료로 활용된다. 따라서 실습생은 실습 종료 후 반드시 확인서를 발급받아 제출해야 하며 기관 역시 사실에 근거하여 정확하게 작성해야 한다. 어린이집에서는 어린이집지원시스템을 통해 보육실습 내용을 등록하고 제출한다. 기관에서 시스템에 입력 후 제출한 경우 수정이 불가하며 수정사항이 있는 경우 증빙자료에 직인을 찍어 대학에 제출하여 보육교사 자격신청 시 활용하도록 한다.

〈표 7-1〉 보육실습확인서

보육실습확인서

1.실습 이수자 기본 현황

이름	주민등록번호	양성교육기관명

2. 실습기관

실습기관명		실습기관 보육정원	
기관종류		최초인가일	
평가제 유지기간		연락처	
주소			

3. 실습지도교사

이름	자격종류	자격번호

4. 실습기간

실습기간	년 월 일 ~ 년 월 일 (주간)
실습시간	총 시간(매주 요일 ~ 요일까지, 오전 시 ~ 오후 시

위 사람은 영유아보육법 시행규칙 제12조 제1항에 따른 보육실습 기준을 준수하여 보육실습을 충실히 이수하였음을 확인합니다.

20 년 월 일

어린이집 원장 (서명 또는 인)

학과장 (서명 또는 인)

※첨부서류

① 실습기간 시설인가중 사본 1부 ② 보육실습 지도교사 자격증 사본 1부 ③ 실습 지도교사 1인당 3인 이내의 보육실습생 지도 확인서. 단, '13. 3. 1. 이후 「어린이집지원시스템」을 통하여 보육실습화긴서를 출력한 경우 첨부서류를 제출하지 않아도 됨

(8) 보육실습 평가서

보육실습 평가서는 실습기관의 지도교사가 실습생의 태도와 수행 능력, 전문성 성장 정도를 종합적으로 평가하여 기록하는 문서이다. 이 평가서에는 실습생의 성실성, 유아와의 상호작용, 관찰 및 기록 능력, 협력 태도, 교사로서의 기본 자질 등이 항목별로 제시된다. 보육실습 평가서는 실습 성과를 객관적으로 확인하는 자료로 활용되며, 대학에서는 이를 바탕으로 실습 이수 여부와 성취 수준을 판단한다.

(9) 보육실습 일지

보육실습 일지는 실습생이 하루 동안 경험한 보육 현장의 모습을 기록하고, 그 의미를 성찰하는 학습 도구이다. 현장의 모습을 세밀하게 살피고 그 의미를 이해하며 자신의 경험을 되돌아보는 과정을 통해 실습을 전문적 배움으로 확장시키는 중요한 기록물이다.

〈표 7-2〉 보육실습일지 출근부

보육실습생 출근부

소속 : OO대학교 과		학번 :	이름 :
보육실습기관	어린이집 세 반	보육실습 지도교사 :	
보육실습 기간	20 . . . ~ 20 . . 31. (총 6주간), 30일		

구분	월	화	수	목	금
보육실습생	(印)	(印)	(印)	(印)	(印)
보육실습 지도교사	(印)	(印)	(印)	(印)	(印)
날짜	월 일 시 분부터 시 분까지	월 일 시 분부터 시 분까지	월 일 시 분부터 시 분까지	월 일 시 분부터 시 분까지	월 일 시 분부터 시 분까지
보육실습생	(印)	(印)	(印)	(印)	(印)
보육실습 지도교사	(印)	(印)	(印)	(印)	(印)
날짜	월 일 시 분부터 시 분까지	월 일 시 분부터 시 분까지	월 일 시 분부터 시 분까지	월 일 시 분부터 시 분까지	월 일 시 분부터 시 분까지
보육실습생	(印)	(印)	(印)	(印)	(印)
보육실습 지도교사	(印)	(印)	(印)	(印)	(印)
날짜	월 일 시 분부터 시 분까지	월 일 시 분부터 시 분까지	월 일 시 분부터 시 분까지	월 일 시 분부터 시 분까지	월 일 시 분부터 시 분까지
보육실습생	(印)	(印)	(印)	(印)	(印)
보육실습 지도교사	(印)	(印)	(印)	(印)	(印)
날짜	월 일 시 분부터 시 분까지	월 일 시 분부터 시 분까지	월 일 시 분부터 시 분까지	월 일 시 분부터 시 분까지	월 일 시 분부터 시 분까지
보육실습생	(印)	(印)	(印)	(印)	(印)
보육실습 지도교사	(印)	(印)	(印)	(印)	(印)
날짜	월 일 시 분부터 시 분까지	월 일 시 분부터 시 분까지	월 일 시 분부터 시 분까지	월 일 시 분부터 시 분까지	월 일 시 분부터 시 분까지

* 결석·지각·조퇴는 불가하며, 불가피할 경우 위의 기재된 실습 기간 중 법적 이수 시간(240시간)을 채운다

VIII. 보육실습 운영

1. 보육실습 내용

어린이집 보육실습은 예비보육교사가 영유아의 생활 전반을 실제로 경험하며, 보육교사의 역할과 책임을 체득하는 과정이다. 실습생은 하루 일과에 참여하면서 유아의 발달 특성과 생활 모습을 관찰하고, 교사의 지도 방식을 현장에서 직접 배우게 된다. 일반적인 보육실습 주차별 내용은 다음과 같으며 보육실습기관에 따라 변경될 수 있다.

1) 주차별 보육실습 내용

(1) 1주차 : 현장 적응 및 관찰 중심

① 주차 목표

어린이집 환경과 일과에 익숙해지고, 보육 현장의 흐름을 이해

유아와 교사의 상호작용을 관찰하며 보육의 실제를 파악

② 실습생 역할

관찰자 역할 중심

유아와 친숙해지기, 교실 규칙 이해

교사의 지시에 따라 기본 보조 수행

③ 주요 실습 내용

하루 일과 흐름 관찰

유아의 생활 모습 및 발달 특성 파악

교사의 언어, 태도, 지도 방식 관찰

실습일지 및 관찰 기록 작성

④ 지도교사 체크 포인트

실습생이 규칙과 일과를 이해 정도

유아를 존중하는 태도 파악

관찰 기록이 사실 중심으로 이루어지는지 확인

(2) 2주차 : 보조 참여 단계

① 주차 목표

일과와 놀이에 보조적으로 참여하며 교사의 역할을 체험

유아와의 상호작용을 확대

② 실습생 역할

놀이 및 생활지도 보조

유아와의 대화 시도

교사의 지시에 따른 부분 참여

③ 주요 실습 내용

자유놀이 보조

정리, 이동, 준비 활동 지원

유아 개별 행동 관찰

일지 및 성찰 기록

④ 지도교사 체크 포인트

유아와의 상호작용 적절성

교사의 지시 수행

무리한 개입 없이 기다림

(3) 3주차 : 부분 수업 실시

① 주차 목표

짧은 활동이나 소집단 놀이를 직접 실행해 본다.

수업 준비와 진행의 기초를 익힌다.

② 실습생 역할

부분 활동 계획 및 실행

활동 자료 준비

유아 반응 관찰

③ 주요 실습 내용

이야기 나누기, 동화, 놀이 제안 등 부분 수업

활동 전·후 유아 반응 기록

지도교사 피드백 반영

④ 지도교사 체크 포인트

활동 목표의 명확성

유아 수준에 맞는 언어사용

유아 반응에 유연한 대응

(4) 4주차 : 부분 수업 심화

① 주차 목표

부분 수업을 안정적으로 운영하며 교사 역할을 확장한다.

수업 흐름을 스스로 조절한다.

② 실습생 역할

부분 수업의 주도적 운영

활동 중 상황 판단 및 조정

유아 참여 유도

③ 주요 실습 내용

계획–실행–정리의 수업 경험

놀이 확장 질문 사용

수업 후 성찰 기록

④ 지도교사 체크 포인트

수업 흐름을 유지할 수 있는가

유아 참여를 고르게 이끄는가

교사의 피드백을 반영하는가

(5) 5주차 : 연결(연계) 수업 실시

① 주차 목표

여러 활동을 연계한 수업을 운영한다.

하루 흐름 속에서 교육을 구성한다.

② 실습생 역할

2~3개 활동을 연결한 수업 진행

활동 간 전환 지도

유아 반응에 따른 수업 조정

③ 주요 실습 내용

주제 중심 연결 수업

놀이-이야기-표현 활동 연계

평가 및 성찰 기록

④ 지도교사 체크 포인트

활동 간 연결이 자연스러운가

유아의 흥미를 유지하는가

전체 흐름을 조망하는 시각이 있는가

(6) 6주차 : 종일 수업 실시

① 주차 목표

하루 일과를 종합적으로 운영한다.

보육교사로서의 역할을 통합적으로 경험한다.

② 실습생 역할

하루 일과 일부 또는 전체 운영

유아 생활지도와 활동 진행

종합 성찰 수행

③ 주요 실습 내용

종일 수업 계획 및 실행

일과 전반의 책임 경험

실습 전 과정 정리 및 성찰

④ 지도교사 체크 포인트

유아 안전과 일과 흐름을 고려하는가

교사로서의 태도와 책임감을 보이는가

스스로를 성찰하며 성장하고 있는가

2) 보육일지 작성

보육실습일지는 실습생이 하루 동안 경험한 보육 현장의 모습을 기록하고, 그 의미를 되짚어 보며 전문적으로 성장하기 위한 매체이다. 일지는 보육현장을 관찰하고 이해하며 성찰하는 과정을 통한 기록이다. 실습일지는 “무엇을 했는가”를 나열하는 데 그치지 않고, “왜 그렇게 되었는가”, “나는 무엇을 배웠는가”, “다음에는 어떻게 하고 싶은가”를 스스로에게 묻는 과정이 되어야 한다.

보육실습은 매일 반복되는 일상 속에서 이루어진다. 등원, 자유놀이, 집단 활동, 급·간식, 휴식, 귀가라는 일과는 비슷해 보이지만, 그 안에는 유아의 성장과 변화, 교사의 판단과 개입, 관계 형성의 순간들이 끊임없이 일어난다. 실습일지는 이러한 장면을 놓치지 않고 기록하여, 경험을 학습으로 바꾸는 통로가 된다.

보육실습 일지는 일반적으로 다음과 같은 요소로 구성된다.

① 기본 정보

날짜, 요일

실습 기관명 및 반 이름

날씨, 유아 수 등 간단한 환경 정보

② 하루 일과 요약

등원부터 귀가까지의 주요 활동 흐름

그날의 중심 활동이나 특징적인 사건

③ 관찰 내용

인상 깊었던 유아의 행동이나 놀이 장면

교사의 언어, 태도, 지도 방식

놀이가 전개되고 확장되는 과정

④ 실습생의 역할

내가 수행한 활동(놀이 보조, 정리, 이야기 나누기 등)

유아와 어떻게 상호작용했는지

⑤ 성찰 및 배운 점

그 장면에서 느낀 점

교사의 행동에서 배운 점

다음에는 어떻게 하고 싶은지에 대한 다짐

2. 개정 표준보육과정

보육기관에서는 0~5세 영유아를 위한 국가 수준의 표준보육과정(2024 개정 누리과정)을 바탕으로 운영하며 이 중 3~5세를 위한 보육과정은 누리과정으로 유치원과 동일하다.

1) 2024 개정 표준보육과정의 이해

2024 개정 표준보육과정은 영아 보육의 방향을 돌봄 중심에서 배움과 성장 중심의 보육으로 재정립하여 어린이집 보육을 단순한 보호가 아닌 영아의 전인적 발달을 지원하는 국가 수준의 교육·보육 체계로 한 단계 끌어올렸다. 2024 개정 표준보육과정의 기본 구성은 다음과 같다(고육부, 2024).

(1) 표준보육과정의 성격

표준보육과정은 0~5세 영유아를 위한 국가 수준의 보육과정으로 0~1세 보육과정, 2세 보육과정, 3~5세 보육과정(누리과정)으로 구성한다.

- 국가 수준의 공통성과 지역, 기관 및 개인 수준의 다양성을 동시에 추구한다.
- 영유아의 전인적 발달과 행복을 추구한다.
- 영유아 중심과 놀이 중심을 추구한다.
- 영유아의 자율성과 창의성 신장을 추구한다.
- 영유아, 교사, 원장, 부모 및 지역사회가 함께 실현해 가는 것을 추구한다

(2) 추구하는 인간상

표준보육과정이 추구하는 인간상은 다음과 같다.

- 건강한 사람
- 자주적인 사람
- 창의적인 사람
- 감성이 풍부한 사람
- 더불어 사는 사람

(3) 표준보육과정의 목적

표준보육과정의 목적은 영유아가 놀이를 통해 심신의 건강과 조화로운 발달을 이루고 바른 인성과 민주 시민의 기초를 형성하는 데에 있다. 이를 실현하기 위한 목표는 다음과 같다.

① 0~1세 보육과정 및 2세 보육과정 목표

- 자신의 소중함을 알고 건강하고 안전한 환경에서 즐겁게 생활한다.
- 자신의 일을 스스로 하고자 한다.
- 호기심을 가지고 탐색하며 상상력을 기른다.
- 일상에서 아름다움에 관심을 가지고 감성을 기른다.
- 사람과 자연을 존중하고 소통하는 데 관심을 가진다.

② 3~5세 보육과정(누리과정) 목표

- 자신의 소중함을 알고 건강하고 안전한 생활 습관을 기른다.
- 자신의 일을 스스로 해결하는 기초능력을 기른다.
- 호기심과 탐구심을 가지고 상상력과 창의력을 기른다.
- 일상에서 아름다움을 느끼고 문화적 감수성을 기른다.
- 사람과 자연을 존중하고 배려하며 소통하는 태도를 기른다.

(4) 표준보육과정의 편성 및 운영

- 각 기관의 운영 시간에 맞추어 편성한다.
- 표준보육과정을 바탕으로 각 기관의 실정에 적합한 계획을 수립하여 운영한다.
- 하루 일과에서 바깥 놀이를 포함하여 영유아의 놀이가 충분히 이루어지도록 편성하여 운영한다.
- 성, 신체적 특성, 장애, 종교, 가족 및 문화적 배경 등에 따른 차별이 없도록 편성하여 운영한다.
- 영유아의 발달과 장애 정도에 따라 조정하여 운영한다.
- 가정과 지역사회와의 협력과 참여에 기반하여 운영한다.
- 교사 연수를 통해 표준보육과정의 운영을 개선할 수 있도록 한다.

(5) 교수·학습

교사는 다음 사항에 따라 영유아를 지원한다.

- 영유아가 흥미와 관심에 따라 놀이에 자유롭게 참여하고 즐기도록 한다.
- 영유아가 놀이를 통해 배우도록 한다.

- 영유아가 다양한 놀이와 활동을 경험할 수 있도록 실내외 환경을 구성한다.
- 영유아와 영유아, 영유아와 교사, 영유아와 환경 사이에 능동적인 상호작용이 이루어지도록 한다.
- 5개 영역의 내용이 통합적으로 영유아의 경험과 연계되도록 한다.
- 영유아의 연령, 발달, 장애, 배경 등을 고려하여 개별 특성에 적합한 방식으로 배우도록 한다.

(6) 2024 개정 표준보육과정 5개 영역 목표와 내용

표준보육과정의 3~5세 과정은 누리과정으로 유치원과 동일하므로 0~1세, 2세 표준보육과정의 내용을 다루고자 한다.

0~1세 영역별 목표와 내용을 살펴보면,

① 신체운동·건강

실내외에서 신체활도을 즐기고, 건강하고 안전한 일상생활을 경험한다.

- 감각 경험과 신체활동을 즐긴다.
- 건강한 일상생활을 경험한다.
- 안전한 일상생활을 경험한다.

내용범주	내 용
신체활동 즐기기	다양한 감각을 경험한다.
	신체와 주변을 탐색한다.
	대소근육을 조절한다.
	기본 운동을 시도한다.
	실내와 신체활동을 즐긴다.
건강하게 생활하기	도움을 받아 몸을 깨끗이 한다.
	음식에 관심을 가진다.
	하루 일과를 편안하게 경험한다.
	건강한 배변 습관을 갖는다.
안전하게 생활하기	안전한 상황에서 놀이하고 생활한다.
	안전한 상황에서 교통수단을 이용해 본다
	위험하다는 말에 주의한다.

② 의사소통

일상생활에서 의사소통 능력을 기른다.

- 일상생활에서 듣기와 말하기를 즐긴다.
- 읽기와 쓰기에 관심을 가진다.
- 책과 이야기에 재미를 느낀다.

내용범주	내용
듣기과 말하기	표정, 몸짓, 말과 주변의 소리에 주의를 기울인다.
	상대방의 이야기를 들으면서 말소리를 낸다.
	표정, 몸짓, 말소리고 의사를 표현한다.
읽기와 쓰기에 관심 가지기	주변의 그림과 상징에 관심을 가진다.
	끼적이기에 관심을 가진다.
책과 이야기 즐기기	책에 관심을 가진다.
	말놀이와 이야기에 재미를 느낀다.

③ 사회관계

나를 알아가며, 더불어 생활하는 경험을 한다.

- 나를 알고 긍정적으로 여긴다.
- 함께 지내는 즐거움을 경험한다.

내용범주	내 용
나를 알고 존중하기	나의 고유함을 알아간다.
	나의 욕구와 감정을 표현한다.
	나에게 친숙한 것을 안다.
더불어 생활하기	안정적인 애착을 형성한다.
	또래에게 관심을 가진다.
	다른 사람의 감정과 행동에 관심을 가진다.
	반에서 편안하게 지내다.

④ **예술경험**

아름다움을 느끼고 즐긴다.

- 자연과 생활에서 아름다움을 경험한다.
- 자유롭게 예술 표현을 한다.

내용범주	내 용
아름다움 찾아보기	자연과 생활에서 아름다움을 느낀다.
	예술에서 아름다움을 느낀다.
창의적으로 표현하기	소리와 리듬, 노래로 표현한다.
	움직임으로 표현한다.
	다양한 미술 재료를 경험한다.
	모방하기를 즐긴다.

⑤ **자연탐구**

주변 환경과 자연을 탐색하는 과정을 즐긴다.

- 일상에서 탐색하는 과정을 즐긴다.
- 주변 환경에 관심을 가지고 탐색한다.
- 생명과 자연에 관심을 가진다.

내용범주	내 용
탐구과정 즐기기	주변 환경와 자연에 대해 호기심을 가진다.
	사물과 자연 탐색하기를 즐긴다.
생활 속에서 탐구하기	친숙한 물체를 감각으로 탐색한다.
	일상에서 수에 관심을 가진다.
	공간과 모양을 탐색한다.
	규칙성을 경험한다.
자연과 더불어 살기	주변의 동식물에 관심을 가진다.
	날씨의 변화를 느낀다.

2세 영역별 목표 및 내용은 다음과 같다.

① 신체운동·건강

실내외에서 신체활동을 즐기고, 건강하고 안전한 일상생활을 경험한다.

- 감각 경험과 신체활동을 즐긴다.
- 건강한 일상생활을 경험한다.
- 안전한 일상생활을 경험한다.

내용범주	내 용
신체활동 즐기기	다양한 감각을 경험한다.
	신체를 인식하고 움직인다.
	대소근육을 조절한다.
	기본 운동을 즐긴다.
	실내외 신체활동을 즐긴다.
건강하게 생활하기	자신의 몸과 주변을 깨끗이 해 본다.
	음식을 즐겁게 먹는다.
	하루 일과를 즐겁게 경험한다.
	건강한 배변 습관을 갖는다.
안전하게 생활하기	안전하게 놀이하고 생활한다.
	안전한 상황에서 교통수단을 이용해 본다.
	위험한 상황에 대처하는 방법을 경험한다.

② 의사소통

일상생활에서 의사소통 능력을 기른다.

- 일상생활에서 듣기와 말하기를 즐긴다.
- 읽기와 쓰기에 관심을 가진다.
- 책과 이야기에 재미를 느낀다.

내용범주	내 용
듣기와 말하기	표정, 몸짓, 말에 주의를 기울여 듣는다.
	상대방의 이야기를 듣고 말한다.
	자신의 요구와 느낌을 말한다.
읽기와 쓰기에 관심 가지기	주변의 그림과 상징에 관심을 가진다.
	끼적이며 표현하기를 즐긴다.
책과 이야기 즐기기	책에 관심을 가지고 상상한다.
	말놀이와 이야기에 재미를 느낀다.

③ 사회관계

나를 알아가며, 더불어 생활하는 경험을 한다.

- 나를 알고 긍정적으로 여긴다.
- 함께 지내는 즐거움을 경험한다.

내용범주	내 용
나를 알고 존중하기	나의 고유함을 알아간다.
	나의 욕구와 감정을 표현한다.
	내가 좋아하는 것을 해 본다.
더불어 생활하기	가족에게 관심을 가진다.
	또래와 함께 놀이한다.
	다른 사람의 감정과 행동에 관심을 가진다.
	지켜야 할 약속이 있음을 안다.

④ 예술경험

아름다움을 느끼고 즐긴다.

- 자연과 생활에서 아름다움을 경험한다.
- 자유롭게 예술 표현을 한다.

내용범주	내 용
아름다움 찾아보기	자연과 생활에서 아름다움을 느낀다.
	예술에서 아름다움을 느낀다.
창의적으로 표현하기	익숙한 노래와 리듬을 표현한다.
	움직임과 춤으로 표현한다.
	다양한 미술 재료와 도구로 표현한다.
	상상놀이를 한다.

⑤ 자연탐구

주변 환경과 자연을 탐색하는 과정을 즐긴다.

- 일상에서 탐색하는 과정을 즐긴다.
- 주변 환경에 관심을 가지고 탐색한다.
- 생명과 자연에 관심을 가진다.

내용범주	내 용
탐구과정 즐기기	주변 환경과 자연에 대해 호기심을 가진다.
	사물과 자연 탐색하기를 즐긴다.
생활 속에서 탐구하기	친숙한 물체를 감각으로 탐색한다.
	일상에서 수에 관심을 가진다.
	공간과 모양을 탐색한다.
	규칙성에 관심을 가진다.
	사물을 같고 다름에 따라 구분한다.
	생활 도구에 관심을 가진다.
자연과 더불어 살기	주변의 동식물에 관심을 가진다.
	날씨와 계절의 변화를 느낀다.

3) 보육계획안 작성

보육계획안은 유아의 발달과 놀이 흐름을 고려하여 교육적 경험을 구성하는 사고의 과정이 담긴 설계도라 할 수 있다. 보육계획안을 작성하는 과정은 실습생이 교사의 시선으로 유아를 바라보고, 하루의 일과와 활동을 교육적으로 조직하는 힘을 기르는 핵심 학습 활동이다.

(1) 보육계획안의 목적과 교육적 의미

보육계획안은 다음과 같은 교육적 목적을 가진다.

첫째, 유아 중심의 시각을 형성한다.

계획안을 작성하는 과정에서 실습생은 유아의 연령, 발달 수준, 흥미, 생활 리듬을 고려하게 된다. 이는 활동을 교사의 편의가 아니라, 유아의 관점에서 구성하도록 돕는다.

둘째, 하루 일과를 교육적으로 조직하는 힘을 기른다.

등원, 놀이, 활동, 급·간식, 휴식, 귀가로 이어지는 일과는 단순한 생활의 흐름이 아니라, 모두 교육적 의미를 지닌다. 계획안은 이 일과를 유아의 성장과 연결하여 바라보게 한다.

셋째, 교사로서의 전문적 사고를 형성한다.

계획안에는 목표, 내용, 방법, 환경, 평가가 함께 담긴다. 이는 실습생이 활동을 감각이 아닌 근거와 의도를 가지고 구성하도록 이끈다.

(2) 보육계획안의 기본 구성

보육계획안은 기관의 양식에 따라 다소 차이가 있으나, 일반적으로 다음과 같은 요소로 구성된다.

- 기본 정보

날짜, 반, 유아 연령

활동 영역 및 시간

- 활동 주제 및 목표

유아의 발달 수준에 맞는 목표 제시

놀이와 경험을 통해 유아가 무엇을 느끼고, 배우기를 기대하는지 명확히 서술

- 활동 내용 및 과정

도입: 유아의 흥미를 여는 방법

전개: 놀이와 활동의 흐름

마무리: 정리 및 확장

- 교사의 역할 및 상호작용

어떤 질문을 던질 것인가?

유아의 반응에 어떻게 대응할 것인가?

언제, 어떤 방식으로 개입할 것인가?

- 자료 및 환경 구성

활동에 필요한 교구와 자료

유아가 스스로 탐색할 수 있도록 준비된 환경

- 평가 및 성찰

유아의 반응과 참여 모습

활동의 적절성

개선이 필요한 점

(3) 보육계획안 작성의 원칙

보육계획안을 작성할 때에는 다음과 같은 원칙을 염두에 두어야 한다.

첫째, 유아의 실제를 기준으로 한다.

계획은 이상적인 유아를 가정하기보다, 지금 눈앞에 있는 유아의 모습에서 출발해야 한다. 유아의 흥미, 수준, 관계를 반영한 계획이 실현 가능하다.

둘째, 놀이의 흐름을 존중한다.

보육계획안은 유아의 놀이를 통제하기 위한 도구가 아니라, 놀이가 자연스럽게 확장되도록 돕는 틀이다. 계획은 유연해야 하며, 유아의 반응에 따라 조정될 수 있어야 한다.

셋째, 교사의 언어와 역할을 구체화한다.

"도와준다", "관찰한다"와 같은 추상적 표현보다는 "어떤 질문을 할 것인가",

"유아가 어려움을 보일 때 어떻게 반응할 것인가"를 구체적으로 작성한다.

넷째, 실행 후 성찰을 전제로 작성한다.

계획안은 실행으로 끝나지 않는다. 실제 운영 결과를 바탕으로 "무엇이 달랐는가", "왜 그런 차이가 생겼는가"를 돌아보는 과정까지 포함될 때 교육적 의미가 완성된다.

(4) 실습생에게 보육계획안이 갖는 의미

보육실습에서 계획안을 작성하는 경험은 실습생에게 다음과 같은 변화를 가져온다.

활동을 즉흥적으로 운영하던 시각에서, 의도적으로 설계하는 교사의 시각으로 이동하여 사고의 깊이 확장하여 유아를 각기 다른 존재로 바라보는 시선 형성을 지니고 교사의 역할이 단순한 안내자가 아니라, 경험을 설계하는 전문가임을 인식한다. 실습 초기에 계획안은 어떻게 써야 할지 어려운 문서로 느껴질 수 있으나 반복해서 작성하고, 실행하고, 다시 수정하는 과정을 거치면서 실습생은 점차 유아를 이해하는 눈을 기르고 놀이를 읽는 능력을 얻으며 교사로서의 사고를 형성하게 된다.

3. 수업 활동

1) 영아반에서의 수업 활동

영아반에서의 수업실연은 '가르치는 활동'이라기보다, 영아의 생활과 놀이 속에 자연스럽게 스며드는 상호작용 중심의 경험 제시이다. 영아는 언어 이해와 주의 지속 시간이 짧고, 감각과 신체를 통해 세상을 탐색하는 특성을 지니므로, 영아반 수업 실연은 짧고 단순하며, 반복과 감각 경험을 중심으로 이루어져야 한다.

(1) 동화활동

영아반에서의 동화활동은 '야기를 이해시키는 수업이라기보다 책을 매개로 영아와 정서적 교감을 나누고 언어 경험을 확장하는 상호작용의 시간이다. 영아는 긴 이야기 구조를 따라가기보다, 그림을 보고, 소리를 듣고, 교사의 표정과 목소리에 반응하며 책을 경험한다. 따라서 영아반 동화활동은 짧고 단순하며, 감각과 관계 중심으로 이루어져야 한다.

① 영아반 동화활동의 특징

영아반 동화활동은 다음과 같은 특성을 갖는다.

- 짧고 반복적인 구성: 한 권의 책을 끝까지 읽는 것보다, 몇 장면을 반복해 보여 주는 방식이 효과적이다.
- 그림 중심의 경험: 글보다 그림을 함께 보며 "여기 뭐가 있네?"와 같이 시각적 주의를 끌어준다.
- 감각과 움직임의 결합: 손뼉치기, 몸 흔들기, 소리 따라 하기 등 간단한 신체 반응을 허용한다.
- 개별 반응 존중: 앉아 있지 않거나 다른 곳을 보는 영아도 자연스러운 참여로 인정한다.

② 실습생의 수업 실연 원칙

보육실습생은 다음의 원칙을 바탕으로 동화활동을 진행해야 한다.

- 관계가 우선이다.

책을 보여 주기 전에 눈을 맞추고 이름을 불러 주며, “같이 볼까?”와 같은 따뜻한 언어로 시작한다. 영아가 다가오도록 기다리는 태도가 중요하다.

- 설명보다 반응이 중심이다.

“이건 강아지야”를 가르치기보다 “멍멍이가 있네. 귀가 길다”처럼 영아의 시선을 따라 말해 주며 정해진 답을 요구하지 않는다.

- 활동 시간은 3~5분 내외로 유지한다.

영아의 집중 시간은 매우 짧다. 흥미가 줄어들면 자연스럽게 마무리한다.

- 강요하지 않는다.

무릎에 앉히거나 억지로 보게 하지 않는다.

가까이 와서 잠깐 보고 가는 것도 충분한 참여이다.

- 안전을 최우선으로 한다.

책 모서리, 작은 부속물, 넘기는 과정에서의 손 끼임 등에 주의한다.

③ 활동 운영 예시

- 도입: “여기 책이 있어. 같이 볼까?” 하며 책을 천천히 보여 준다.
- 전개: 한 장면을 가리키며 “와, 공이 굴러가네”처럼 짧은 문장으로 반응을 말로 표현해 준다. 영아가 소리를 내거나 몸을 움직이면 “공이 굴러가니까 신나네”라고 반영한다.
- 마무리: “오늘은 여기까지 볼까. 다음에 또 보자” 하며 부드럽게 마친다.

④ 교육적 의미

영아반 동화활동은 언어를 가르치는 시간이 아니라 영아와 교사가 함께 책을 매개로 관계를 형성하는 시간이다.

(2) 음악활동

영아반에서의 음악활동은 소리와 리듬을 통해 영아의 감각과 정서를 깨우고 교사와의 상호작용을 확장하는 경험이다. 영아는 음악을 머리로 이해하기보다, 몸으로 느끼고 반응하므로 영아반 음악활동은 짧고 단순하며, 반복과 신체 반응을 중심으로 구성되어야 한다.

① 영아반 음악활동의 특징

영아반 음악활동은 다음과 같은 특성을 지닌다.

- 짧은 시간: 3~5분 내외로 진행한다.
- 반복 중심: 같은 노래와 동작을 여러 번 반복하여 안정감을 준다.
- 신체 반응 허용: 손뼉 치기, 몸 흔들기, 소리 내기 등 자연스러운 움직임을 존중한다.
- 개별 반응 인정: 앉아 있지 않거나 다른 활동을 하는 영아도 참여로 인정한다.

② 실습생의 수업 진행 원칙

보육실습생은 다음의 원칙을 바탕으로 음악활동을 진행해야 한다.

- 친밀한 관계 형성이 선행되어야 한다.

영아의 눈높이에서 시선을 맞추고 영아의 이름을 불러 주며 부드러운 말로 다가간다. 영아를 끌어오려 하기보다, 스스로 다가올 수 있도록 한다.

- 완성보다 경험이 중요하다.

노래를 정확히 부르게 하거나 동작을 맞추게 할 필요는 없다. 영아가 소리에 반응하고, 몸을 움직이며 즐기는 과정 자체가 목적이다.

- 교사의 목소리와 표정이 핵심이다.

밝고 안정적인 목소리, 과장된 표정과 제스처는 영아의 주의를 끌고 정서적 안정감을 준다.

- 영아가 스스로 선택하도록 시간을 준다.

교사가 먼저 방향을 정해 이끌기보다 영아의 반응을 기다리고 존중하는 태도를 가진다.

- 유아의 안전을 우선한다.

악기의 날카로운 부분이나 작은 구성 요소로 인한 위험을 살피고, 활동 중 서로 부딪히지 않도록 충분한 활동 공간을 마련한다.

③ 활동 운영 예시

- 도입: "딩동댕~ 노래가 시작돼요" 하며 짧은 멜로디를 흥얼거려 주의를 끈다.
- 전개: 손뼉을 치며 간단한 노래를 부르고,

"짝짝, 손이 움직이네"처럼 영아의 행동을 말로 반영해 준다.

소고나 방울을 흔들며 "딸랑딸랑 소리가 나네"라고 감각을 언어로 연결한다.

- 마무리: "이제 노래가 끝났어요. 다음에 또 해볼까?" 하며 부드럽게 정리한다.

④ 교육적 의미

영아반 음악활동은 기술을 익히는 시간이 아니라 소리와 움직임을 매개로 교사와 정서적으로 연결되는 시간이다.

(3) 미술활동

영아반에서의 미술활동은 감각을 탐색하고 몸으로 경험하는 과정 중심의 활동이다. 영아에게 미술은 그리기나 만들기의 기술을 배우는 시간이 아니라, 색을 만지고, 종이를 찢고, 물감을 찍어 보며 세상을 오감으로 경험하는 놀이이다. 실습생은 영아 미술활동을 결과물 중심으로 바라보기보다, 영아의 탐색 과정과 정서 경험을 존중하는 태도로 지도해야 한다.

① 영아반 미술활동의 특징

영아반 미술활동은 다음과 같은 특성을 지닌다.

결과보다 과정 중심의 활동이다.

손, 눈, 몸을 활용한 감각 탐색이 핵심이다.

짧은 집중 시간과 반복적 시도가 자연스럽다.

정답이 없으며, 모든 흔적이 의미 있는 표현이다.

놀이와 구분되지 않는 자유로운 경험 활동이다.

영아는 재료를 '놀이 대상'으로 인식한다. 물감을 손에 묻히고, 종이를 구기며, 크레용을 입에 가져가 보려는 모든 행동은 탐색의 일부이다. 실습생은 "이렇게 해야 해"라는 지시보다, 영아의 행동을 안전하게 허용하고 경험을 확장해 주는 역할을 수행해야 한다.

② 실습생의 수업 실연 원칙

영아반 미술활동을 실연할 때 실습생은 다음 원칙을 지켜야 한다.

- 과정을 존중한다.

'완성'보다 '해보고 있음'에 의미를 둔다.

- 정답과 모범 작품을 제시하지 않는다.

영아의 표현을 하나의 기준으로 묶지 않는다.

- 강요하지 않는다.

참여를 거부하는 영아에게 억지로 시키지 않는다.

- 부드러운 언어와 태도를 유지한다.

"손에 묻었네", "말랑말랑하구나"와 같이 경험을 반영한다.

- 안전과 위생을 최우선으로 한다.

무독성 재료 사용, 작은 부속물 배제, 충분한 공간 확보를 기본으로 한다.

- 지도교사와 항상 협의한다.

재료와 방법을 독단적으로 결정하지 않는다.

③ 활동 운영 예시

활동 주제: “스펀지로 톡톡, 비 오는 날 표현하기”

대상: 영아반

준비물: 큰 도화지, 물감(무독성), 스펀지 조각, 앞치마, 바닥 매트, 물티슈

- 도입

“오늘은 비가 오는 것처럼 톡톡 찍어볼 거야.”

실습생이 스펀지를 살짝 물감에 찍어 도화지에 눌러 보이며

“톡, 톡. 점이 생겼네.”라고 말해 준다.

영아가 스펀지를 만져 보고 냄새와 촉감을 느껴볼 수 있도록 시간을 준다.

- 전개

영아가 스펀지를 쥐고 도화지에 자유롭게 찍어 보도록 한다.

“여기에도 톡!”, “점이 많이 생겼구나.”와 같이

영아의 행동을 그대로 말로 반영해 준다.

스펀지를 떨어뜨리거나 다른 곳에 묻히려 할 때에는

“여기 종이에 톡 해보자.”라고 부드럽게 방향을 제시한다.

망설이는 영아에게는 옆에서 함께 찍어 보며 참여를 돕는다.

- 마무리

완성된 결과를 평가하지 않고

“비가 많이 온 것 같아.”, “점이 가득하네.”처럼 경험을 되돌아본다.

손 씻기와 정리 과정을 차분히 안내하며 활동을 마무리한다.

④ 영아반 미술활동 지도의 교육적 의미

영아반 미술활동 지도는 영아에게 감각 경험의 확장, 자기표현의 즐거움, 정서적 안정과 탐색에 대한 신뢰 형성, 긍정적 자아감 형성을 형성하도록 도우며 실습생은 돌봄이 곧 교육임을 이해하는 경험, 가르치기 보다 지원이 중요함을 체득하며, 실습교사의 말과 태도가 영아의 정서에 미치는 영향에 대한 인식하고 과정 중심 교육의 실제적 의미를 이해하게 된다.

영아반 미술활동은 눈에 띄는 결과보다 영아가 안전하게 탐색하고 마음 놓고 표현하는 경험을 제공하는 데 그 가치가 있다.

(4) 신체표현 활동

영아에게 신체표현 활동은 몸을 통해 감정을 느끼고 세상을 경험하는 놀이 중심의 활동이다. 영아에게 신체표현은 춤을 잘 추는 기술이 아니라, 흔들기, 두드리기, 기어가기, 뛰기, 멈추기와 같은 움직임을 통해 자신의 존재를 인식하고 정서를 표현하는 과정이다. 따라서 보육실습에서 실습생은 영아의 움직임을 교정하거나 통제하기보다, 영아가 안전하게 몸을 탐색하고 표현할 수 있도록 돕는 조력자가 되어야 한다.

① 영아반 신체표현활동의 특징

영아반 신체표현활동은 다음과 같은 특성을 지닌다.

- 결과보다 움직임의 과정 자체가 중요하다.
- 언어보다 몸의 반응과 감각 경험이 중심이 된다.
- 짧은 집중 시간과 반복적 움직임이 자연스럽다.
- 정해진 동작이 없으며, 모든 움직임이 의미 있는 표현이다.
- 놀이와 구분되지 않는 자유로운 활동의 성격을 지닌다.

영아는 음악이 나오면 흔들고, 멈추면 멈추며, 바닥에 앉아 손을 두드리기도 한다. 이러한 움직임은 '틀린 동작'이 아니라, 영아 나름의 표현이다. 실습생은 영아의 몸짓을 하나의 언어로 인식하고, 그 의미를 존중하는 태도를 지녀야 한다.

② 실습생의 수업 실연 원칙

영아반 신체표현활동을 실연할 때 실습생은 다음 원칙을 지켜야 한다.

- 정해진 동작을 강요하지 않는다.

"이렇게 해"보다 "이렇게 해볼 수도 있겠네"라는 제안형 언어를 사용한다.

- 영아의 자발성을 존중한다.
- 움직이지 않는 영아에게 억지로 참여시키지 않는다.
- 모범은 '정답'이 아니라 '가능성'으로 제시한다.

실습생의 동작은 따라야 할 기준이 아니라, 참고할 수 있는 하나의 예시가 된다.

-부드럽고 안정적인 태도를 유지한다.

빠르거나 과도한 동작은 영아에게 불안을 줄 수 있다.

- 안전이 최우선이다.

미끄러짐, 충돌, 낙상 위험이 없는 공간을 확보하고 항상 주변을 살핀다.

- 지도교사의 지침을 따른다.

활동 방식과 음악 선택은 반드시 사전에 협의한다.

③ 활동 운영 예시

활동 주제: “동물처럼 움직여요”

대상: 영아반

준비물: 잔잔한 배경음악, 여유로운 활동 공간

- 도입

실습생이 고양이 인형을 품에 안고 영아들 앞에 앉는다.

“여기 고양이가 왔어. 살금살금 걷는 고양이야.”

인형을 바닥에 내려 천천히 움직이며 “고양이는 이렇게 조용히 걸어가.”라고 말한다..

인형을 영아 가까이 가져가 눈을 맞추며,

“고양이처럼 우리도 몸을 움직여 볼까?”라고 부드럽게 제안한다.

실습생이 인형을 들고 작은 걸음을 보여 주며,

“살금살금, 고양이 걸음이야.”라고 말해 활동으로 자연스럽게 연결한다.

“강아지는 어떻게 움직일까?”라고 말하며 호기심을 유도한다.

- 전개

영아가 각자 표현하고 싶은 방식으로 움직인다.

“기어가고 있구나.”, “두 팔을 흔들고 있네.”와 같이 영아의 움직임을 말로 반영해 준다. 서 있는 영아, 앉아 있는 영아, 제자리에서 손만 흔드는 영아 모두를

하나의 표현으로 존중한다. 위험한 움직임이 보일 때만 “여기서 천천히 해보자.”다고 부드럽게 조정한다.

- 마무리

음악을 천천히 줄이며 “이제 동물들이 쉬어요.”라고 안내한다.

바닥에 앉아 숨을 고르며 몸을 진정시키는 시간을 갖는다.

“많이 움직였네.”와 같이 경험을 정리해 준다.

이 과정에서 실습생은 활동을 통제하지 않고, 영아가 안전하게 움직일 수 있도록 공간과 분위기를 관리하며 정서적 지지를 제공한다.

④ 영아반 신체표현활동 지도의 교육적 의미

영아반 신체표현활동은 영아가 자신의 몸을 인식하고 감각을 발달시키며, 움직임을 통해 정서를 표현하는 경험을 제공한다. 이를 통해 영아는 몸을 사용하는 즐거움을 느끼고 자신감을 형성하며, "나는 움직여도 괜찮은 존재"라는 긍정적인 신체 자아감을 갖게 된다.

한편 실습생은 영아의 비언어적 표현을 읽어 내는 감수성을 기르게 되며, 자신의 말투와 태도, 활동 분위기가 영아의 참여와 정서에 얼마나 큰 영향을 미치는지를 이해하게 된다.

2) 유아반 수업 활동

(1) 미술활동

미술활동은 결과물을 만드는 시간이 아니라 유아가 색, 질감, 형태를 탐색하며 자신의 생각과 느낌을 표현하는 과정 중심의 경험이다. 유아는 미술활동을 통해 손과 몸을 움직이며 감각을 확장하고 "내가 해볼 수 있다"는 성취감과 자율성을 경험하게 된다. 보육실습생은 유아가 성인의 기준에 맞추어 잘 만들도록 하는 교사가 아니라 유아가 자유롭게 표현하도록 돕는 조력자의 역할을 수행해야 한다.

① 유아반 미술활동의 특징

유아반 미술활동은 다음과 같은 특성을 가진다.

- 정답이 없는 활동으로, 결과보다 과정이 중요하다.
- 손, 팔, 온몸을 사용하는 감각 중심 활동이 적합하다.
- 짧고 단순한 과제가 유아의 흥미를 유지하는 데 효과적이다.
- 각 유아의 표현 방식과 속도가 다름을 인정해야 한다.

② 실습생의 수업 진행 원칙

보육실습생은 다음의 원칙을 바탕으로 미술활동을 진행해야 한다.

- 자유로운 표현을 존중한다.

"이렇게 그려야 해"라는 지시는 피하고 유아가 선택한 색과 방법을 그대로 인정한다.

- 과정을 칭찬한다.

완성된 작품보다 "열심히 문질렀구나", "여러 모양들을 사용했구나"와 같이
유아의 시도와 몰입 과정을 언어로 반영해 준다.

- 도움은 요청이 있을 때 제공한다.

유아가 스스로 해 보려는 순간을 존중하고,

"도와주세요"라고 말할 때만 간단히 지원한다.

- 안전을 먼저 고려한다.

가위, 풀, 물감 사용 시 위험 요소를 미리 점검하고,

바닥이 미끄럽지 않도록 환경을 준비한다.

- 각자의 고유한 표현으로 존중한다

작품 간의 우열을 말하지 않으며 모든 결과를 '유아의 표현'으로 존중한다.

③ 활동 진행 예시

- 도입: "오늘은 색으로 놀아볼까?" 하며 재료를 천천히 보여 준다.
- 전개: 유아가 색을 찍거나 문지르는 모습을 보며 "빨간색이 손에 묻었네", "여기 동그라미가 생겼구나"와 같이 관찰한 사실을 말로 표현한다.
- 마무리: "네가 만든 그림이네. 어떤 느낌이야?"와 같이 작품을 바라보는 시간을 갖는다. 다음 활동을 안내한다.

④ 교육적 의미

유아 미술활동은 자신의 생각과 감정을 자유롭게 드러내는 경험의 장이다. 실습생은 활동을 통해 유아의 표현을 존중하는 태도, 결과보다 과정을 바라보는 시각, 교사가 개입하지 않아도 배움이 일어난다는 사실을 체감하게 된다.

(2) 신체표현 활동

유아는 말보다 몸으로 먼저 세상을 이해하므로, 신체표현활동은 유아의 자연스러운 발달 특성을 반영한 중요한 교육 활동이다. 보육실습생은 이 시간을 유아가 자유롭게 움직이며 스스로를 표현하도록 돕는 경험의 장으로 인식해야 한다.

① 유아반 신체표현활동의 특징

신체표현활동은 다음과 같은 특징을 지닌다.

- 다양한 표현이 가능한 활동으로, 움직임의 형태보다 표현의 과정이 중요하다. -음악, 이야기, 자연 현상 등 다양한 자극을 몸으로 표현한다.
- 유아의 개별 속도와 방식이 다름을 존중한다.
- 짧고 반복적인 구성으로 몰입을 돕는다.

② **실습생의 수업 진행 원칙**

- 자유로운 움직임을 보장한다.

“이렇게 해 보자”라는 강요보다, “어떻게 움직이고 싶어?”와 같은 열린 제안이 바람직하다.

- 모방보다 표현을 중시한다.

교사의 동작을 그대로 따라 하게 하기보다, 유아가 자신만의 방식으로 움직이도록 격려한다.

- 과정을 언어로 반영한다.

“팔이 크게 흔들리네”, “천천히 걸어가고 있구나”처럼 유아의 움직임을 말로 비춰 준다.

- 안전을 최우선으로 한다.

미끄럽지 않은 바닥, 충분한 공간 확보, 충돌 위험 요소 제거 등 환경을 먼저 점검한다.

- 비교와 평가는 지양한다.

움직임의 좋고 나쁨을 판단하지 않으며, 모든 표현을 유아의 고유한 시도로 존중한다.

③ **활동 진행 예시**

도입: “비가 오면 몸이 어떻게 움직일까?”와 같이 상상 질문으로 흥미를 연다.

전개: 음악을 틀고 “빗방울처럼 톡톡 걸어볼까?”처럼 제안한다. 유아의 움직임을 보며 “바람처럼 팔이 흔들리네”라고 반영한다.

마무리: “어떤 움직임이 재미있었어?”라고 묻고, 몸을 천천히 쉬며 정리한다. 다음 활동을 안내한다.

④ **교육적 의미**

유아반 신체표현활동은 유아가 자신의 몸을 인식하고 감정과 생각을 안전하게 표현하며 타인의 움직임을 존중하는 경험을 쌓는 시간이다.

실습생은 이 활동을 통해 유아를 통제하는 존재가 아닌 유아의 표현을 지지하는 동반자로서의 역할을 배우게 된다.

(3) 유아반 요리(과학)활동

요리활동은 유아가 재료를 만지고, 냄새를 맡고, 맛을 보며 오감을 활용해 배우는 통합적 경험 활동이다. 이는 단순한 조리 체험이 아니라, 과학·수학·언어·사회적 경험이 자연스럽게 어우러지는 생활 중심의 교육 활동이다. 보육실습에서 실습생이 경험하는 요리활동 지도는 맛있는 음식을 만드는 수업이 아니라, 유아가 과정에 참여하며 배우는 시간이다. 실습생은 요리활동을 통해 교사의 역할이 결과를 완성하는 사람이 아니라 유아의 경험을 열어 주는 안내자임을 자연스럽게 익히게 된다.

① 요리활동의 특징

유아 대상 요리활동은 다음과 같은 특징을 지닌다.

- 완성보다 과정 중심의 활동이다.
- 손, 눈, 코, 입을 사용하는 오감 경험 활동이다.
- 수 세기, 비교하기, 순서 이해 등 기초 수·과학 개념이 자연스럽게 포함된다.
- 또래와 함께 만드는 협력과 나눔의 경험을 제공한다.
- 일상생활과 연결된 생활 밀착형 활동이다.

유아에게 요리활동은 '잘 만드는 법을 배우는 시간'이 아니라, 재료를 만져 보고 변화 과정을 관찰하며 "내가 해봤다"는 경험을 쌓는 시간이다. 따라서 실습생은 모든 유아의 결과물이 같아야 한다는 생각에서 벗어나, 각자의 참여 방식과 흔적을 존중해야 한다.

② 실습생의 수업 시연 원칙

실습생이 요리활동을 시연할 때에는 다음과 같은 원칙을 지켜야 한다.

- 안전을 최우선으로 한다.

날카로운 도구, 뜨거운 물, 작은 재료 사용 시 반드시 지도교사와 협의한다.

- 과정 중심 언어를 사용한다.

"잘했어"보다 "지금 섞고 있구나", "네 손으로 눌러 보고 있네"와 같이 과정을 반영한다.

- 유아가 직접 해보도록 한다. 실습생이 대신 만들어 주지 않는다.
- 속도와 참여 방식의 차이를 존중한다. 빠른 유아와 느린 유아를 비교하지 않는다.
- 강요하지 않는다. 맛보기나 참여를 거부하는 유아에게 억지로 시키지 않는다.
- 위생 습관을 자연스럽게 지도한다. 손 씻기, 앞치마 착용, 정리 과정도 활동의 일부로 안내한다.

요리활동에서 실습생의 역할은 유아가 안전하게 경험하도록 돕는 조력자가 되는 것이다.

③ 활동 운영 예시

활동 주제: "과일 얼굴 만들기"

- 도입

"오늘은 우리가 직접 만들어 보는 시간이야."라고 말하며 활동을 소개한다.

재료를 보여 주고 냄새를 맡아 보거나 만져 보게 하여 흥미를 유도한다.

- 전개

유아가 재료를 자르거나 올려 보며 직접 만들어 보도록 한다.

"지금 섞고 있구나.", "여기에 올렸네."와 같이 과정을 말로 반영히 준다.

도움이 필요한 경우에만 옆에서 부드럽게 지원한다.

- 마무리

"네가 만든 음식이구나."라고 경험을 되돌아본다.

함께 맛보고, 사용한 도구와 자리를 정리한다. 다음 활동을 안내한다.

④ 요리활동지도의 교육적 의미

유아 대상 요리활동은 오감을 활용한 풍부한 감각 경험을 제공하고, 순서, 양, 형태와 같은 기초 개념을 자연스럽게 이해하도록 돕는다. 또한 "내가 했다"는 성취감과 자기효능감을 형성하게 하며, 또래와 협력하고 나누는 사회적 경험을 가능하게 한다.

실습생은 이러한 활동을 통해 생활 속 모든 장면이 교육이 될 수 있음을 깨닫고, 결과보다 과정이 중요하다는 교육관을 형성하게 된다. 더불어 유아의 선택과 속도를 존중하는 지도 태도를 익히며, 안전과 위생을 포함한 통합적 지도 역량을 강화하게 된다.

요리활동은 교실 안에서 이루어지는 특별한 수업이 아니라, 유아의 삶과 가장 가까운 배움의 장이다. 보육실습에서 실습생이 경험하는 요리활동 지도는 예비보육교사가 유아의 일상을 교육으로 바라보는 관점을 형성하고, '함께 성장하는 교사'가 되기 위한 자세를 갖추도록 돕는다.

〈표 8-1〉 보육활동 자기평가서 예시

<table>
<tr><th colspan="7">보육활동실습 조언 및 평가 예시</th></tr>
<tr><td rowspan="2">작성일</td><td colspan="2" rowspan="2">년 월 일 요일</td><td rowspan="2">결재</td><td>실습생</td><td>원장</td><td>지도
교사</td></tr>
<tr><td>印</td><td>印</td><td>印</td></tr>
<tr><td>실습생</td><td colspan="2">OOO</td><td colspan="2">지도교사</td><td colspan="2"></td></tr>
<tr><td>반명</td><td>토끼반(2세)</td><td></td><td>일시</td><td colspan="3">월 일 요일
오전 10:00 ~ 10:20</td></tr>
<tr><td colspan="4" rowspan="2">검토사항</td><td colspan="3">성취정도</td></tr>
<tr><td>상</td><td>중</td><td>하</td></tr>
<tr><td>1</td><td colspan="3">보육활동의 목표가 적절하였는가?</td><td></td><td></td><td></td></tr>
<tr><td>2</td><td colspan="3">보육활동 내용이 주제에 맞는 내용이었는가?</td><td></td><td></td><td></td></tr>
<tr><td>3</td><td colspan="3">보육활동을 위한 자료가 적절하였는가?</td><td></td><td></td><td></td></tr>
<tr><td>4</td><td colspan="3">보육활동을 위한 시간 운영이 적절하였는가?</td><td></td><td></td><td></td></tr>
<tr><td>5</td><td colspan="3">보육활동 전후의 보육활동 간의 연계가 적절했는가?</td><td></td><td></td><td></td></tr>
<tr><td>6</td><td colspan="3">보육활동 공간의 배치가 적절하였는가?</td><td></td><td></td><td></td></tr>
<tr><td>7</td><td colspan="3">보육활동 시 적절한 상호작용(동기유발, 영유아들의 참여 등)이 이루어졌는가?</td><td></td><td></td><td></td></tr>
<tr><td>8</td><td colspan="3">보육활동의 마무리와 전이 전략이 적절하였는가?</td><td></td><td></td><td></td></tr>
<tr><td>자기평가</td><td colspan="6">이번 한 주 동안 다음 수업을 준비하고, 또 영아와 상호작용을 하며 확신을 갖지 못하고 자신감을 잃어가는 저의 모습을 보게 되었습니다. 활동을 준비하면서 ‘이 활동이 정말 아이들에게 좋은 경험이 될 수 있을까?’, ‘아이들이 좋아할까’라는 고민에 확신을 갖지 못하는 것</td></tr>
</table>

	같습니다. 활동을 준비하고 진행하는 교사가 자신이 준비한 놀이에 자신감을 갖고 뚜렷한 목표와 놀이의 의도를 갖고 있는 것이 매우 중요하다고 생각합니다. 또한 영아와 상호작용을 하며 항상 질적인 상호작용, 영아의 사고를 확산시킬 수 있는 상호작용을 하고자 노력하는데 하루일과 속에서 이러한 상호작용이 이루어지지 못하였을 때 '오늘 나는 보육교사였을까 아니면 그저 조금 돌봐주고 함께 놀이하는 친근한 이웃을 아니었을까?'라는 생각을 하게 됩니다. 아마, 제가 지금 이런 고민을 하는 것은 보육교사로서의 어떤 신념과 가치관을 형성하기 위한 과정이라고 생각하지만, 보육현장에 계신 선생님께서도 이러한 고민을 하신 적이 있으신지, 있다면 어떻게 극복하셨는지 등 이러한 고민에 대해 조언을 받고 싶습니다.
지도교사의 조언 및 평가	교사가 준비한 활동에 대한 확신을 갖는 것은 매우 중요하지만, 확신했던 대로 전개되지 않을 수도 있습니다. 확신을 갖고 시도했던 활동이 의외로 아이들의 흥미를 유도하지 못할 때도 있고, 확신이 없던 활동이 예상외로 아이들에게 매우 높은 흥미로 다가가 재미있게 활동이 이루어지기도 한답니다. 교사가 경계해야 할 것은 아무 생각 없이 활동을 계획하고, 실행하고, 평가없이 마무리하는 일입니다. 일을 하다보면 타성에 젖기 쉽습니다. 많은 영아교사들이 일상생활 활동들의 반복으로 '내가 교사인가?'하는 의문을 갖기도 합니다. 그러나 영아교사의 양육행동 하나, 하나에 어떤 의미가 담겨있는지 그 가치를 이해하셔야 해요. 기저귀를 갈아주면서 배변훈련이 영아의 정서와 인지, 신체 발달 등에 지대한 영향을 주어 평생을 살아가는 데에 필요한 것을 좌우한다는 것을 잊지 말아야 합니다. 영유아교사는 마음의 여유를 가지고, 먼 곳에 목표를 두고, 영유아와 마주한 순간의 상호작용에 최선을 다해야 한답니다.

출처: 보건복지부·육아정책연구소(2016). 보육교사 양성과정 및 보육실습 매뉴얼 연구. pp. 271-272.

4. 영유아 생활지도

1) 영아 생활지도

영아 생활지도는 가르침보다 돌봄과 관계 형성에 초점을 둔다. 영아는 아직 언어적 의사표현과 자기조절 능력이 충분히 발달하지 않았기 때문에, 생활 속 모든 경험은 교사와의 상호작용을 통해 의미를 갖게 된다. 보육실습에서 실습생은 영아의 하루를 가장 가까이에서 함께하며, 기본적인 생활 장면 하나하나가 곧 교육이 된다는 사실을 몸소 경험하게 된다. 영아 생활지도는 먹기, 잠자기, 기저귀 갈기, 손 씻기, 옷 입기, 이동하기와 같은 일상적 돌봄 장면 속에서 이루어진다. 이 과정에서 실습생의 역할은 영아를 '관리하는 사람'이 아니라, 안정감을 제공하고 정서적 신뢰를 형성하는 동반자가 되는 것이다. 영아는 반복되는 일과 속에서 교사의 목소리, 표정, 손길을 통해 세상이 안전한 곳임을 배워 간다.

(1) 영아 생활지도의 기본 원리

영아 생활지도는 다음과 같은 원리를 바탕으로 이루어져야 한다.

- 영아의 신호에 민감하게 반응하기
- 일정한 일과와 예측 가능한 환경 제공하기
- 부드러운 목소리와 신체 접촉으로 안정감 주기
- 개인차를 존중하며 서두르지 않기
- 생활 장면을 상호작용의 기회로 활용하기

실습생은 "조금만 기다려", "이제 갈아줄게"와 같이 현재의 상황을 말로 설명해 주며, 영아가 자신의 경험을 예측하고 이해할 수 있도록 돕는다. 이는 영아의 정서적 안정과 언어 발달을 동시에 지원하는 중요한 교육적 행위이다.

(2) 일상 장면에서의 영아 생활지도

영아반에서의 생활지도는 주로 다음과 같은 장면에서 이루어진다.

- 식사 및 간식 시간: 천천히 먹을 수 있도록 돕고, 흘리거나 멈출 때에도 재촉하지 않는다. "조금씩 먹어도 괜찮아"와 같은 언어로 긍정적 분위기를 조성한다.
- 기저귀 갈기와 위생 지도: 기저귀를 갈아주는 동안 눈을 맞추고 말을 건네며, 영아가 돌봄의 대상이 아니라 '관계의 주체'임을 경험하도록 한다.

- 이동과 전이 시간: 활동 전환 시 갑작스럽게 옮기기보다, 미리 예고하고 천천히 이동하여 불안을 줄인다.
- 휴식과 낮잠 시간: 조용한 목소리와 일정한 루틴으로 안정적인 환경을 조성하고, 영아의 개별 수면 리듬을 존중한다.

이러한 장면에서 실습생의 태도는 영아의 정서 상태에 직접적인 영향을 미친다. 급하거나 거친 행동은 불안을 유발하지만, 차분한 말투와 일관된 행동은 영아에게 '나는 안전하다'는 감각을 형성하게 한다.

(3) 실습생의 태도와 주의점

영아 생활지도에서 실습생은 다음과 같은 태도를 지녀야 한다.

- 울음과 거부를 '문제 행동'이 아니라 의사표현으로 이해하기
- 여러 영아를 동시에 돌보는 상황에서도 개별성을 존중하기
- 힘으로 통제하거나 억지로 시키지 않기
- 항상 지도교사의 지시에 따라 행동하기
- 안전이 위협되는 상황에서는 즉시 교사에게 알리기

영아는 아직 자신의 감정과 욕구를 말로 표현하기 어렵다. 따라서 실습생은 울음, 몸짓, 표정과 같은 비언어적 신호를 세심하게 관찰하고, "속상했구나", "안아 주면 괜찮아질까?"와 같이 영아의 마음을 대신 말해 주는 역할을 수행해야 한다.

2) 유아 생활지도

유아의 생활지도는 하루 일과 전반에 걸쳐 이루어지는 교육의 핵심 영역으로, 유아가 스스로 생활할 수 있는 힘을 기르고, 타인과 더불어 살아가는 기본 태도를 형성하도록 돕는 과정이다. 인사하기, 손 씻기, 식사하기, 정리정돈, 차례 지키기, 감정 표현하기와 같은 일상적 행동은 단순한 습관이 아니라, 유아가 사회의 구성원으로 성장해 가는 기초가 된다. 보육실습에서 실습생은 이러한 생활 장면에 직접 참여하며, 교사의 말과 행동 하나하나가 곧 교육이 된다는 사실을 체감하게 된다. 실습생의 생활지도는 통제와 지시가 아니라, 모범을 보이고 함께하며 유아가 스스로 해볼 수 있도록 돕는 지원이어야 한다. 이는 유아의 발달 특성과 개인차를 존중하는 태도에서 출발한다.

(1) 생활지도의 기본 원리

실습생의 생활지도는 다음과 같은 원리를 바탕으로 이루어져야 한다.

- 유아의 발달 수준과 개인차를 고려하기
- 먼저 행동으로 보여 주기(모범 보이기)
- 짧고 분명한 언어로 안내하기
- 유아의 속도를 존중하며 기다리기
- 실수와 실패를 배움의 과정으로 받아들이기
- 비교나 평가 대신 격려와 지지 제공하기

예를 들어, 정리정돈을 지도할 때 "빨리 치워!"라고 재촉하기보다, "이 블록은 여기 상자에 넣어볼까?"라고 함께 방법을 제시하며 참여를 유도하는 방식이 바람직하다. 이는 유아가 해야 하는 일이 아니라 스스로 할 수 있는 일로 생활을 인식하게 한다.

(2) 일과 속 생활지도

유아에 대한 생활지도는 특정 시간에만 이루어지는 것이 아니라, 하루 일과 전반에 자연스럽게 스며들어 있다.

- 등원 및 준비 시간: 인사하기, 가방 정리, 개인 물품 정돈 돕기
- 위생 습관: 손 씻기, 기침 예절, 화장실 사용 지도
- 급식 및 간식 시간: 바른 식사 태도, 식기 사용, 음식에 대한 예절
- 놀이 후 정리정돈: 사용한 교구 제자리에 두기, 공간 정돈하기
- 이동과 전이 시간: 차례 지키기, 천천히 이동하기, 안전하게 걷기
- 휴식 시간: 조용히 쉬기, 타인의 휴식 존중하기

이 과정에서 실습생은 유아의 행동을 대신해 주기보다, 유아가 스스로 해볼 수 있도록 시간을 주고, 필요한 경우에만 최소한의 도움을 제공해야 한다.

(3) 존중과 안전을 기반으로 한 지도

생활지도는 유아의 존엄성과 안전을 동시에 고려해야 한다. 실습생은 유아의 실수를 공개적으로 지적하거나 창피를 주는 방식으로 지도해서는 안 되며, 비교와 평가 대신 개인의 발달 수준에 맞춘 지원을 제공해야 한다. 또한 급식, 화장실, 이동 시간 등 사고가 발생하기 쉬운 상황에서는 항상 주변을 살피고, 위험 요소가 보일 경우 즉시 지도교사에게 알리며 교사의 지시에 따라 행동해야 한다. 실습생은 스스로 판단하여 문제를 해결하려 하기보다, 항상 지도교사에게 보고하고 따르는 원칙을 지키는 것이 중요하다.

에듀컨텐츠·휴피아
ECH Educontents·Huepia

IX. 교육자료 제작 및 활용

1. 교육자료의 개념 및 필요성
2. 교육자료 제작 및 활용
3. 미디어 교육자료

1. 교육자료의 개념 및 필요성

1) 교육자료의 개념

유아의 놀이와 학습, 경험을 돕기 위해 교사가 의도적으로 준비하거나 활용하는 모든 물리적·비물리적 자원을 의미한다. 이는 탐색하고 조작하며 의미를 만들어 가는 과정에 참여할 수 있도록 돕는 매개체이다. 교육자료는 유아의 흥미를 자극하고, 놀이를 확장하도록 돕는 촉매 역할을 하며, 경험의 폭을 넓히고 사고와 표현을 촉진하는 교육적 도구이다.

유아교육에서 교육자료는 유아가 자료를 통해 자연스럽게 탐색하고, 시도하고, 배우도록 돕도록 도와야 하며 사용 방법이 하나로 정해져 있는 거보다는 다양한 방식으로 활용될 수 있는 개방성을 지니는 것이 바람직하다. 기본적으로 교육자료는 유아의 연령과 발달 수준에 적합해야 하고 유아가 스스로 다룰 수 있어야 하며 교육자료가 유아의 실제 생활과 연결될 때 더욱 의미를 가진다.

2) 교육자료의 필요성

유아는 추상적인 설명이나 지시보다는, 직접 만지고 움직이며 경험하는 과정을 통해 세상을 이해한다. 따라서 유아교육에서 교육자료는 가르치기 위한 수단이 아니라 유아가 스스로 배우도록 돕는 환경의 일부로서 필수적인 의미를 지닌다.

유아 교육자료의 필요성을 살펴보면 다음과 같다.

첫째, 유아의 발달 특성에 부합하는 수단이다. 유아는 성인과 달리 언어적 설명이나 개념 중심의 학습보다, 감각적·신체적 경험을 통해 배운다. 보고, 만지고, 쌓고, 흔들고, 조작하는 과정 속에서 유아는 사물의 성질을 이해하고, 관계를 발견하며, 의미를 구성한다.

둘째, 놀이의 시작과 확장을 돕는 매개체이다. 유아의 놀이는 우연히 시작되기도 하지만, 환경과 자료에 의해 촉발되고 확장된다. 블록, 역할놀이 소품, 자연물, 미술 재료 등은 유아에게 "무엇을 해볼까?"라는 질문을 던지는 역할을 한다.

교육자료는 놀이의 출발점이 되고, 놀이를 지속시키며, 새로운 방향으로 확장되도록 돕는다

셋째, 통합적 발달을 지원하는 기능을 한다. 유아의 발달은 신체, 인지, 언어, 사회·정서 영역이 분리되어 이루어지지 않는다. 교육자료는 하나의 활동 속에서 여러 발달 영역이 동시에 성장하도록 돕는다.

넷째, 자율성과 주도성을 기르는 환경을 조성한다. 교육자료는 유아가 스스로 선택하고 결정할 수 있는 기회를 제공한다.

"무엇을 할지", "어떻게 할지", "언제 멈출지"를 유아가 스스로 판단하게 될 때, 유아는 자신의 행동에 책임을 지고 주도적으로 움직이게 된다. 이는 교사가 일방적으로 활동을 제시하는 방식과 다르다. 교육자료가 충분히 준비된 환경에서는 유아가 관심에 따라 자료를 고르고, 자신만의 방식으로 활용하며, 실패와 성공을 반복하는 과정을 통해 자율성과 자기조절 능력을 자연스럽게 기르게 된다.

다섯째, 유아와의 상호작용을 풍부하게 하는 기반이 된다. 교육자료는 실습생과 유아 간의 상호작용을 풍부하게 만드는 매개체가 된다. 실습생에게 교육자료의 활용은 단순한 수업 보조 수단을 넘어, 교사로서의 역할을 수행하게 하는 중요한 매개체가 된다. 실습생은 아직 교사로서의 언어적 상호작용이나 상황 대처 능력이 충분히 숙련되지 않은 경우가 많기 때문에, 교육자료는 유아와 자연스럽게 관계를 맺고 활동을 이끌어 가는 데 있어 든든한 발판이 된다.

2. 교육자료 제작 및 활용

준비된 교육자료는 실습생이 활동의 흐름을 안정적으로 유지하도록 돕고, 유아의 주의를 효과적으로 집중시키며, 상호작용의 출발점이 되어 준다. 또한 교육자료의 활용 과정은 실습생이 놀이를 지원하는 교사로 성장하는 중요한 경험이 된다. 같은 자료라도 어떻게 제시하고, 언제 개입하며, 어떤 언어로 반응하느냐에 따라 유아의 놀이 경험은 전혀 달라진다. 실습생은 자료를 중심으로 유아의 반응을 관찰하고, 놀이의 방향을 읽으며, 필요할 때만 개입하는 과정을 반복하면서 교사로서의 전문적 판단력을 기르게 된다. 이 과정에서 교육자료는 실습생이 유아의 세계에 자연스럽게 들어가도록 돕는 다리 역할을 하며, 실습생이 현장에서 교사로 기능할 수 있도록 지원하는 핵심 도구가 된다.

1) 교육자료 제작

효과적인 교육자료는 단순히 보기 좋은 교구가 아니라, 유아의 발달 특성과 흥미를 반영하고 교육적 의도를 담아 유아의 자발적인 탐색과 경험을 이끌어 내는 자료이다. 따라서 교육자료 제작은 만들기에 앞서 유아 이해하기에서 출발해야 한다.

첫째, 유아 이해를 바탕으로 한 목표 설정이 필요하다.

교육자료는 활동의 목적과 연계되어야 하며, 유아의 연령, 발달 수준, 흥미, 생활 경험을 고려하여 제작되어야 한다. 같은 주제라도 영아, 유아, 취학 전 유아에게 적합한 자료의 형태와 난이도는 달라진다. 교사는 "이 자료를 통해 유아가 무엇을 경험하게 할 것인가?"를 먼저 고민한 뒤, 자료의 기능과 형태를 구상해야 한다.

둘째, 놀이 맥락에 맞는 자료 설계가 이루어져야 한다.

교육자료는 단일 활동을 위한 도구가 아니라, 놀이 속에서 다양하게 활용될 수 있도록 개방적으로 설계하는 것이 바람직하다. 조작 방법이 한 가지로 고정된 자료보다는, 여러 방식으로 변형하고 확장할 수 있는 구조가 유아의 창의적 놀이를 촉진한다. 또한 실제 생활과 연결되는 소재를 활용하면 유아가 자료에 더 쉽게 의미를 부여하고 몰입할 수 있다.

셋째, 안전성과 조작성을 고려한 제작이 중요하다. 유아는 감각을 통해 세계를 탐색하므로, 교육자료는 손에 쥐기 쉽고 가볍게 조작할 수 있어야 한다. 모서리는 둥글게 처리하고, 작은 부품은 분실이나 삼킴 위험이 없도록 크기와 고정 상태를 점검해야 한다. 재료는 인체에 무해한 것을 사용하며, 반복 사용에도 견딜 수 있도록 내구성을 확보해야 한다. 이러한 요소들은 교육자료의 기본 조건적 요건이다.

넷째, 과도한 장식보다 기능 중심으로 제작한다. 교육자료를 화려하게 꾸미는 것보다 중요한 것은 유아가 쉽게 이해하고 활용할 수 있는 구조이다. 지나치게 복잡한 색상이나 장식은 오히려 유아의 주의를 분산시킬 수 있다. 단순하고 명확한 형태는 유아가 자료의 기능에 집중하도록 돕는다. 실습생은 유아 중심의 활용 가능성을 기준으로 자료를 제작해야 한다.

2) 교육자료 활용

교육자료의 활용은 단순히 교구를 사용하는 기술의 문제가 아니라 유아를 어떻게 바라보는지, 배움을 어떻게 이해하는지가 그대로 드러나는 실천 영역이라 할 수 있다. 같은 자료라 하더라도 실습생이 유아를 수동적인 학습자로 인식하는지, 스스로 의미를 만들어 가는 주체로 바라보는지에 따라 활용 방식은 전혀 달라진다. 실습생이 교육자료를 어떻게 활용하느냐는 교사로서의 교육관과 전문성이 드러나는 핵심 실천영역이라고 할 수 있다.

첫째, 실습생은 교육자료를 '정답을 제시하는 도구'가 아니라 '놀이를 여는 매개체'로 활용해야 한다. 자료는 유아가 스스로 만지고 조작하며 의미를 만들어 갈 수 있도록 개방적으로 제시되어야 한다.

실습생이 사용 방법을 먼저 규정하거나 결과를 제시할 경우, 유아의 탐색은 제한되고 놀이의 자발성은 약화된다. 반대로 자료를 자유롭게 탐색할 수 있도록 제시하면, 유아는 각자의 방식으로 놀이를 확장하며 주도적으로 참여하게 된다.

둘째, 교육자료는 실습생과 유아의 상호작용을 자연스럽게 연결하는 통로가 된다. 경험이 부족한 실습생에게 자료는 대화의 출발점이자 관계 형성의 매개체가 된다. 실습생은 자료를 중심으로 유아의 반응을 관찰하고, “어떤 생각이 들었어?”, “다른 방법도 있을까?”와 같은 개방적인 발문을 통해 놀이를 이어 갈 수 있다. 이 과정에서 실습생은 유아의 생각을 존중하는 상호작용 방식을 몸으로 익히게 된다.

셋째, 교육자료 활용 과정은 실습생의 전문적 판단력을 기르는 기회가 된다. 유아가 자료에 어떻게 반응하는지, 언제 개입해야 하는지, 어떤 질문이 놀이를 확장시키는지를 반복적으로 경험하면서 실습생은 교사의 역할을 학습하게 된다. 자료를 중심으로 한 관찰과 즉각적인 판단은 실습생이 지켜보는 사람에서 놀이를 지원하는 교사로 성장하도록 돕는다.

넷째, 교육자료 활용 후에는 성찰이 반드시 뒤따라야 한다. 유아가 어떤 방식으로 자료를 사용했는지, 흥미가 지속되었는지, 어려움은 없었는지를 기록하고 되돌아보는 과정은 다음 활동을 계획하는 기초가 된다. 이러한 성찰을 통해 실습생은 교육자료를 과제 수행의 산출물이 아니라, 유아의 배움과 놀이를 이해하는 교육적 도구로 재인식하게 된다.

3. 미디어 교육자료

1) 미디어 교육자료 개념

유아교육에서 미디어 교육자료는 그림책, 사진, 음원, 영상, 디지털 콘텐츠, 앱 등 다양한 형태의 매체를 활용하여 유아의 경험을 확장하고 놀이와 학습을 풍부하게 하는 교육적 도구를 의미한다. 유아교육 실습에서 미디어 교육자료는 수업과 놀이를 효과적으로 지원하고, 실습교사가 현장을 이해하는 데 도움을 주는 중요한 도구로 사용될 수 있다. 미디어 교육자료의 핵심 목적은 유아에게 정보를 전달하는 것보다 오히려 유아가 보고, 듣고, 느끼며 생각을 확장하고, 자신의 경험과 연결하여 의미를 만들어 가도록 돕는 데 있다. 예를 들어, 짧은 영상이나 사진 자료는 유아의 호기심을 자극하고 놀이의 주제를 열어 주는 계기가 될 수 있으며, 음원이나 소리 자료는 상상력과 감각 경험을 풍부하게 한다. 이처럼 미디어는 놀이의 출발점이자 탐색을 확장하는 자극물로 기능한다. 유아교육에서 미디어 교육자료는 반드시 유아의 발달 수준과 특성을 고려하여 선택되어야 한다. 화면 전환이 빠르거나 자극이 과도한 자료는 유아의 집중을 방해하고 수동적인 시청으로 흐를 위험이 있다. 따라서 내용이 단순하고 명확하며, 유아의 생활 경험과 연결될 수 있는 자료를 중심으로 선별하는 것이 중요하다. 또한 미디어 사용 시간과 빈도는 적절히 조절하여, 직접적인 놀이와 신체 활동을 대체하지 않도록 해야 한다.

2) 미디어 교육자료 제작 및 활용

교육자료에는 누리과정 해설 자료, 놀이 사례 영상, 활동 자료, 그림책, 교사용 지도서, 공공 교육 플랫폼의 콘텐츠 등이 포함된다. 실습생은 이러한 자료를 활용하여 유아의 발달 수준에 맞는 활동을 구상하고, 놀이의 흐름과 확장 방법을 이해하며, 교사의 언어와 상호작용 방식을 학습할 수 있다. 특히 공공 교육 플랫폼과 교사용 자료는 실제 현장에서 검증된 사례를 제공하므로, 실습생이 수업을 준비하고 놀이를 지원하는 데 실질적인 도움이 된다. 다만, 자료를 그대로 모방하기보다는 유아의 특성과 학급 상황에 맞게 재구성하여 활용하는 태도가 필요하다. 교육자료의 올바른 활용은 실습생이 이론을 현장에 연결하고 유아의 놀이와 배움을 지원하도록 돕는 중요한 기반이 된다.

1) 어린이안전넷 http://isafe.go.kr

어린이 안전넷은 다양한 안전 정보를 제공하는 국가 수준의 안전 교육 플랫폼으로 한국소비자원에서 운영한다. 생활 속 사고 사례, 영역별 안전 교육 자료, 영상 콘텐츠, 체험형 자료 등을 통해 유아의 발달 수준에 맞는 안전 교육 방법을 구체적으로 제시한다. 유아교육 실습생에게 어린이 안전넷은 안전을 어떻게 가르칠 것인가를 실제적인 예로 보여주는 학습 도구라 할 수 있다.

(1) 어린이 안전넷의 주요 구성

어린이 안전넷은 유아와 교사가 함께 활용할 수 있도록 다음과 같은 영역으로 구성되어 있다.

- 생활안전: 가정, 유치원, 놀이터, 길거리 등 일상생활 속 위험 요소
- 교통안전: 보행, 차량 탑승, 횡단보도 이용 등
- 화재·재난안전: 화재, 지진, 대피 요령
- 물놀이·계절안전: 여름철 물놀이, 겨울철 빙판길 안전
- 영상·애니메이션 자료: 유아 눈높이에 맞춘 시청각 자료
- 교사용 지도 자료: 활동 안내, 수업 활용 아이디어, 지도 포인트

이러한 구성은 실습생이 "어떤 안전 내용을, 어떤 방식으로, 어느 시점에 지도할 것인가"를 구체적으로 구상하는 데 도움을 준다.

(2) 실습 준비 단계에서의 활용

실습을 나가기 전, 실습생은 어린이 안전넷을 통해 다음과 같은 준비를 할 수 있다.

- 유아에게 필요한 안전 영역(교통, 놀이, 화재 등) 파악
- 연령별로 어떤 위험이 빈번한지 이해
- 유아 수준에 맞는 안전 지도 표현 방식 익히기
- 실제 사고 사례를 통해 '왜 가르쳐야 하는지' 인식하기

이 과정은 실습생이 "안전은 부가적인 내용이 아니라, 모든 활동에 스며들어야 할 기본 요소"임을 인식하게 만든다.

(3) 실습 중 활용 방법

실습 중 어린이 안전넷은 다음과 같은 방식으로 활용할 수 있다.

- 관찰 관점 형성

자유놀이, 바깥놀이, 이동 시간 등을 관찰할 때 "이 장면에서 사고가 발생할 수 있는 요소는 무엇인가?", "교사는 어떤 말과 행동으로 위험을 예방하고 있는가?"와 같은 질문을 가지고 현장을 바라보게 된다. 안전에 민감한 태도를 가지고 유아를 관찰하게 된다.

- 활동 보조 및 지도 시 참고

어린이 안전넷의 영상이나 그림 자료를 통해 유아에게 안전 행동을 어떻게 설명하는지, 경고가 아닌 '이해 중심' 언어가 어떻게 사용되는지를 학습하여, 실습 중 자신의 언어와 행동에 적용할 수 있다.

- 부분 활동 또는 이야기 자료로 활용

담임교사의 지도하에 등원 후 짧은 이야기 나누기, 바깥놀이 전 주의사항 안내

비 오는 날 실내 안전 지도 등에 안전넷 자료를 참고하여 보조 설명해 볼 수 있다.

(4) 실습 후 성찰과 보고서 작성에의 활용

실습생은 어린이 안전넷에서 제시하는 안전 기준과 현장의 실제 모습을 비교하며 성찰할 수 있다. "이 교실에서 가장 위험한 공간은 어디였는가?", "교사의 안전 지도 방식은 유아의 발달 수준에 적절했는가?", "내가 지도한다면 어떤 표현을 사용하고 싶은가?". 이러한 질문은 실습일지, 성찰문, 보고서에 깊이를 더해 주며, 단순한 경험 기록을 넘어 전문가적 시각을 갖춘 분석으로 이어지게 한다.

(5) 실습생에게 주는 교육적 의미

어린이 안전넷을 활용한 학습은 실습생에게 다음과 같은 성장을 가져온다.

- 안전을 "주의사항"이 아닌 "교육 내용"으로 인식하게 된다.
- 사고 이후의 대처보다, 사전 예방 중심의 사고를 기르게 된다.
- 유아의 눈높이에 맞춘 설명 방식과 언어를 익히게 된다.
- 보육·교육 활동 전반을 "안전의 관점"에서 재구성하는 힘을 기르게 된다.

즉, 어린이 안전넷은 실습생이 유아를 보호하는 교사로 성장하는 데 필요한 실제적 지식과 시각을 제공하는 중요한 학습 자원이다.

2) 경기교육모아 놀이ON https://more.goe.go.kr/kids-love

놀이 중심 교육을 실제 현장에서 어떻게 구현할 수 있는지를 구체적으로 보여주는 플랫폼이 바로

경기교육모아 놀이ON이다. 놀이ON은 경기도교육청이 운영하는 유아 놀이 중심 교육 자료 공유 플랫폼으로, 유아 놀이 자료, 교사 연구 자료, 가정 연계 자료를 통합적으로 제공한다. 실습생에게 놀이ON은 "놀이를 어떻게 준비하고, 어떻게 바라보고, 어떻게 확장할 것인가"를 실제 사례를 통해 배울 수 있는 주요 매체이다.

(1) 놀이 ON의 주요 구성

놀이 ON은 유아놀이ON, 교사연구ON, 부모지원ON의 세 영역으로 이루어져 있으며 이 중 유아놀이ON과 교사연구ON을 살펴보면 다음과 같다.

유아놀이ON의 놀이 자료는 다음과 같은 주제 영역으로 구성된다.

- 자연놀이: 나뭇잎, 돌, 흙, 물 등 자연 요소를 활용한 놀이 자료로, 유아가 자연과 교감하며 감각을 확장하고 탐구하는 경험을 돕는다.
- 그림책 놀이: 그림책을 매개로 한 놀이 활동으로, 이야기를 듣고 끝나는 것이 아니라 등장인물, 장면, 주제를 놀이로 확장하도록 구성되어 있다.
- 새학기 적응 놀이: 처음 유치원 생활을 시작하는 유아들이 환경과 관계에 자연스럽게 적응할 수 있도록 돕는 놀이 자료이다.
- 놀잇감 놀이: 블록, 상자, 일상 소품 등 다양한 도구를 활용하여 유아의 상상력과 조작 능력을 기르는 놀이 활동을 제시한다.
- 인성 놀이: 협력, 배려, 존중과 같은 사회적 가치를 놀이 속에서 경험하도록 돕는 자료이다.
- 안전 놀이: 생활 속 위험 상황을 놀이로 풀어내어, 유아가 자연스럽게 안전 행동을 익히도록 구성된 콘텐츠이다.
- 주제 확장 놀이(나라, 생태, 환경 등): 유아의 세계 이해를 넓히는 다양한 주제 기반 놀이 자료를 포함한다.

교사ON은 다음의 내용으로 구성되어 있다.

- 놀이 중심 교육과 관련된 연수 자료
- 2019 개정 누리과정 해설 자료
- 놀이 관찰과 해석을 돕는 '놀이뷰' 자료
- 놀이 기반 수업 사례 및 연구 자료
- 유·초 이음 교육 관련 자료

(2) 실습 준비 단계에서의 활용

실습 전, 실습생은 놀이ON을 통해 다음과 같은 준비를 할 수 있다.

- 놀이 중심 수업의 실제 사례 살펴보기
- 주제별 놀이 유형(자연놀이, 그림책 놀이, 새학기 적응놀이 등) 이해하기
- 놀이가 어떻게 시작되고, 어떻게 확장되는지 흐름 파악하기
- 교사의 개입 방식과 언어 사용 관찰하기

이를 통해 실습생은 "놀이란 무엇인가?"에 대한 추상적인 이해를 넘어, 놀이가 수업이 되는 실제 장면을 눈으로 확인하며 현장에 대한 감각을 기를 수 있다.

(3) 실습 중 활용 방법

실습 중 놀이ON은 다음과 같은 방식으로 활용할 수 있다.

- 놀이 관찰의 기준 형성

놀이ON의 영상 자료를 통해 교사는 언제 개입하고, 언제 기다리는가?

유아의 행동을 어떻게 의미 있게 해석하는가?를 미리 학습하면, 실습 중 자유놀이를 보다 교육적인 시선으로 관찰할 수 있다.

- 놀이 보조 및 활동 제안

담임교사의 지도 아래 자연물 놀이, 그림책을 활용한 확장 놀이, 새학기 적응 놀이와 같은 장면에서 놀이ON의 자료를 참고하여 "이렇게도 해볼 수 있을까요?"와 같이 놀이 아이디어를 조심스럽게 제안해 볼 수 있다. 이는 실습생이 단순한 보조 인력을 넘어 놀이를 함께 만들어 가는 예비교사로 성장하는 경험이 된다.

- 수업 실연 준비

부분 수업이나 활동 시연을 맡게 되었을 때 놀이ON의 놀이 자료는 도입 방법,

놀이 전개 흐름, 마무리와 확장 방법을 구체적으로 보여 주어, 실습생이 놀이 중심 수업 구조를 이해하고 적용하는 데 큰 도움이 된다.

(4) 실습 후 성찰과 보고서 작성에의 활용

놀이ON은 실습 후 성찰 과정에서도 유용하다. 실습생은 다음과 같은 질문을 통해 자신의 경험을 재구성할 수 있다. "오늘 유아의 놀이는 놀이ON의 사례와 어떻게 닮아 있었는가?", "교사는 놀이를 어떻게 기다리고 확장했는가?", "나는 놀이를 '통제'하려 했는가, '지원'하려 했는가?"와 같은 성찰은

실습일지와 보고서를 단순한 활동 기록이 아닌 놀이 중심 교육을 이해한 전문적 성찰문으로 발전시키는 데 도움을 준다

(5) 실습생에게 주는 교육적 의미

놀이ON을 활용하는 경험은 실습생에게 놀이를 시간 채우기 활동이 아니라 교육의 핵심으로 인식하게 된다. 교사의 역할이 놀이를 지원하는 안내자임을 이해하게 되며 유아의 행동을 문제로 보기보다, 의미 있는 표현으로 해석하는 시각을 기르게 된다. 놀이를 중심으로 한 수업 설계 역량이 향상된다. 즉, 놀이ON은 실습생이 활동을 준비하는 사람에서 유아의 놀이를 교육으로 읽어내는 교사로 성장하도록 돕는 현장 중심 학습 플랫폼이다.

3) 구글 아트 앤 컬처(Google Arts & Culture) http://artandculture.google.com

구글 아트 앤 컬처는 전 세계의 미술관, 박물관, 문화유산, 예술 작품을 온라인으로 탐색할 수 있는 디지털 문화예술 플랫폼이다. 실습생은 이 도구를 통해 교실 밖의 세계를 교실 안으로 확장할 수 있으며, 유아의 호기심과 상상력을 자극하는 다양한 시각 자료를 손쉽게 활용할 수 있다. 특히 유아교육 실습에서는 미술·문화·자연·세계 이해와 같은 주제를 놀이와 활동으로 연결하는 데 효과적인 자료로 활용할 수 있다.

(1) 주요 구성

구글 아트 앤 컬처는 다음과 같은 요소로 구성되어 있다.

- 세계 유명 미술관 및 박물관의 소장품
- 회화, 조각, 사진, 건축, 디자인 등 다양한 예술 작품

- 세계 문화유산과 역사적 장소의 가상 탐방(Virtual Tour)
- 예술가와 작품에 대한 이야기형 콘텐츠
- 확대·비교·탐색이 가능한 고해상도 이미지

이러한 구성은 유아가 실제로 방문하기 어려운 공간과 대상을 시각적으로 경험하게 하여, 교실 안에서 세계를 만나는 경험을 가능하게 한다.

(2) 실습 준비 단계에서의 활용

실습생은 수업이나 놀이를 계획하는 과정에서 구글 아트 앤 컬처를 활용하여 주제에 맞는 시각 자료를 탐색할 수 있다.

- '미술관', '세계 나라', '자연', '동물', '건축' 등 주제와 연계된 이미지 탐색
- 그림책 활동과 연계할 수 있는 작품 찾기
- 표현 활동(그리기, 만들기, 역할놀이)의 도입 자료로 활용할 이미지 선정
- 유아 수준에 맞는 화면 구성과 제시 방법 구상

이를 통해 실습생은 활동을 보다 풍부하게 설계하고, "무엇을 보여 줄 것인가"를 교육적으로 고민하는 힘을 기를 수 있다.

(3) 실습 중 활용

실습 현장에서는 다음과 같은 방식으로 활용할 수 있다.

- 이야기 나누기 도입 자료로 작품 이미지 제시
- "이 그림에는 무엇이 보일까?"와 같은 관찰 질문 제시
- 나라·문화 주제 놀이에서 가상 탐방 화면 활용
- 미술 활동 전, 다양한 표현 방식 보여 주기
- 유아의 질문에 즉각적인 시각 자료 제공

이때 중요한 점은, 화면을 '보여 주는 것'이 목적이 아니라 유아가 보고, 말하고, 상상하고, 놀이로 확장하도록 돕는 것이다. 실습생은 교사의 언어를 통해 유아의 시선을 열어 주는 역할을 하게 된다.

(4) 실습 후 성찰 및 보고서 작성에서의 활용

구글 아트 앤 컬처는 실습 후 성찰과 보고서 작성에서도 유용하다.

- 수업에서 사용한 이미지와 활동의 연계성 분석

- 유아의 반응을 다시 떠올리며 활동의 적절성 점검
- "어떤 장면이 유아의 흥미를 이끌었는가"에 대한 성찰
- 활동 개선 방향을 모색하기 위한 대안 자료 탐색

실습생은 자료를 다시 살펴보며 "이 자료는 왜 효과적이었는가?", "다음에는 어떻게 제시하면 더 좋을까?"와 같은 질문을 던지게 된다. 이는 경험을 단순한 회상이 아니라 교육적 성찰로 확장하는 과정이 된다.

(5) 실습생에게 주는 교육적 의미

구글 아트 앤 컬처의 활용은 실습생에게 다음과 같은 교육적 의미를 제공한다.

- 교실 밖 세계를 교육 자원으로 바라보는 시각 형성
- 시각 자료를 교육적으로 선별하고 재구성하는 능력 향상
- 유아의 흥미를 중심으로 수업을 설계하는 경험
- 디지털 도구를 비판적으로 활용하는 교사 역량 강화
- 문화예술을 놀이와 연결하는 통합적 사고 형성

4) 캔바(또는 미리캔버스)

https://www.canva.com/ko_kr/, https://www.miricanvas.com/ko

캔바(Canva)는 포스터, 카드뉴스, 활동지, 안내문, 프레젠테이션 등 다양한 시각 자료를 손쉽게 제작할 수 있는 온라인 디자인 플랫폼이다. 복잡한 조작 없이도 화면에 보이는 대로 따라 하면 바로 사용할 수 있는 쉬운 화면 구성을 제공하여, 디자인 경험이 없는 실습생도 부담 없이 완성도 높은 교육 자료를 만들 수 있다. 이러한 특성은 유아교육 실습생에게 특히 유용하며, 실습생은 캔바를 활용해 수

업과 놀이에 필요한 자료를 직접 구성하면서 교사의 준비 과정이 곧 교육의 일부임을 경험하게 된다.

(1) 주요 구성

캔바는 다음과 같은 요소로 구성되어 있다.

- 교육용 템플릿(활동지, 포스터, 안내문, 카드뉴스, 프레젠테이션 등)
- 사진, 일러스트, 아이콘, 스티커, 다양한 글꼴
- 드래그 앤 드롭 방식의 간편한 편집 도구
- 색상, 레이아웃, 크기 등을 쉽게 조절할 수 있는 기능
- 파일 저장 및 인쇄 기능(PDF, 이미지, PPT 등)
- 팀 공유 및 공동 편집 기능

이러한 구성은 실습생이 복잡한 기술 없이도 유아의 눈높이에 맞는 자료를 제작할 수 있도록 돕는다. 특히 시각적으로 명확하고 친근한 자료를 만들 수 있어, 유아의 이해와 흥미를 효과적으로 이끌어 낼 수 있다.

(2) 실습 준비 단계에서의 활용

실습을 준비하는 단계에서 캔바는 활동 구상과 자료 제작의 핵심 도구가 된다.

- 이야기 나누기용 그림 자료 제작
- 놀이 규칙이나 활동 순서를 나타내는 안내 포스터 제작
- 미술·요리·신체활동 예시 자료 구성
- 이름표, 역할 카드, 영역 표지판 등 환경 구성 자료 제작
- 가정 연계 활동 안내문 초안 작성

이 과정에서 실습생은

“이 자료가 유아에게 어떻게 보일까?”,

“글자 크기와 색은 적절한가?”,

“유아가 스스로 이해할 수 있을까?”와 같은 질문을 던지게 된다.

이는 자료를 단순히 만드는 것을 넘어, 유아의 관점에서 생각하는 힘을 기르는 과정이다.

(3) 실습 중 활용 방법

실습 현장에서는 캔바로 제작한 자료를 다음과 같이 활용할 수 있다.

- 이야기 나누기 도입용 시각 자료로 활용
- 놀이 영역에 규칙이나 안내 그림으로 게시
- 소집단 활동 시 활동 순서를 보여 주는 카드로 사용
- 유아의 작품 전시용 배경판 제작
- 하루 일과를 시각화한 일정판 제작

이러한 자료는 교사의 설명을 보조하고, 유아가 스스로 보고 이해하도록 돕는 역할을 한다. 실습생은 말로만 설명하기보다, '보여 주는 교사'로서의 역할을 경험하게 된다.

(4) 실습 후 성찰 및 보고서 작성에서의 활용

캔바는 실습 후 성찰과 보고서 작성에서도 효과적으로 활용될 수 있다.

- 실습 일지 요약 카드뉴스 제작
- 수업 실행 과정 정리 포스터 제작
- 실습 소감 및 성장 과정 시각화
- 포트폴리오 자료 구성
- 발표용 자료 제작

실습생은 자신의 경험을 시각적으로 정리하는 시간을 가지며, 단순한 기억의 나열을 넘어 경험을 의미 있는 배움으로 재구성하는 성찰로 이어지게 된다.

(5) 실습생에게 주는 교육적 의미

캔바의 활용은 실습생에게 다음과 같은 교육적 의미를 제공한다.

- 교사의 준비 과정이 곧 교육이라는 인식 형성
- 유아의 관점에서 자료를 설계하는 경험 제공
- 시각 자료를 교육적으로 재구성하는 능력 향상
- 디지털 도구를 수업에 통합하는 교사 역량 강화
- 자신의 실습 과정을 정리하고 표현하는 힘 형성

이와 같이 캔바는 실습생이 유아 중심의 시각 자료를 설계하고, 교사의 전문성을 확장해 가는 데 중요한 교육적 도구로 기능한다.

5) 교사 i-누리 https://www.i-nuri.go.kr/teacher/index.do

교사 i-누리는 유아교사를 비롯한 유아교육 종사자를 위해 교육부와 한국교육학술정보원(KERIS)이 운영하는 전문 지원 플랫폼이다. 이 사이트는 누리과정 기반의 수업 자료, 놀이 사례, 교수·학습 자료, 연수 콘텐츠 등을 통합적으로 제공하여 교사의 수업 준비와 전문성 향상을 돕는다. 특히 유아교육 실습을 앞둔 예비유아교사에게는 현장과 연결되는 학습 공간으로서 중요한 의미를 가진다.

(1) 교사 i-누리의 주요 구성

교사 i-누리는 다음과 같은 핵심 영역으로 구성되어 있다.

- 놀이·수업 자료실: 누리과정 영역별 놀이 사례, 활동안, 수업 자료 제공
- 교수·학습 지원 콘텐츠: 주제별 수업 예시, 영상 자료, 실제 수업 장면
- 교사 연수 및 전문성 자료: 교사 역량 강화를 위한 연수 영상과 자료
- 공동체 공간: 교사 간 자료 공유, 사례 나눔, 현장 경험 교류
- 정책 및 교육과정 안내: 개정 누리과정, 교육 정책 관련 정보 제공

이와 같은 구성은 예비유아교사가 학교 현장에서 요구되는 수업 역량과 교사 역할을 미리 이해하도록 돕는 구조로 이루어져 있다.

(2) 실습 준비 단계에서의 활용

실습을 앞둔 단계에서 교사 i-누리는 '사전 학습 도구'로 활용된다.

- 누리과정의 영역별 목표와 내용 이해
- 연령별 놀이 활동 예시 탐색
- 이야기나누기, 동화, 미술, 신체활동 등 활동 유형별 수업 구조 파악

- 활동계획안 작성 시 참고 자료 확보

실습생은 교사 i-누리를 통해 "유치원 수업은 어떻게 이루어지는가?", "놀이 중심 수업은 어떤 모습인가?"를 구체적으로 상상할 수 있다. 이는 실습에 대한 막연한 두려움을 줄이고, 현장에 대한 인지적 준비를 돕는다.

(3) 실습 중 활용

실습 기간 중 교사 i-누리는 '현장 보조 교재'로 기능한다.

- 수업 실연 전 활동 아이디어 탐색
- 지도교사와 협의 시 참고 자료로 활용
- 놀이 확장 방법 및 발문 예시 확인

유아 반응에 따른 활동 변형 아이디어 탐색

실습생은 현장의 유아 특성과 환경을 고려하여 자료를 재구성하는 경험을 하게 된다. 이는 수업을 설계하고 조정하는 교사의 사고 과정을 연습하는 기회가 된다.

(4) 실습 후 성찰 및 보고서 작성에서의 활용

실습이 끝난 후 교사 i-누리는 성찰 도구로 활용될 수 있다.

- 자신이 진행한 활동과 i-누리의 사례 비교
- 수업의 강점과 보완점 분석
- 놀이 지원 방식의 차이 인식
- 실습일지 및 실습보고서 작성 시 근거 자료로 활용

예를 들어, 실습 중 어려움을 느꼈던 활동 유형을 i-누리에서 다시 찾아보며 "나는 어떤 부분에서 미숙했는가?", "전문 교사는 어떻게 지원하는가?"를 성찰할 수 있다. 이는 경험을 단순한 체험에 그치지 않고, 학습으로 전환시키는 과정이다.

(5) 실습생에게 주는 교육적 의미

교사 i-누리는 예비유아교사에게 다음과 같은 교육적 의미를 가진다.

- 현장 이해의 구체화

유치원 수업과 놀이의 실제 모습을 미리 경험하게 한다.

- 수업 설계 역량 강화

활동의 구조, 흐름, 발문 방식을 학습할 수 있다.

- 전문직 교사로서의 관점 형성

놀이를 제공하는 사람이 아니라 놀이를 지원하는 교사의 역할을 인식하게 한다.

- 자기주도적 학습 태도 함양

필요한 자료를 스스로 탐색하고, 비교·분석하는 학습 습관을 기른다.

- 반성적 실천의 기반 마련

자신의 수업을 객관화하고 성찰하는 기준점을 제공한다.

X. 실습 평가

1. 교육실습 평가
2. 보육실습 평가

1. 교육실습 평가

교육실습 평가는 예비유아교사가 실습 기간 동안 보여 준 태도와 수행 과정을 종합적으로 살펴보고, 교사로서의 성장 정도를 확인하는 교육적 절차이다. 교육실습 평가는 예비유아교사가 현장 경험을 통해 형성해 가는 전문성과 태도를 종합적으로 살피고 그 성장 과정을 지원하기 위한 교육적 과정으로 실습 경험을 토대로 배우고 교사로서 성장하도록 촉진하는 중요한 교육 장치이다. 교육실습은 예비유아교사가 처음으로 교사의 역할을 실제로 수행해 보는 경험이라는 점에서, 그 과정 자체가 곧 학습이 된다. 이때 이루어지는 평가는 실습생이 무엇을 했는지를 확인하는 데 그치지 않고 그 경험을 어떻게 이해하고 의미화했는지, 그리고 그 속에서 어떤 변화가 일어났는지를 함께 살피는 데 목적이 있다. 즉, 유치원 교육실습 평가는 결과 중심의 평가가 아니라, 과정 중심·성장 중심의 평가라는 점에서 그 의의가 크다.

1) 교육실습 기관에서의 평가

유치원에서 이루어지는 교육실습 평가는 실습생이 실제 교육 현장에서 예비유아교사로서 어떠한 태도와 역량을 보이는지를 관찰하고, 그 성장 과정을 돕기 위한 교육적 과정이다. 이 평가는 단순히 실습생의 능력을 판정하는 절차가 아니라, 실습생이 현장 경험을 통해 전문성을 형성해 나가도록 지원하는 지도 과정의 일부로 이해되어야 한다.

① 평가의 목적

유치원에서의 교육실습 평가는 다음과 같은 목적을 지닌다.

첫째, 실습생이 유아와 상호작용하며 교사로서의 기본 태도를 형성하고 있는지를 확인한다.

둘째, 유치원 현장의 규칙과 일과에 책임감 있게 참여하고 있는지를 살핀다.

셋째, 유아의 안전과 권리를 존중하는 태도를 갖추고 있는지를 점검한다.

넷째, 실습생의 강점과 보완점을 구체적으로 안내하여 성장의 방향을 제시한다.

유치원의 평가는 실습생을 선별하거나 비교하기 위한 것이 아니라, 실습 과정 전반에서 어떤 교사로 성장해 가고 있는가를 함께 살피는 지도적 평가이다.

② 유치원 평가의 주요 내용

유치원에서의 교육실습 평가는 주로 다음과 같은 영역을 중심으로 이루어진다.

- 전문적 태도

출·퇴근 시간 준수와 성실성

단정한 복장과 바른 언행

맡은 역할에 대한 책임감

지도교사의 안내를 수용하는 태도

협력적인 관계 형성

- 유아 이해 및 상호작용

유아를 존중하는 말과 행동

따뜻하고 안정적인 반응

유아의 감정과 요구에 대한 민감성

갈등 상황에서의 중재 태도

개별성을 고려한 접근

- 교육활동 참여 및 실행

놀이와 활동 보조의 적절성

자료 준비 및 환경 정리에 대한 참여

활동 진행 시의 태도와 언어

유아 반응에 따른 융통성

수업 실연 시 기본 역량

- 생활지도 및 안전관리

일상생활 장면에서의 관찰과 지원

위험 상황에 대한 민감성

안전사고 예방을 위한 태도

문제 상황 발생 시 즉각적인 보고

유아의 기본 생활습관 지도

- 성장과 성찰

하루 경험에 대한 되돌아보기

피드백을 반영하려는 노력

자신의 한계 인식과 개선 의지

질문하고 배우려는 태도

교사로서의 성장 가능성

③ 유치원 평가의 특징

유치원에서의 교육실습 평가는 다음과 같은 특징을 가진다.

- 과정 중심 평가: 하루하루의 변화와 태도를 지속적으로 관찰한다.
- 지도와 평가의 통합: 평가가 곧 지도이며, 피드백은 성장의 자료가 된다.
- 관찰 기반 평가: 실제 생활 장면과 상호작용 속에서 이루어진다.
- 개별화된 평가: 실습생의 출발점과 성장 속도를 고려한다.

④ 유치원 평가의 교육적 의미

유치원에서의 교육실습 평가는 실습생에게 "나는 지금 어떤 교사로 행동하고 있는가", "유아는 나를 어떻게 느끼고 있을까", "나는 어떤 교사로 성장하고 싶은가"를 스스로 묻게 한다.

이 평가는 실습생을 완성된 교사로 요구하지 않으며 오히려 미숙함을 전제로 현장에서 배우고 변화해 가는 과정을 존중한다. 유치원에서의 평가는 실습생이 '실수해도 괜찮은 학습자'로서 안전하게 성장할 수 있도록 돕는 장치이며, 예비유아교사가 전문직 교사로 나아가는 첫걸음을 지지하는 교육적 동반 과정이다. 유치원에서의 교육실습 평가는 실습생의 성장을 함께 만들어 가는 교육의 일부로 운영되어야 한다.

2) 대학에서의 평가

대학에서 이루어지는 유치원 교육실습 평가는 예비유아교사가 현장 경험을 통해 어떠한 전문적 성장을 이루었는지를 종합적으로 확인하는 과정이다. 이는 단순히 실습 결과를 점수로 환산하는 절차가 아니라, 실습 전·중·후의 학습 과정을 체계적으로 점검하고, 예비교사가 스스로의 변화와 성장을 성찰하도록 돕는 교육적 평가이다. 대학은 이 평가를 통해 실습 경험이 단편적인 체험에 그치지 않고, 교사 전문성 형성으로 연결되도록 안내하는 역할을 수행한다.

① 대학 평가의 목적

대학에서의 교육실습 평가는 다음과 같은 목적을 지닌다.

첫째, 실습생이 현장에서 경험한 내용을 이론과 연결하여 이해하고 있는지를 확인한다.

둘째, 예비유아교사로서의 태도와 전문성 발달 수준을 진단한다.

셋째, 실습 경험을 성찰의 기회로 전환하여 자기 성장의 방향을 설정하도록 돕는다.

넷째, 향후 교사로서의 역량 강화를 위한 보완 과제를 제시한다

즉, 대학의 평가는 '결과 중심'이 아니라 '과정 중심'의 성격을 가지며, 실습을 학습의 연장선에서 재구성하는 기능을 한다.

② 대학 평가의 주요 구성 요소

대학에서의 유치원 교육실습 평가는 일반적으로 다음과 같은 요소를 종합하여 이루어진다.

- 현장 평가 반영

지도교사가 작성한 실습평가서

실습 태도, 상호작용, 책임감, 협력성 등에 대한 현장 관찰 결과

어린이집·유치원의 실습 운영 의견

- 실습 보고서 및 포트폴리오

실습일지

관찰 기록

활동계획안 및 실행 성찰

종합 실습 보고서

- 사후 성찰 활동

실습 보고회 및 발표

집단 성찰 활동

성찰 에세이

교수 피드백 반영 여부

- 전문적 태도와 성장 가능성

실습에 대한 책임감

피드백 수용 태도

자기 개선 노력

교사로서의 자질 형성 정도

③ 대학 평가의 특징

대학에서의 유치원 교육실습 평가는 다음과 같은 특징을 가진다.

형성평가적 성격: 실습 전·중·후에 걸쳐 지속적으로 이루어지며, 중간 점검과 피드백을 포함한다.

과정 중심 평가: 결과보다 변화와 성장을 중시한다.

성찰 기반 평가: 경험을 어떻게 해석하고 반성했는지를 중요하게 본다.

통합적 평가: 현장 평가, 문서 자료, 성찰 활동을 종합하여 판단한다.

이러한 평가는 실습생을 비교하거나 서열화하기 위한 것이 아니라, 각자의 출발점과 성장 경로를 존중하며 전문성 형성을 돕는 데 목적이 있다.

④ 대학 평가의 교육적 의미

대학에서의 유치원 교육실습 평가는 예비유아교사가 "무엇을 했는가"를 넘어 "그 경험을 통해 무엇을 배웠는가", "앞으로 어떤 교사가 되고 싶은가"를 스스로 묻도록 하는 과정이다. 이 평가는 실습을 단발적인 현장 체험이 아니라, 교사 전문성 형성의 중요한 학습 과정으로 전환시키는 역할을 한다. 실습생은 평가 과정을 통해 자신의 강점과 한계를 인식하고, 예비유아교사로서의 정체성을 보다 분명하게 형성하게 된다.

따라서 대학에서의 유치원 교육실습 평가는 '점수'가 아니라 '성장 기록'이어야 하며, 예비유아교사가 전문직 교사로 한 걸음 더 나아갈 수 있도록 돕는 교육적 안내의 과정으로 운영되어야 한다.

3) 교육실습생 자기평가

유치원 교육실습에서의 실습생 평가는 예비유아교사가 현장 경험을 통해 어떠한 태도와 역량을 형성해 가고 있는지를 종합적으로 살피는 교육적 과정이다. 이는 실습생의 수행 수준을 단순히 판정하거나 점수로 환산하기 위한 절차가 아니라, 실습 과정 전반에서의 변화와 성장을 확인하고, 전문직 교사로서의 발달을 지원하기 평가이다.

① 자기평가의 목적

유치원 교육실습에서 자기평가는 다음과 같은 목적을 가진다.

첫째, 자신의 태도와 행동을 객관적으로 돌아보는 힘을 기른다.

둘째, 아와의 상호작용에서 나타난 강점과 한계를 인식한다.

셋째, 실습 경험을 이론과 연결하여 의미화한다.

넷째, 도교사의 피드백을 내면화하고 개선 방향을 설정한다.

다섯째, 교사로서의 정체성과 성장 목표를 형성한다.

② 자기평가의 주요 내용

실습생의 자기평가는 다음과 같은 영역을 중심으로 이루어질 수 있다.

- 전문적 태도에 대한 성찰

하루 일과에 성실히 참여했는가

시간과 약속을 지켰는가

교직원과 유아에게 바른 태도로 대했는가

배우려는 자세를 유지했는가

- 유아와의 상호작용에 대한 성찰

유아의 말을 충분히 들었는가

비교하거나 평가하는 표현을 사용하지 않았는가

유아의 감정과 요구에 민감하게 반응했는가

유아의 행동을 이해하려는 노력을 했는가

- 교육활동 참여에 대한 성찰

놀이와 활동을 적극적으로 지원했는가

활동 중 유아의 반응에 따라 유연하게 대응했는가

준비와 정리에 책임감 있게 참여했는가

수업 실연에서 유아 중심의 태도를 유지했는가

- 생활지도 및 안전에 대한 성찰

위험한 상황을 민감하게 인식했는가

문제 상황을 즉시 교사에게 보고했는가

유아의 기본 생활을 존중하며 지원했는가

- 성장과 변화에 대한 성찰

오늘 새롭게 배운 점은 무엇인가?

가장 어려웠던 장면은 무엇이었는가?

그 상황에서 나는 어떻게 반응했는가?

내일은 무엇을 달리 해보고 싶은가?

③ 자기평가의 방법

자기평가는 주로 다음과 같은 방식으로 이루어진다.

- 실습일지 작성: 하루의 경험을 사실–느낌–성찰–계획의 구조로 기록

- 자기평가표 활용: 태도, 상호작용, 참여 정도를 스스로 점검
- 성찰 질문 활용: "오늘 가장 의미 있었던 순간은?", "유아는 나를 어떻게 보았을까?"
- 사후 성찰 활동: 실습 종료 후 종합 성찰문 작성

이러한 방법은 실습생이 경험을 단순히 나열하는 데 그치지 않고, 그 의미를 해석하고 다음 행동으로 연결하도록 돕는다.

④ 자기평가의 교육적 의미

유치원 교육실습에서의 자기평가는 실습생이 외부의 기준에 의해 평가받는 존재에서 스스로를 성장시키는 학습자로 전환되도록 한다. 자기평가를 통해 실습생은 자신의 미숙함을 부정적으로 받아들이기보다 아직 배우는 중인 교사로서 자연스러운 성장의 일부로 인식하게 된다. 반복적인 성찰 경험은 예비유아교사에게 평생학습자로서의 태도를 형성하게 하며, 이후 현직 교사가 되어서도 자신의 수업과 상호작용을 돌아보는 전문적 습관으로 이어진다.

2. 보육실습 평가

보육실습 평가는 예비보육교사가 어린이집 현장에서의 경험을 통해 어떠한 태도와 역량을 형성해가고 있는지를 종합적으로 살피는 교육적 과정이다. 이는 실습생의 수행을 단순히 점수로 판단하는 절차가 아니라, 실습 전·중·후의 전 과정을 통해 성장과 변화를 지원하는 과정 중심의 평가이다. 보육실습은 영유아의 일상과 밀접하게 연결된 현장에서 이루어지기 때문에, 실습생은 교사의 역할을 실제로 경험하며 다양한 상황에 직면하게 된다. 이때 평가는 얼마나 잘했는가를 가리는 기준이 아니라 무엇을 배우고 어떻게 변화하고 있는가를 함께 살피는 안내의 기능을 한다. 따라서 보육실습 평가는 비교와 서열이 아닌, 성찰과 성장을 촉진하는 방향으로 운영되어야 한다.

1) 보육실습 기관에서의 평가

① 평가 목적

보육실습 기관에서의 실습생 평가는 다음과 같은 목적을 가진다.

첫째, 예비보육교사로서의 기본 태도와 책임감을 형성하도록 돕는다.

둘째, 영유아와의 상호작용에서 나타나는 전문성 발달 수준을 확인한다.
셋째, 실습 과정에서 드러나는 강점과 보완점을 구체적으로 안내한다.
넷째, 현장 경험을 통해 실습생이 스스로 성장 방향을 설정하도록 돕는다.
다섯째, 교사로서의 기본 자질을 형성하는 기초 자료를 제공한다.

② 실습생 평가의 주요 내용

보육실습 기관에서의 평가는 주로 다음과 같은 영역을 중심으로 이루어진다.

- 전문적 태도

출·퇴근 시간 준수와 성실성
단정한 복장과 바른 언행
맡은 역할에 대한 책임감
지도교사의 지도를 수용하는 태도
동료 교사와의 협력적 관계 형성

- 영유아 이해 및 상호작용

영유아를 존중하는 말과 행동
따뜻하고 안정적인 반응
영유아의 감정과 요구에 대한 민감성
갈등 상황에서의 중재 태도
개별성을 고려한 접근

- 보육활동 참여 및 실행

놀이와 활동 보조의 적절성
자료 준비와 환경 정리에 대한 참여
활동 중 언어 사용과 태도
영유아 반응에 따른 융통성
부분 활동 또는 수업 실연 시 기본 역량

- 생활지도 및 안전관리

일상생활 장면에서의 관찰과 지원
위험 상황에 대한 민감성
안전사고 예방을 위한 태도
문제 상황 발생 시 즉각적인 보고

기본 생활습관 형성 지원

- 성장과 성찰

하루 경험을 되돌아보는 태도

피드백을 반영하려는 노력

자신의 한계 인식과 개선 의지

질문하고 배우려는 자세

교사로서의 성장 가능성

③ 기관 평가의 운영 원칙

보육실습 기관에서의 실습생 평가는 다음과 같은 원칙에 따라 이루어질 때 교육적 의미를 갖는다.

- 과정 중심 평가: 결과보다 실습생의 변화와 노력을 지속적으로 관찰한다.
- 지도와 평가의 통합: 평가는 곧 지도이며, 피드백은 성장의 자료가 된다.
- 관찰 기반 평가: 실제 생활 장면과 상호작용을 토대로 이루어진다.
- 개별화된 평가: 실습생의 출발점과 성장 속도를 고려한다.
- 성장 지향 평가: 현재의 완성도보다 학습 태도와 변화 가능성을 중시한다.

④ 기관 평가의 교육적 의미

보육실습 기관에서의 실습생 평가는 실습생이 보육교사로서 어떤 태도를 보이고 어떻게 행동하고 있는지, 교사로서 성장해 가고 있는지를 되돌아보게 한다.

기관에서의 평가는 실수와 시행착오가 허용되는 안전한 학습의 장을 마련하며, 예비보육교사가 전문직 교사로 성장해 가는 첫걸음을 지지하는 교육적 동반 과정이다.

〈표 10-1〉 보육실습평가표

보육실습평가표

성명:

생년월일:

보육실습기관명:

보육실습기간: 20 년 월 일 ~ 20 년 월 일

평가영역(배점)	평가항목		배점	점수
근무태도와 자질(20점)	근무사항	출석, 결석, 지각, 조퇴 등	5	
	태도	성실성, 근면성, 친절, 적극성, 복장 및 용모, 예절	5	
	자질	영유아 존중, 책임감, 인성, 열의	5	
	관계형성	실습지도교사와의 관계 동료실습생과의 관계	5	
보육활동 계획과 실행(30점)	보육활동 계획	영역별, 반일(일일)보육활동 계획의 적합성과 충실한 준비	15	
	보육활동 실행	영역별, 반일(일일)보육활동의 효과적이고 적절한 실행정도	15	
예비보육교사로서의 역할수행(30점)	영유아 행동 및 놀이 관찰, 보육환경 관찰		5	
	보육일과 진행 보조와 일상생활지도		10	
	영유아 상호작용과 놀이 참여		15	
보육실습일지 작성(10점)	구체적이고 충실한 보육실습일지 작성과 일일 자기평가 및 지도교사 평가 반영		10	
총평(10점)	실습기간 동안 예비보육교사로서 향상 정도		10	
총점			100	

2) 대학에서의 평가

① 대학 평가의 목적

보육실습에 대한 대학의 평가는 다음과 같은 목적을 지닌다.

첫째, 실습 경험을 이론과 연결하여 의미 있게 이해하도록 돕는다.

둘째, 예비보육교사로서의 태도와 전문성 발달 수준을 진단한다.

셋째, 실습 과정에서의 변화와 성장을 확인한다.

넷째, 자기 성찰을 통해 향후 성장 방향을 설정하도록 지원한다.

다섯째, 교사로서의 정체성 형성을 돕는다.

② 대학 평가의 주요 구성 요소

대학에서의 보육실습 평가는 다음과 같은 요소를 종합하여 이루어진다.

- 현장 평가의 반영

지도교사가 작성한 실습평가서

실습 태도, 책임감, 상호작용, 협력성에 대한 현장 관찰 결과

기관의 의견과 종합 소견

- 실습 보고서 및 포트폴리오

실습일지

관찰 기록

활동계획안 및 실행 성찰

종합 실습 보고서

- 사후 성찰 활동

실습 보고회 및 발표

성찰 에세이

집단 성찰 활동

교수 피드백 반영 여부

- 전문적 태도와 성장 가능성

실습에 대한 책임감

피드백 수용 태도

자기 개선 노력

교사로서의 성장 의지

③ **대학 평가의 특징**

대학에서의 보육실습 평가는 다음과 같은 특징을 가진다.

- 형성평가적 성격: 실습 전·중·후에 걸쳐 지속적으로 이루어진다.
- 과정 중심 평가: 결과보다 변화와 성장을 중시한다.
- 성찰 기반 평가: 경험을 어떻게 해석했는지를 중요하게 본다.
- 통합적 평가: 현장 평가, 문서 자료, 성찰 활동을 종합하여 판단한다.

④ **대학 평가의 교육적 의미**

대학에서 이루어지는 보육실습 평가는 실습을 일회적인 현장 경험에 머무르게 하는 것이 아니라, 교사 전문성을 체계적으로 형성해 가는 핵심 학습 과정으로 전환시킨다. 실습생은 이 평가 과정을 통해 자신의 경험을 되돌아보고 의미화함으로써, 보육교사로서의 정체성을 보다 분명하게 확립하게 된다.

따라서 대학에서의 보육실습 평가는 단순한 점수 부여가 아니라, 성장의 과정을 기록하고 안내하는 장치가 되어야 하며, 예비보육교사가 전문직 교사로 한 단계 도약할 수 있도록 이끄는 교육적 지원 과정으로 운영되어야 한다.

3) 보육실습생의 자기 평가

보육실습생의 자기평가는 실습 과정에서 자신의 경험과 행동을 스스로 되돌아보고, 예비보육교사로서의 성장 과정을 점검하는 성찰 중심의 평가이다. 이는 외부에서 주어지는 점수나 판단과 달리, 실습생이 스스로 어떤 교사인지, 어떻게 성장하고 있는지를 질문하고 변화하는 과정이라는 점에서 중요한 교육적 의미를 지닌다.

① **자기평가의 목적**

보육실습생의 자기평가는 다음과 같은 목적을 가진다.

첫째, 자신의 태도와 행동을 객관적으로 돌아보는 힘을 기른다.

둘째, 영유아와의 상호작용에서 나타난 강점과 한계를 인식한다.

셋째, 실습 경험을 이론과 연결하여 의미화한다.

넷째, 지도교사의 피드백을 내면화하고 개선 방향을 설정한다.

다섯째, 보육교사로서의 정체성과 성장 목표를 형성한다.

② 자기평가의 주요 내용

보육실습생의 자기평가는 다음과 같은 영역을 중심으로 이루어질 수 있다.

- 전문적 태도에 대한 성찰

하루 일과에 성실히 참여했는가

시간과 약속을 지켰는가

교직원과 영유아에게 바른 태도로 대했는가

배우려는 자세를 유지했는가

- 영유아와의 상호작용에 대한 성찰

영유아의 말을 충분히 듣고 반응했는가

비교하거나 평가하는 표현을 사용하지 않았는가

영유아의 감정과 요구에 민감하게 반응했는가

영유아의 행동을 이해하려는 노력을 했는가

- 보육활동 참여에 대한 성찰

놀이와 활동을 적극적으로 지원했는가

활동 중 영유아의 반응에 따라 유연하게 대응했는가

준비와 정리에 책임감 있게 참여했는가

- 생활지도 및 안전에 대한 성찰

위험한 상황을 민감하게 인식했는가

문제 상황을 즉시 교사에게 보고했는가

영유아의 기본 생활을 존중하며 지원했는가

- 성장과 변화에 대한 성찰

오늘 새롭게 배운 점은 무엇인가

가장 어려웠던 장면은 무엇이었는가

그 상황에서 나는 어떻게 반응했는가

내일은 무엇을 달리 해보고 싶은가

③ 자기평가의 방법

보육실습생의 자기평가는 다양한 방식으로 이루어질 수 있다.

- 실습일지 작성: 하루의 경험을 사실-느낌-성찰-계획의 구조로 기록
- 자기평가표 활용: 태도, 상호작용, 참여 정도를 스스로 점검

- 성찰 질문 활용: “오늘 가장 의미 있었던 순간은?”, “영유아는 나를 어떻게 느꼈을까?”
- 사후 성찰문 작성: 실습 종료 후 전체 경험을 종합하여 성찰

④ 자기평가의 교육적 의미

보육실습생의 자기평가는 실습생을 외부의 기준에 의해 평가받는 존재에서, 스스로를 성장시키는 학습자로 전환시킨다. 자기평가를 통해 실습생은 자신의 미숙함을 실패가 아니라 성장의 과정으로 인식하게 되며 배워야 할 것이 많은 자신의 모습을 인정하게 된다. 성찰을 통하여, 예비보육교사는 지속적으로 배우려는 자세를 갖추게 된다.

에듀컨텐츠·휴피아
ECH Educontents·Huepia

부록

1. 유치원 정교사(2급) 자격증 취득
2. 보육교사 2급 자격증 취득

1. 유치원 정교사(2급) 자격증 취득

교원자격 무시험검정을 통해 자격증 취득(세부 기준은 2025년도 기준)

▣ 전공과목 세부 이수기준

자격종별	세부 이수기준
유치원 정교사(2급)	• 50학점 이상 - 기본이수과목 21학점(7과목) 이상 포함 - 교과교육영역 8학점(3과목)이상 포함

• **전공(기본이수과목 및 교과교육영역)**

50학점 이상	
기본이수과목	교과교육영역
21학점(7과목) 이상 포함	8학점(3과목) 이상 포함
① 유아교육론 ② 유아교육과정 ③ 유아발달과교육 ④ 유아언어교육 ⑤ 유아사회교육 ⑥ 유아과학교육, ⑦ 유아수학교육, ⑧ 유아미술교육, ⑨ 유아음악교육, ⑩ 유아교사론, ⑪ 유아동작교육, ⑫ 유아놀이지도, ⑬ 유아교육기관운영관리, ⑭ 아동권리와복지 ⑮ 유아건강교육, ⑯ 유아관찰및실습, ⑰ 부모교육, ⑱ 유아안전교육	① 교과교육론 ② 교과교재연구및지도법 ③ 교과논리및논술 ④ 교과별교수법 ⑤ 교과별교육과정 ⑥ 교과별평가방법론

▣ 교직과목의 세부 이수기준

구 분	최저이수기준
교직이론	**• 12학점 이상(6과목 이상)** ① 교육학개론 ② 교육철학 및 교육사 ③ 교육과정 ④ 교육평가 ⑤ 교육방법 및 교육공학 ⑥ 교육심리 ⑦ 교육사회 ⑧ 교육행정 및 교육경영 ⑨ 생활지도 및 상담 ⑩ 그 밖의 교직이론에 관한 과목
교직수양	**• 6학점 이상** ① 특수교육학 개론(2학점 이상, 영재교육 영역 포함) ② 교직실무(1~2학점 이상) ③ 학교폭력예방의 이론과 실제(2학점 이상) ④ 디지털교육(1~2학점 이상, 인공지능 교육포함) * 2024학년도 입학자는 교육부 제2023-14호(2023.3.29.)에 따라 교직소양 4과목(6학점 이상)을 이수하도록 교직과목을 개설·운영
교육실습	**• 4학점 이상** ① 학교현장실습(2학점 이상) ② 교육봉사활동(2학점 이내 포함 가능)
합계	**총 22학점**

▣ 교원자격 무시험검정 성적 기준

전공평균	75점 이상
교직평균	80점 이상

▣ 기타 필수사항

• **필수요건**

교직적성 및 인성검사 검사의 공정성 확보를 위하여 평가과정에서의 철저한 관리가 필요	**2회 이상 통과**
응급처치 및 심폐소생술 1회 기준으로 이론교육 2시간, 실습교육 2시간 권장함, 실습교육 2시간을 포함하여 최소 3시간 이상으로 이수할 수 있음	**2회 이상 이수**
성인지 교육 1회 인정 기준은 성인지 주요 내용 4가지 항목을 포함하여 4차시 이상으로 구성 ① 디지털 성범죄 포함 성희롱·성폭력 예방교육 ②가정·학교(대학 포함)·사회 속 성인지 감수성 및 양성평등 의식 함양 교육 ③흭교 현장에서의 성인지 감수성 및 양성평들 의식 함양을 위한 학생 지도 방법 및 교육 내용 ④ 성인지적 관점을 바탕으로 한 수업 및 생활지도 고려사항, 학생 및 보호자 상담 방법	**3년을 이하의 교원양성과정: 2회 이상** **3년을 초과하는 교원양성과정: 4회 이상**
마약검사/대마 진단증명서 교원자격증 취득 위한 마약 검사 실시 마약·대마·향정신성의약품 중독자가 아님을 증명하는 의사의 진단서 또는 건강검진 결과통보서	**마약류 검사결과통보서: 음성 반응 검사결과통보서 발급 및 제출**
성범죄경력 확인 동의서 대학은 검정 대상자에게 개인정보제공 동의를 받음	**동의서 제출**

• **유치원교사자격증 취득 체크리스트**

	항 목	체 크
1	전공학점 50점 이상	
2	기본이수 21학점(7과목) 이상	
3	교과교육 8학점(3과목) 이상	
4	교직이론, 교직소양, 교육실습 기준에 따른 이수	
5	전공평균 75점 이상	
6	교직평균 80점 이상	
7	교직적성 및 인성검사 2회 이상 통과	1회: 년 월 일
		2회: 년 월 일
8	응급처치 및 심폐소생술 2회 이상 이수	1회: 년 월 일
		2회: 년 월 일
9	성인지 교육 2회 이상	1회: 년 월 일
		2회: 년 월 일
10	마약검사/대마 진단증명서 음성	
11	성범죄경력 확인 동의서	

* 대학별 졸업학점, 교양필수 학점, 자과 전공학점 등의 기본 졸업요건 확인 필요함

2. 보육교사 2급 자격증 취득

한국보육진흥원에 신청하여 취득(대학에서 단체신청)

▣ 보육교사 자격 이수 과목

• **영역별 이수 과목 및 학점**

영 역	교 과 목		이수과목(점수)
가. 교사 인성	보육교사(인성)론, 아동권리와 복지		2과목(6학점)
나. 보육 지식과 기술	필수	보육학개론, 보육 과정, 영유아 발달, 영유아 교수방법론, 놀이지도, 언어지도, 아동음악(또는 아동동작, 아동미술), 아동수학지도(또는 아동과학지도), 아동안전관리(또는 아동생활지도)	9과목(27학점)
	선택	아동건강교육, 영유아 사회정서지도, 아동문학교육, 아동상담론, 장애아 지도, 특수아동 이해, 어린이집 운영관리, 영유아 보육프로그램 개발과 평가, 보육정책론, 정신건강론, 인간행동과 사회환경, 아동간호학, 아동영양학, 부모교육론, 가족복지론, 가족관계론, 지역사회복지론	4과목(12학점) 이상
다. 보육 실무	아동관찰 및 행동연구, 보육실습		2과목(6학점)

* 보육실습은 80점 이상이어야 함

* 유사교과목 인정: 「유아교육개론」은 「보육교사론」으로, 「유아교육과정」은 「보육과정」 등과 같이 유사한 교과목으로 인정받을 수 있음

* 한국보육진흥원에서 명시하지 않은 과목은 유사 과목 심사를 통해 인정받을 수 있음

▣ 기타 필수사항

- **필수요건**

마약검사·대마 진단증명서 교원자격증 취득 위한 마약검사 실시. 중독자가 아님을 증명하는 의사의 진단서 또는 검사결과통보서 (TBPE검사, 교사자격증용)	마약류 검사결과통보서: 음성 반응 검사결과통보서 발급 및 제출
성범죄경력 확인 동의서 성범죄경력 확인 개인정보제공 동의서	동의서 제출

- **보육교사 자격증 체크리스트**

	항 목	체 크
1	영역별 이수과목(학점) 충족	
2	마약검사, 대마 진단증명서 음성	
3	성범죄경력 확인 동의서	

참 고 문 헌

교육부(2024). 2024 개정 표준보육과정 해설서. 세종: 교육부

_____(2025). 2025년도 교원자격검정 실무편람. 세종: 교육부

교육부·보건복지부(2019). 2019 개정 누리과정 해설서. 세종: 교육부, 보건복지부

보건복지부·육아정책연구소(2016). 보육교사 양성과정 및 보육실습 매뉴얼 연구. 세종: 보건복지부, 육아정책연구소.

석은조·오성숙(2020). 교육기관 현장실습. 경기: 양서원.

양수영(2019). 「2019 개정 누리과정」을 반영한 유아 학교현장실습. 서울: 학지사.

오유미(2020). 유아교사가 되기 위한 유아교육실습. 경기: 공동체.

이연규·조인경·유칠선(2019). 유아교육기관실습 보육실습과 교육실습. 경기: 공동체.

정수경(2024). 현장실무교육 유아교육실습. 교육아카데미.

Baumrind, D. (1971). Current patterns of parental authority. Developmental Psychology Monograph, 4(1, Pt. 2), 1-103.

Hamre, B. K., & Pianta, R. C. (2007). Learning opportunities in preschool and early elementary classrooms. In R. C. Pianta, M. J. Cox, & K. L. Snow (Eds.), School readiness and the transition to kindergarten in the era of accountability (pp. 49-83). Brookes Publishing.

Pianta, R. C., La Paro, K. M., & Hamre, B. K. (2008). Classroom Assessment Scoring System (CLASS). Brookes Publishing.

Piland, D. E., & Anglin, J. M. (1993). It is only a stage they are going through: The development of student teachers. Action in Teacher Education, 15(3), 19-26.

Stipek, D. (2004). Teaching practices and children's motivation to learn. In R. C. Pianta, M. J. Cox, & K. L. Snow (Eds.), School readiness and the transition to kindergarten in the era of accountability (pp. 83-98). Brookes Publishing.

Stipek, D., & Byler, P. (2004). The early childhood classroom observation measure. Early Childhood Research Quarterly, 19(3), 375-397.

http://artandculture.google.com
http://childcare.go.kr
https://enter.childinfo.go.kr
https://e-childschoolinfo.moe.go.kr
https://info.childcare.go.kr
https://isafe.go.kr
https://more.goe.go.kr/kids-love
https://www.canva.com/ko_kr/
https://www.i-nuri.go.kr/teacher/index.do
https://www.miricanvas.com/ko
http://www.e-health.go.kr
http://www.gov.kr

예비유아교사를 위한
교육실습과 보육실습

2025년 12월 5일 초판 1쇄 인쇄
2025년 12월 10일 초판 1쇄 발행

저 자 | 박 혜 정 • 지음

발 행 처 | 도서출판 에듀컨텐츠휴피아
발 행 인 | 李 相 烈
등록번호 | 제2017-000042호 (2002년 1월 9일 신고등록)
주 소 | 서울 광진구 자양로 28길 98, 동양빌딩
전 화 | (02) 443-6366
팩 스 | (02) 443-6376
e-mail | iknowledge@naver.com
web | http://cafe.naver.com/eduhuepia
만든사람들 | 기획 • 김수아 / 책임편집 • 이진훈 한진수 정민경
디자인 • 유충현 / 영업 • 이순우

ISBN 978-89-6356-523-1 (93370)
정 가 17,000원